国情教育研究书系

袁振国◎主编

中国特殊教育发展报告 2012

彭霞光 等 著

教育科学出版社

·北 京·

丛书总序

为打造具有国家水准、国际视野的教育科研成果，更好地服务于办好人民满意的教育，服务于全面建成小康社会，在中央级公益性科研院所基本科研业务费专项基金的支持下，我院系统开展了对国内国际重大教育理论与实践问题的研究，形成了“国情、国视、国菁、国际”四大书系。

“国情”书系以年度发展报告的形式，全面反映我国各级各类教育的成就、经验和挑战，对全国各省、自治区、直辖市教育发展和政策进行区域比较，对我国各级各类教育的发展水平进行国际比较，力求对我国教育的数量、规模、结构、效益和质量做出科学判断。

“国视”书系着眼于社会关注的教育热点问题，着眼于基础性、前瞻性问题，以了解事实、回应关切、提供政策建议为主要目的，探索教育发展规律。

“国菁”书系专门研究大中小学生的生活状态，涉及学校生活、家庭生活、社会生活、网络生活等，通过调查研究，了解当代学生的行为特点和思想情感，为研究如何促进学生的全面发展提供科学依据。

“国际”书系分为著作和译作两类，主要反映国际教育改革发展动态，回顾国际教育的历史进程，跟踪国际教育的改革动态，把握国际教育的发展趋势。

四大书系既各自独立又相互联系，在保持各书系特点的同时，力求做到：

一、“用数据说话”。数据是研究和决策的基础。四大书系力图建立在数据和事实的基础之上，通过对数据的搜集、提炼、整合、分析，发现问题，探索规律。

二、“通过比较说话”。没有比较就没有鉴别。书系力求通过国别比较、区域比较、类型比较、结构比较，发现真知，提供卓见。

三、“协同创新”。协同创新是提高创新效率和创新水平的战略要求。书系研究调动院内外、系统内外、国内外资源，注重人员交叉、学科交叉、方法交叉，力求有所创新、有所突破。

四大书系的编辑出版是我院全面提高教育科研水平的一项整体努力，也是建设国家一流教育智库的客观要求。在研究和写作过程中，书系得到了相关机构和同仁的大力支持，特别是得到了教育部相关司局及有关部委的大力支持，在此一并致谢！我们将以此为起点，不懈努力，为推动中国教育事业在新的历史起点上向前发展发挥不可替代的作用。

中国教育科学研究院
2012 年 12 月

目　录
CONTENTS

前　言

特殊教育是我国国民教育体系的重要组成部分。《中华人民共和国宪法》明确规定："国家和社会帮助安排盲、聋、哑和其他有残疾的公民的劳动、生活和教育。"《中华人民共和国义务教育法》和《中华人民共和国残疾人保障法》等一系列法律法规都明确提出国家保障残疾人的教育权利。进入新世纪以来，党和国家把发展特殊教育摆在了更加突出的位置。2007 年，"关心特殊教育"作为改善民生、促进社会和谐发展的重要内容写进了党的十七大报告。2012 年，党的十八大报告指出，要"支持特殊教育"，这充分表明了党中央对特殊教育的高度重视和亲切关怀。2010 年颁布的《国家中长期教育改革和发展规划纲要（2010—2020 年）》将特殊教育纳入国家教育事业改革和发展大局之中，把特殊教育作为八大教育发展任务之一，为我国特殊教育的改革与发展提供了良好的发展机遇。

特殊教育是衡量一个国家教育水平乃至整个文明程度的天然尺度。新中国成立以来，我国特殊教育事业发生了翻天覆地的变化，不仅特殊教育的性质发生了改变，从救济、慈善的社会福利变成为国家教育事业的一个重要组成部分，而且特殊教育的法律法规体系也日益完善；不仅接受义务教育的残疾儿童少年数量逐年增加，而且残疾人学前教育、高中教育、高等教育，多种形式的中等职业和高等职业教育，残疾人的康复训练等也都得到了很大的发展。然而，与普通儿童少年教育相比，残疾儿童少年教育仍有较大差距。因此，深入分析和研究特殊教育事业发展现状、存在问题及挑战，并提出解决问题的对策和建议，才能让更多的残疾人和其他人一样能够同在蓝天下，共享国家经济发展的成果。

一、基本思路和主要框架

（一）基本思路

本研究试图从特殊教育历史发展的角度，系统梳理我国特殊教育发展历程中的主要阶段变化，阐述特殊教育发展的主要成就、分析发展中面临的主要问题与挑战，并对未来特殊教育发展提出对策与建议，以便推动特殊教育事业的全面发展。本研究报告主要是想通过四部分内容呈现给读者一幅中国特殊教育发展的整体画面。第一部分，主要以时间为脉络，通过对我国特殊教育性质和地位的变迁、特殊教育政策法规的发展、特殊教育行政管理体系的建立及特殊教育体系和格局的确定等历史事实的梳理与分析，让读者能够对特殊教育的整体发展概况有个初步了解。第二部分，主要是基于我国官方发布的有关残疾人相关数据，分析2001年以来我国特殊教育发展的现状和主要特点，试图发现特殊教育发展中的成就、问题及挑战。第三部分，主要是想总结近几年来各级地方政府和特殊教育学校在推动特殊教育发展和改革特殊学校办学模式等方面的典型经验和做法，促进我国特殊教育的深入改革和发展。第四部分，主要是基于部分发达国家特殊教育发展的有限资料，简单分析与比较中国特殊教育与这些国家特殊教育发展的异同，试图从国际视野审视我国特殊教育发展的水平，希冀他山之石能够为我国特殊教育的未来发展提供参考与借鉴。

（二）主要框架

《中国特殊教育发展报告 2012》① 共分为六章，第一章从历史发展的

---

① 本报告研究范围主要涉及中国大陆地区，不包括港、澳、台地区。

视角，梳理了我国特殊教育发展的主要历程，其中以改革开放以来特殊教育的发展成就为主。第二章以《中国教育统计年鉴》《中国教育经费统计年鉴》和《中国残疾人事业统计年鉴》为基础，主要是针对2001年以来的统计数据进行统计与分析，对残疾学生入学状况、特殊教育学校发展状况、特殊教育学校教师队伍发展状况以及特殊教育学校经费状况进行了深入研究。第三章主要基于上述年鉴2010年或2011年的数据，对各省份残疾学生入学状况、特殊教育学校发展状况、特殊教育学校教师队伍发展状况以及特殊教育学校经费状况等进行了分析与比较。第四章概括总结了部分省份在发展特殊教育学校、推动随班就读工作中的典型案例、经验和做法。第五章从国际视野审视我国特殊教育发展的状况。但由于受研究条件和时间所限，本章只选择了部分国家进行比较。第六章主要是基于前五章的研究结果，分析梳理了特殊教育发展面临的主要问题和挑战，并提出了特殊教育未来发展的政策建议。

（三）遇到的突出问题

研究中遇到的最突出问题就是残疾人人口基础数据不完整。残疾人人口基数不完整的问题不仅仅是中国所面临的问题，也是世界各个国家面临的社会问题。

由于残疾人基数统计不完整，给深入的研究分析带来了困难。尽管经国务院批准，2006年我们国家进行了第二次全国残疾人抽样调查，对残疾人的数量、结构、地区分布、致残原因及生活状况等进行了全面的抽样摸底，不可否认数据结果对于掌握残疾人口的最新情况，制定残疾人事业发展规划及相关法规、政策等都具有极为重大的意义。但由于抽样调查数据与残疾人人口实际基数不一样，有时与实际真实数据甚至会有很大出入，因此抽样调查推测出的残疾人数据很难与教育部统计的在校接受教育的残疾学生实际人数综合分析使用。近几年来，中国残疾人联合会受国家委托开始尝试建立国家残疾人基础数据库系统，但由于刚刚起步，还有待于提高与完善。因此，在本研究报告的第二章、第三章数据分析中，尽管教育部每年都发布残疾儿童少年在校人数的数据，但由于没有完整的残疾儿童少年人口总基数，入学率指标未能被用作指标进行分析比较。

研究遇到的另一个问题是残疾儿童少年接受教育的数据统计有一定欠缺。目前，我国残疾儿童少年教育有两种主要安置形式，一种是特殊教育学校教育形式，另一种是普通学校教育形式（包括随班就读和特殊班）。教育部每年发布有关特殊教育学校的数据相对比较清楚、全面，不仅包括在特殊教育学校就读的学生总数、特殊教育教师总数，也包括特殊教育学校建筑面积、残疾儿童类别、年级、年龄、性别等信息，这给本报告的分析与研究带来了便利。但有关残疾儿童少年在普通学校接受教育的相关数据则相对有限，仅仅提供了残疾学生在普通学校就读的总数，诸如其他残疾类别、年级、性别、教师情况、经费状况等信息都涉及不多。尽管从近10年残疾儿童少年在校人数来看，在普通学校就读的在校残疾学生人数不少，基本占在校残疾学生总数的60%左右，但由于残疾儿童少年在普通学校就读的数据有限，本报告中有关残疾儿童少年在普通学校就读的现状分析相对欠缺。

国际特殊教育数据相对匮乏和各个国家法定残疾人标准差异等因素给特殊教育国际比较带来了困难。由于世界各个国家法定残疾人标准、残疾类别等各有差异，为残疾人提供义务教育年限也有较大不同，因此很难将中国特殊教育与其他国家特殊教育进行数据上的综合分析比较。2012年，联合国残疾人权利委员会分别审议了146个国家和地区实施《残疾人权利公约》的国别履约报告。我们尽管通过努力拿到了这些报告，但由于各个国家有关残疾人数据的统计口径不一样，因而未能对中国与其他国家特殊教育发展状况的数据进行比较。

二、主要研究结论

总体上讲，我国特殊教育发展取得了令人瞩目的成就。特殊教育法律法规体系不断完善，特殊教育体系和格局初步形成，特殊教育学校数量显著增加，残疾儿童少年入学人数逐渐提高，各级政府的特殊教育财政投入逐年加大，特殊教育教师总量不断增长，但仍然存在着特殊教育体系不完善、财政投入结构不合理、地区之间特殊教育发展不均衡、残疾儿童义务教育入学率低及特殊教育教师数量不足、专业化程度不高、待遇相对较低等大量急需解决的困难和问题。因此，为所有残疾儿童少年提供高质量的教育仍然是一项十分艰巨、复杂的任务。

（一）特殊教育法律法规体系不断完善，但法律建设还不够系统

新中国成立前，我国基本上未出台过专门针对特殊教育制定的法律法规，相关内容只是零散地出现在部分法律法规的文件中。从新中国成立至今，中国特殊教育法律法规从无到有。1982 年颁布的《中华人民共和国宪法》、1986 年颁布 2006 年修订的《中华人民共和国义务教育法》等规定了各级政府对盲、聋哑和弱智儿童少年教育的政府责任，明确保证了残疾儿童少年接受教育的权利。

1990 年，国家颁布了残疾人专项法律《中华人民共和国残疾人保障法》，再次明确宣布了“国家保障残疾人受教育的权利”。1994 年国务院颁布的《残疾人教育条例》是有关残疾人教育的国家专项行政法规，对促进残疾人教育事业的发展起到了重要的推动作用。无论是残疾人专项法律还是普通教育法律中包含的残疾人教育专项条款都保障和推动了特殊教育的健康发展。

国家教育部等行政部门为实施国家有关特殊教育的法律法规制定了一系列纲领性文件。1989 年国务院转发了《关于发展特殊教育的若干意见》，2008 年、2009 年中共中央国务院相继颁发了有关促进残疾人事业发展的意见。2010 年颁布的《国家中长期教育改革和发展规划纲要（2010—2020 年）》将特殊教育纳入国家级改革纲要之中，标志着特殊教育事业地位的提升。2007 年、2012 年，“关心特殊教育”“支持特殊教育”分别写进了党的十七大、十八大报告中，为特殊教育的发展奠定了坚实的基础。

我国现行特殊教育法规从数量上看虽已初具规模，但法律体系还不完善，而且缺少了国家层面的《特殊教育法》。目前已有的特殊教育法律条款原则性表述多，可操作性不强，缺乏强制性的条款。在对诸如特殊教育

教师的奖惩制度、特殊儿童权利保护和救济等方面，缺乏独立而系统的法律依据。将医疗、教育和救助融为一体为残疾人提供福利照顾是特殊教育发展的一个趋势，只有这样才能为更好地满足残疾人多方面、多层次的教育需要提供法律与制度上的保障。例如，在日本，《残疾人对策基本法》是保障残疾人的基本法，此外日本还相继制定了《残疾人福利法》《残疾人教育法》《残疾人雇佣促进法》《残疾人职业训练法》《特殊儿童抚养补贴法》《残疾人福利协会法》等十几个具体领域的法律，形成了较完备的法律体系①。

立法层面上对残疾人的认识与发达国家还有差距。当前世界各国的特殊教育立法越来越显示出一些共同的发展趋势，即对残疾人分类由少到多，由简单到复杂，义务教育年限也较普通儿童相对较长。此外，各个国家也努力从法律上确保各级教育实行全纳教育（inclusive education）或融合教育的教育制度，即残疾人不因残疾而被排拒于免费和义务初等或中等教育之外。许多发达国家如美国、英国等法定残疾人的类型已经达到了 12 类以上，除了感觉障碍（视力、听力障碍等）以外，学习障碍、情绪障碍、身体病弱、注意缺陷多动障碍、自闭症、脑瘫等都被认定为法定残疾人，体现了对不同类型残疾人需求的尊重。而目前我国法律法规对残疾人类型划分比较笼统，残疾类别也相对比较少，影响了残疾人群体的教育和康复需要，特别是影响了重度以上的自闭症、脑瘫等残疾儿童少年接受教育的机会。此外，由于普通教育法律中缺少特殊教育相关内容，使目前许多在普通学校就读的残疾学生群体的教育质量未能得到保障。近 10 年来，残疾儿童少年在校人数中有将近 60% 是在普通学校与普通儿童一起接受教育，但除了 2006 年修订的《中华人民共和国义务教育法》中有少量条款涉及残疾儿童少年的教育外，国家的其他相关教育法律如《中华人民共和国教育法》《中华人民共和国教师法》等都未能更多地考虑到普通教育体系中的残疾儿童少年群体和从事残疾学生教育教师的教育需求。

---

① 郑功成．中国残疾人事业发展报告［M］．北京：人民教育出版社，2011：76－77.

（二）特殊教育体系已经初步形成，但非义务教育阶段整体发展滞后且各地区发展不均衡

中国特殊教育体系已经初步建立。新中国成立前，我国特殊教育主要以小学阶段为主，残疾学生主要在特殊教育学校或养护机构内学习。在新中国成立初期，特殊教育主要限于基础教育，我国特殊教育体系的形成与完善主要是在改革开放以后的30年中。在改革开放初期，国家确立了以保障义务教育普及为目标的特殊教育发展方针，投入大量的人力和物力，确保残疾儿童能进入特殊教育学校或普通学校接受义务教育。随着中国经济和社会的逐渐发展，特殊教育的发展方针也从以“普及”为主，到“普及与提高结合”，再到“全面提高”。在全面提高残疾儿童少年义务教育普及水平的同时，不断完善残疾人教育体系，即国家采取多种措施，依托多种形式的机构发展非义务教育阶段的特殊教育，特殊教育逐步向学前教育和职业教育以及高等教育阶段延伸。

基本普及九年义务教育。在校残疾学生人数不断增长，1978 年残疾学生在校生人数为 30934 人，2011 年在校残疾学生人数达到了 398736 人，增加了 367802 人。接受教育的残疾学生类别和残疾程度不断拓展，改革开放前，特殊教育的对象主要是盲生和聋生。1978 年后也开始发展弱智儿童教育。1989 年国务院颁布《关于发展特殊教育的若干意见》以后，盲、聋、弱智三类残疾儿童接受教育的同时，其他残疾儿童如肢体残疾、语言障碍、脑瘫、自闭症、多重残疾等各类残疾儿童少年，逐步享有义务教育的机会。

以早期干预为特色的学前特殊教育初展样态。在 20 世纪 80 年代，我国开始尝试对残疾幼儿的早期发现、早期诊断矫治、早期训练的“三早”工作，在各类幼儿园、康复中心、学前班等多种机构内进行了抓住残疾幼儿（主要是聋儿）的发展关键期的“抢救性”康复工作。其中，又以聋童的早期干预和教育工作发展最为迅速。一些特殊教育学校也相继开办了学前班招收智力残疾幼儿、视力残疾幼儿等入校学习。此外，一些普通幼儿园也开始尝试招收残疾幼儿与普通幼儿在同一个班级中进行教育。

残疾人普通高中教育、高等教育等初具规模。1992 年，南京聋校和青岛盲校受国家教委和中残联委托，分别举办了我国第一个正式的聋人高中和盲人高中。随后，我国高中阶段的盲、聋教育在全国多个地方得到发展。截至 2011 年年底，已开办特殊教育普通高中 164 所，其中聋高中 145 所，盲高中 19 所。截至 2011 年年底，共有 47000 名左右的聋、盲生接受了特殊教育学校普通高中阶段的教育。而就读于普通学校的聋生、盲生以及其他类型的特殊学生，其数量则更多。目前我国有 16 所采取单考单招录取方式招收残疾人的大学本科专业系和学院，为聋、盲、肢体残疾学生等提供高等教育。在残疾人高考形式上，残疾人除了可以参加单考单招的高考，还可以参加普通高考。从《中国残疾人事业统计年鉴》历年的数据看，2011 年在普通高等院校的残疾学生人数为 7150 人，是 2001 年就学人数的 3 倍多。

残疾人职业教育网络日渐完善。残疾人职业教育包括就业前培训、岗前训练、转岗训练和在职训练等。残疾人职业教育发展速度快、规模大，目前已经形成了由省（自治区、直辖市）、地（市、州）、县（区）三级残疾人职业教育培训网络，另外还有大量的普通职业培训机构介入残疾人职业教育培训工作中。截至 2011 年年底，全国残疾人职业培训基地达到 5254 个，其中残联兴办 2368 个，依托社会机构兴办 2886 个，29.9 万人次城镇残疾人接受了职业培训。

虽然我国特殊教育已初步形成了从各类残疾幼儿教育、义务教育，到职业教育、高等教育、成人教育等的体系，但我们国家目前仍然实施的是以保障全面普及义务为目标的教育方针，非义务阶段的教育发展严重滞后且地区发展差异比较大。根据对 2010 年在校残疾学生人数的分析，全国各阶段残疾儿童在校生数小学占七成，初中占两成多，学前和高中阶段人数极少。作为一个教育体系，不同阶段的教育之间存在紧密的联系。如果仅片面强调义务教育的普及，而忽视残疾儿童少年其他阶段的教育，义务教育普及也会难以保障。就中国特殊教育整体发展来看，非义务教育阶段的教育发展缓慢，地区之间发展也存在着差异。相比较而言，东部地区如江苏、上海的残疾儿童少年初中与高中教育均发展较快。

（三）特殊教育学校数量增加显著，但地区分布不平衡，县镇级特殊教育学校办学条件较差

特殊教育学校总数增长迅速。1978 年，全国共有特殊教育学校（盲校、聋学校或盲聋学校）292 所。1984 年全国有 4 所培智学校。2001 年以来，特殊教育学校数量不断增长。截至 2011 年，共有特殊教育学校 1767 所，与 2001 年相比，10 年间增加了 236 所，平均每年增加 23.6 所。

各地特殊教育学校的发展存在较大差异。从全国各省特殊教育学校分布的统计分析结果看，东部地区特殊教育学校相对较多，河北、山东和江苏等特殊教育学校数量发展较快，基本都超过百所特殊教育学校。中部地区特殊教育学校地区之间发展差异较大，有些省份比如河南特殊教育学校相对较多，而有些省份特殊教育学校则相对比较少。国家实施中西部地区特殊教育学校建设工程以来，新建和改扩建特殊教育学校约 1182 所，显著缓解了中西部地区特殊教育资源的匮乏，但仍然存在 30 万人口以上的县或地区没有特殊教育学校的现象。

各类别特殊教育学校增长趋势不同。2001 年之前，传统的盲童学校、聋童学校和培智学校增加比较快，之后综合性特殊教育学校数量稳步增长，到 2011 年综合性特殊教育学校占比达 50%，还有越来越扩大的趋势。国家近几年新建的特殊教育学校都是以综合性特殊教育学校为主，对于改建、扩建的盲童学校、聋童学校和培智学校也大多转为综合类的特殊教育学校，因此未来特殊教育学校的趋势是由服务于单一类别的残疾学生对象逐步转向为服务于多类别的残疾学生，以便于满足各类残疾学生的受教育需求。

县镇特殊教育学校办学条件较差。从 2010 年特殊教育学校的调查数据来看，尽管国家近几年重点在中西部地区实施“合格特殊教育学校工程”取得了显著成效，但仍然有很长的路要走。在中部和西部地区，特殊教育学校仍然存在着一定数量的危房面积，基本是县镇以下的特殊教育学校。尽管从危房面积所占校舍面积比例来看，西部地区比例最高（9.29%），中部次之（7.91%），但从危房总面积数量来看，中部特殊教育学校危房

面积最大。此外，一些县乡镇级的寄宿制特殊教育学校，不仅教育教学环境和设施有待改善，残疾学生的生活辅助设施如食堂、澡堂等条件非常简陋，确实需要各级政府加大投入进一步改善和提高。

（四）特殊教育发展格局基本确立，普通学校就读的残疾学生人数有逐渐缓慢下降的趋势

随班就读为主体、特殊教育学校为骨干的格局基本确立。从 2001 年到 2011 年期间，残疾儿童少年在校生人数逐步增长。2001 年在校学生数为 38. 64 万人，2011 年在校生人数为 39. 87 万人。10 年间，在校残疾儿童少年中基本上有大约 60% 是在普通学校的普通班随班就读或在附设在普通学校的特殊班就读，只有近 40% 是在特殊教育学校接受学习。因此，义务教育阶段“以一定数量的特殊教育学校为骨干，以大量的特殊班和随班就读为主体的特殊教育格局”基本形成并趋于稳定。

残疾学生在校人数增长存在地区、年级差异。农村残疾儿童在校人数有逐步下降的趋势。五年级以后，年级越高，残疾儿童在校生人数则越少，而且有下滑的趋势。尽管残疾儿童义务教育入学人数一直处于增长的趋势，但是未入学学龄残疾儿童数量依然较大。据《中国残疾人事业统计年鉴》显示，2011 年全国共有未入学适龄残疾儿童少年 12. 65 万人，其中，中部三省西部四省均有 8 千以上未入学适龄残疾儿童少年，从地区来看，未入学人数西部地区占四成多，中部接近四成，东部占比 18%。

普通学校随班就读的在校学生人数有缓慢下降的趋势。2001 年残疾儿童少年在普通学校随班就读人数达到历史上的最高值，为 26. 99 万人，占在校残疾学生总数的近 70%。然而近三年（2009 年、2010 年和 2011 年）在普通学校随班就读的残疾学生则分别为 26. 45 万人、25. 57 万人和 22. 18 万人，分别约占当年在校残疾学生总数的 62%、60%、55%，有逐渐缓慢下降的趋势。

附设普通学校特殊教育班的在校残疾学生人数所占比例不大。从 2001 年到 2011 年的 10 年间基本稳定在每年有 4 千到 6 千人。但从 2007 年到 2011 年近五年的数据看，附设普通学校特殊教育班的在校人数分别为 0. 50

万人、0.48 万人、0.47 万人、0.39 万人、0.34 万人，也有萎缩的趋势。

（五）各级政府财政投入逐年增加，但地区差异加大，财政投入结构不均衡

国家财政性经费投入是特殊教育学校经费收入来源的主体。2001 年以来，国家财政性教育经费占特殊教育学校经费的比例不断增长，2010 年国家财政投入占比为 95.13%。在国家财政性教育经费中，财政预算内经费是核心来源，2010 年财政预算内教育经费占特殊教育学校经费收入合计的比例也达到了 87.18%。在特殊教育学校教育经费收入中，社会团体和公民个人办学经费、社会捐资经费、事业收入及其他收入所占比例非常小，近几年有减少的趋势。

国家财政性教育经费投入逐年增长。自 2001 年以来，特殊教育学校国家财政性教育经费与财政预算内教育经费均不断增长，特殊教育学校国家财政性教育经费由 2001 年的 13.3 亿元增长到 2011 年的 65.44 亿元，净增 52.1 亿元，增幅非常显著。

尽管国家特殊教育投入的绝对数量呈逐年增长趋势，但由于残疾儿童少年教育的班额小、寄宿生多、教师需求量大、所需教学辅助设备花费大，相对普通儿童来说教育成本相对较高，因此特殊教育财政性经费投入与特殊教育事业发展需求相比仍然有较大差距。

各级政府对特殊教育投入总量与需求相比仍然不足。2010 年国家财政性对特殊教育学校教育经费投入占国家财政性教育经费的比例全国均值仅为 0.46%，所占份额偏低。特殊教育生均预算内经费与普通教育生均预算内经费相比增幅不高。根据对 2005 年与 2010 年两年国家财政预算内教育经费投入分析，特殊教育学校国家财政预算内教育经费支出增幅 161%，普通小学财政预算内教育经费支出增幅 170%，因此特殊教育学校国家财政预算内教育经费支出增幅还有待提高。

特殊教育财政投入地区差异大。从特殊教育学校生均教育经费来看，2010 年全国均值 3.89 万元，但各地财政投入不均衡，东部相对较高，中部相对凹陷。生均教育经费全国最高的是西藏，达到 12.33 万元，最低的

是安徽，仅为2.24万元。从各省份设立的特殊教育专项经费投入来看，东部地区的省级特殊教育专项经费最高的达6600万元，而西部地区有些省根本没有设立省级特殊教育专项经费。

特殊教育财政投入结构不均衡。从2001年到2010年，我国残疾学生在校学生中有大约60%的残疾学生是就读于普通学校的普通班或附设在普通学校的特殊班，但特殊教育财政投入几乎全部都投入用于特殊教育学校的发展，在普通学校从事残疾学生教育的教师和在普通学校就读的残疾学生很少能够得到常规的国家特殊教育经费的支持。

（六）特殊教育教师总量不断增长，但稳定性不强，与需求相比仍然有较大差距

特殊教育教师培养机构从无到有。改革开放前，我国尚无专门培养特殊教育学校教师的机构。改革开放后，随着特殊教育发展的需求，全国大多数省份开始建立特殊教育师范学校（部、班），国家在部属师范大学相继建立特殊教育专业。1986年在北京师范大学教育系设立特殊教育专业，首次在全国招收特殊教育专业的本科生。随后，在华东师范大学心理系、华中师范大学教育系、西南师范大学、陕西师范大学等相继建立了特殊教育专业。1993年，北京师范大学、辽宁师范大学特殊教育硕士点相继建立，2004年华东师范大学首批特殊教育博士生毕业。改革开放至今，中国特殊教育的师资培养经历了从无到有，从培养中师生、大学本科生到培养特殊教育硕士生、博士生，特殊教育的师资培养体系已初步建立并得到了发展。

特殊教育教师队伍不断壮大。2001年教职工仅有3.89万人，其中专任教师2.85万人，2011年教职工人数则突破5万人，达到5.12万人，其中专任教师达到4.13万人，为残疾儿童少年接受教育提供了师资保障。此外，随着残疾儿童少年在普通学校就读人数的增加，在普通学校从事残疾儿童少年教育的随班就读教师人数也在不断增加。

特殊教育教师数量仍然不足。尽管特殊教育教师数量不断增长，但特殊教育教师的总体数量与特殊教育事业发展需要相比仍然严重不足。据

2011 年对特殊教育学校校长的调查结果表明①，仍有 75.6% 的特殊教育学校的教职工总量无法满足日常学校教育教学的需要，从而导致有些特殊教育学校不能开足国家颁布的特殊教育学校义务教育课程设置方案中的课程。2011 年中国残疾人事业年度统计显示，依然有 12.65 万人学龄残疾儿童未入学，即使按 50% 的残疾儿童需要去特殊学校接受教育，按 1∶4 的师生比计算，大约也将需要 1.58 万个新增教师。此外，随班就读和特殊教育班规模的扩大，也将需要大量同时具有特殊教育和普通教育专业知识的教师。

特殊教育学校教师队伍每年变动相对较大。数据显示，2010 年全国特殊教育学校新增教师占上年教师总数的 10.05%，但“流失”（调出或自然减员）的教师人数比例则也达到了 5.50%，因此特殊教育教师队伍稳定性欠佳。

---

① 王雁，等. 全国特殊教育学校教职工队伍结构及需求情况调查［J］. 中国特殊教育，2012：3－8.

第一章

中国特殊教育的历史变化

中国第一批特殊教育学校创建于19世纪80年代。此后，特殊教育学校在半个多世纪的时间里艰难发展，这与当时大部分特殊教育学校由私人创办、获得当时政府的支持不足有一定关系。

新中国成立后，我国特殊教育的地位发生了翻天覆地的变化，特殊教育事业得以逐步发展，直至“文化大革命”时期停滞。改革开放后，我国特殊教育重新获得恢复和发展，而且发展速度日益加快，教育质量日益提升。本章将从历史发展角度，以1949年新中国成立为时间节点，审视我国特殊教育发展历程中出现的重要变化，说明新中国成立后特殊教育发展取得的主要成就。

一、特殊教育性质、职能和法律地位的变迁

（一）从慈善救济转变为国民教育

旧中国特殊教育的性质主要是慈善救济事业，这反映在两个方面。第一，特殊教育学校主要是由私人创立的。最早的一批特殊教育学校主要由西方教会人士创办，如1874年在北京建立的启明瞽目馆（我国第一所盲

校)、1887年在烟台建立的启音学馆(我国第一所聋校)等。除了教会兴办学校外,中国的一些有识之士(如江苏的张謇、辽宁的吴燕生)也陆续举办了特殊教育学校。根据朴永馨的统计:1929年,当时全国的特殊教育学校为24所,公立学校仅为8所[①];到了1948年,全国特殊教育学校为42所,其中32所是私人创立的学校[②]。第二,当时政府不仅没有重视残疾儿童少年,而且对特殊教育性质的定位有偏颇。这可以从当时政府制定的相关规章中体现出来。例如,1903年修订的《奏定初等小学堂章程》提出[③]"或病弱,或发育较迟不能就学者……准暂缓就学","如有患疯癫痼疾,或五官不具不能就学者……准免其就学"。这在某种程度上造成残疾儿童少年无法接受教育。辛亥革命后,人们对残疾儿童教育有了进一步认识,当时教育部颁布的《小学校令》[④]提到了盲聋学校的设立规定,1916年政府颁布的《国民学校令施行细则》[⑤]曾提到盲聋学校教师的任命问题。但由于战乱,当时的政府是否按规章任命特殊教育学校教师有待考证。更重要的是,当时公办特殊教育学校稀少,而政府对教会或私人举办的特殊教育学校没有给予相应支持。

新中国成立后,在党和政府的关怀下,特殊教育发生了重要转变,成为国民教育事业的重要部分。1949年中华人民共和国建立后不久,周恩来总理签署了《政务院关于改革学制的决定》[⑥],该文件明确指出:"各级人民政府应设立聋哑、盲目等特种学校,对生理上有缺陷的儿童、青年和成人,施以教育。"这个决定的重要影响是:把特殊教育纳入了国民教育体系,与幼儿园、小学、中学等一同纳入国民教育体系,确定了残疾人教育是国家教育事业的一个组成部分。在这个文件颁布后,政府接管了私人和慈善机构举办的特殊教育学校,从根本上改变了特殊教育的地位。1989年

---

① 顾明远,梁忠义.世界教育大系 特殊教育[M].长春:吉林教育出版社,2000:305.

② 同上,294.

③ 顾定倩,朴永馨,刘艳虹.中国特殊教育史资料选[M].北京:北京师范大学出版社,2010:48.

④ 同上,50-52.

⑤ 同上,54.

⑥ 同上,1546.

国务院转发的《关于发展特殊教育的若干意见》中提出："把残疾儿童少年教育切实纳入普及义务教育的工作轨道。各级教育部门要把残疾儿童少年教育同当地实施义务教育工作统一规划，统一领导，统一部署，统一检查。今后，要将残疾儿童少年教育发展规划执行情况作为检查、验收普及初等教育的内容之一。"这说明特殊教育成为社会发展的系统工程的一个内容，在我国教育体系中占有重要的一席之地。

（二）从重视"养护"转变为重视"育人"

旧中国数量很少的特殊教育学校，由于大多是私人或慈善救济机构举办，缺乏政府支持，财力有限，因此这些学校大都设备简陋，师资欠缺。当时的特殊教育学校没有统一的教学计划、大纲和课本。特殊教育学校的教师往往由不了解残疾人、出于同情的热心人士担任。教师上课往往是边教边探索，加上当时学校大多依靠慈善捐赠办学，因此教师负担很重、待遇也低，所以特殊教育学校的教学水平整体低下。当时的特殊教育学校可以依据自己的情况，设立预科班、职业班等，学生从入学到毕业，全是由学校主办者决定。残疾学生在学校就读，与其说受到系统的文化教育，不如说在教师的养护下学习一些基本的文化知识和职业劳作技能。

新中国成立后，在《政务院关于改革学制的决定》颁布后，特殊教育学校在学生培养目标、学校课程、学制、师资等方面都发生了巨大变化，成为真正意义上教书育人的学校。

最明确的标志是政府制定了特殊教育学校的办学目标和任务。1957年，政府颁布了《中华人民共和国教育部关于办好盲童学校、聋哑学校的几点指示》[①]，规定："我国盲童学校、聋哑学校的基本任务是：培养盲童和聋哑儿童具有一定的文化科学知识，掌握一定的职业劳动技能，并具有共产主义的道德品质，使他们成为积极的、自觉的社会主义建设者和改造者，使他们成为积极的、自觉的社会主义建设者和保卫者。"这是国家第

① 顾定倩，朴永馨，刘艳虹．中国特殊教育史资料选［M］．北京：北京师范大学出版社，2010：1595－1600.

一次明确规定了特殊教育学校的培养目标。1962 年，教育部又制定了《全日制聋哑学校教学计划（草案）》和《全日制盲童学校教学计划（草案）》，分别指出这两类学校的任务是："必须在党的领导下，贯彻教育为无产阶级政治服务、教育与生产劳动相结合的方针，通过学校教育与训练，力求弥补聋哑儿童（盲童）的听觉（视觉）缺陷，使他们在德育、智育、体育几方面都得到发展，成为有社会主义觉悟的有文化的劳动者。"这两份文件奠定了我国特殊教育学校的目标和任务：一是与普通学校一样，特殊教育学校同样要按照要求培养残疾学生，使其接受相应的思想教育、文化知识技能培养、身体发展等方面的教育；二是特殊教育学校具有特殊的目标和任务，即要根据残疾儿童的特殊发展需求，补偿各类残疾儿童的发展缺陷，开发其潜能。

（三）从自发办学转变为依法治教

旧中国时期特殊教育学校主要由私人自发创办，基本上得不到法律的保障。1949—1977 年，政府承担起主办特殊教育的责任，但总体而言重视程度有所不足。改革开放之后，随着国际交流的增加、对特殊教育研究的深入，人们对残疾人的观念也发生了变化，更加认同残疾人经过教育不仅能够发展自己，还能为社会创造经济价值和文化价值。在关怀残疾人、关注残疾儿童教育的情况下，我国政府对特殊教育的重视也与日俱增，最突出的特点是探索、制定并根据各级各类法律法规保障规范特殊教育事业的发展。例如，我国曾于 1954 年、1975 年和 1978 年制定了三部《中华人民共和国宪法》，但这三部宪法中未明确涉及特殊教育议题。到了 1982 年 12 月，第五届全国人民代表大会第五次会议召开，通过了第四部也是沿用至今的《中华人民共和国宪法》，明确在"公民的基本权利和义务"中提出"国家和社会帮助安排盲、聋、哑和其他有残疾的公民的劳动、生活和教育"。此后，我国制定了一系列关于发展特殊教育的法规政策，有力地保证了特殊教育的发展。

除了将特殊教育纳入"依法治教"的轨道外，政府对特殊教育意义和作用的认识越来越深刻，支持力度也逐渐加大。这从党中央领导人的讲话中可窥一斑。在改革开放初期，邓小平同志就指出："中国需要改进对残疾人的服务。"1991 年 5 月，江泽民同志在一次谈话中指出："残疾人问题也是一个人权问题，残疾人事业的发展水平，是社会文明、进步的标志。"到了 2007 年，胡锦涛同志在中国共产党第十七次代表大会的报告中阐述"优先发展教育，建设人力资源强国"时提出要"关心特殊教育"，这是在党的国家代表大会报告中首次出现"特殊教育"①。到了 2012 年 12 月，中国共产党第十八次代表大会的报告指出"支持特殊教育"，这说明我国政府对特殊教育的重视，将从"关注"这一心理层面落实到更为具体的"支持"层面。

二、特殊教育相关政策法律的制定

新中国成立前，我国未出台过专门针对特殊教育制定的政策法规，相关内容只是零散地出现在部分法律法规的文件中。比如前文提到的《奏定初等小学堂章程》《小学校令》《国民学校令施行细则》等文件，这些文件主要对特殊教育的管理部门、特殊教育学制设置、特殊教育学校举办人进行了规定。但总体而言，这些文件对特殊教育政策的论述显得简单、零碎，这一方面说明这些文件反映了当时特殊教育未得到重视的状况，另一方面也反映出当时的政策难以指导特殊教育良性发展。

新中国成立初期，特殊教育工作主要依靠教育行政部门或其他相关部门出台专项政策文件指导具体事务的开展。这一时期的文件主要围绕教育教学方针、学制设置、课程和教材设计等与特殊教育学校建设有关的文件，比如由教育部颁布的《关于盲哑学校方针、课程、学制、编制等问题给西安市文教局的复函》（1953）、《关于印发"改变聋哑学校低年级语文教材小型座谈会综合记录"的通知》（1954）、《关于中华人民共和国教育

① 朴永馨．改革开放 30 年中国特殊教育的发展与改革［J］．现代特殊教育，2008（12）：4－13.

部办好盲童学校、聋哑学校的几点指示》（1957）等。总体而言，这一时期特殊教育规章主要是以“通知”“指示”的形式，从中央或地方政府下发给各相关部门，在立法层次上比较低。20 世纪 60 年代开始的“文化大革命”，造成特殊教育政策法律法规建设过程停滞。

我国特殊教育的法律法规建设和发展主要发生在改革开放之后。法律法规的制定，一是说明特殊教育事业有了大发展，二是为特殊教育事业的提升提供了坚实保障。

（一）在《中华人民共和国宪法》中纳入特殊教育相关条款

1982 年 12 月第五届全国人民代表大会第五次会议通过了第四部也是沿用至今的《中华人民共和国宪法》，第四十五条规定：“国家和社会帮助安排盲、聋、哑和其他有残疾的公民的劳动、生活和教育。”这是残疾人教育问题第一次写进国家的根本大法，特殊教育地位首次获得法律的认可，也为后来制定各种特殊教育相关法律法规提供了依据。

（二）在相关法律中以专章或专款的形式论述特殊教育

1986 年，第六届全国人民代表大会第四次会议通过《中华人民共和国义务教育法》，第九条规定：“地方各级人民政府为盲聋哑和弱智的儿童、少年举办特殊教育学校（班）。”2006 年该法进行了修订，在修订后的版本中，特殊教育的内容明显增加。与特殊教育直接相关的法律条文如：“第六条　国务院和县级以上地方人民政府应当合理配置教育资源，促进义务教育均衡发展，改善薄弱学校的办学条件，并采取措施，保障农村地区、民族地区实施义务教育，保障家庭经济困难的和残疾的适龄儿童、少年接受义务教育。”“第十九条　县级以上地方人民政府根据需要设置相应的实施特殊教育的学校（班），对视力残疾、听力语言残疾和智力残疾的适龄儿童、少年实施义务教育。特殊教育学校（班）应当具备适应残疾儿童、少年学习、康复、生活特点的场所和设施。普通学校应当接收具有接受普通教育能力的残疾适龄儿童、少年随班就读，并为其学习、康复提供帮助。”“第四十三条　学校的学生人均公用经费基本标准由国务院财政部门会同教育行政部门制定，并根据经济和社会发展状况适时调整。制定、调整学生人均公用经费基本标准，应当满足教育教学基本需要。省、自治区、直辖市人民政府可以根据本行政区域的实际情况，制定不低于国家标准的学校学生人均公用经费标准。特殊教育学校（班）学生人均公用经费标准应当高于普通学校学生人均公用经费标准。”从这些条文中可以看出，新修订的法律立足于促进义务教育均衡发展，对残疾儿童少年的教育考虑更为周密，对于保障残疾儿童少年接受义务教育，从政府责任、教育形式、教师待遇、经费投入和法律责任五个方面做出了指导性规定。

1990 年，第七届全国人民代表大会常务委员会第十七次会议通过了《中华人民共和国残疾人保障法》，该法第三章“教育”针对残疾人享受教育的权利、特殊教育的办学形式、特殊教育学校的类别、特殊教育学校的课程和教材、特殊教育的师资培养等方面进行了专门论述。2008 年该法进行修订，修订后的版本更加强调了政府负有举办特殊教育的责任，要求政府、社会和学校要采取有效措施，为残疾人接受教育创造条件。

1993 年，第八届全国人民代表大会常务委员会第四次会议通过的《中华人民共和国教师法》中，第四十条特别强调了该法适用对象包括了特殊教育学校教师。

1995 年，第八届全国人民代表大会第三次会议通过了《中华人民共和国教育法》，这部法律是教育类法典中的基本法。该法规定：“国家扶持和发展残疾人教育事业……国家、社会、学校及其他机构应当根据残疾人身心特性和需要实施教育，并为其提供帮助和便利。”

1996 年，第八届全国人民代表大会常务委员会第十九次会议通过了《中华人民共和国职业教育法》，在第二章“职业教育体系”中第十五条规定：“残疾人职业教育除由残疾人教育机构实施外，各级各类职业学校和职业培训机构及其他教育机构应当按照国家有关规定接纳残疾学生。”

（三）制定专门的特殊教育行政法规

1994 年，国务院颁布《中华人民共和国残疾人教育条例》。该条例是我国第一部有关残疾人教育的专项法规，它详细说明了各级各类特殊教育的实施方针和发展方向，阐述了特殊教育师资标准和待遇，以及推动特殊教育发展的物质条件，从人力和物力上进一步保障我国残疾人平等受教育的权利，促进残疾人教育事业的发展。

1994 年，教育部颁布了《关于开展残疾儿童少年随班就读工作的试行办法》。它从教学对象、入学、教学、师资培训、家长工作、教育管理这六个方面提出了可操作的指导建议。该文件规定需要通过严格的鉴定才能确定随班就读的对象，主要是指视力、听力言语、智力等类别的残疾儿童少年，随班就读学生的鉴定结论必须保密。文件明确说明残疾儿童少年就近入学，普通学校不得拒绝服务范围内的能在普通学校学习的残疾学生。此外，文件还提出如何在学校中创设接纳残疾学生学习的教育教学环境、开展层级式的师资培训、采取多种形式开展家校合作，以及各级各类行政部门应承担哪些工作等具体建议。文件的制定，有效推动了各地开展随班就读。目前该文件正在修订中，修订后的版本将更全面、更有针对性地指导各地开展随班就读工作。

1998 年，教育部出台了《特殊教育学校暂行规程》。该规程从特殊教育学校的招生和学籍管理的要求，教育教学工作的主要内容，校长和教师及行政管理人员的任命及素质，特殊教育学校的机构设置与日常管理，卫生保健及安全工作，校园、校舍、设备及经费，学校与社会及家庭的关系，校园建设要求等方面做出了具体规定。《特殊教育学校暂行规程》为建设高规格的、符合残疾学生发展需要的特殊教育学校制定了标准。

（四）颁布推动特殊教育发展的指导规章

除了通过法律法规形式推动特殊教育发展外，我国还通过出台国家工作纲要、发布重要会议文件等形式，进一步明确特殊教育的发展方向，为特殊教育发展提供保障。

1. 通过纲领性文件指导事业发展方向

1989 年，国务院办公厅向各地转发的《关于发展特殊教育的若干意见》全面阐述了特殊教育的重要地位，指出："有计划、有步骤地发展残疾人教育事业，切实保障残疾人受教育的权利，是国家、社会和残疾人家长的共同责任。发展特殊教育，是提高残疾人素质的根本途径，是社会主义人道主义精神的具体体现。它对促进残疾人自强自立，平等参与社会生活，从而成为社会主义建设的参加者具有重要作用。”这一文件进一步阐释了《中华人民共和国宪法》对特殊教育的论述，指出了特殊教育办学形式、经费筹措来源、学校布局规划、师资培训和师资待遇标准、特殊教育学校课程和教材建设等发展方向。从全文看，该文件的重点内容是普及残疾儿童的义务教育，这符合当时我国特殊教育发展的需求，因此它成为有效促进我国特殊教育飞速发展的工作指南。

2008 年，中共中央、国务院颁发了《关于促进残疾人事业发展的意见》，将“发展残疾人教育”作为“促进残疾人发展”的重要内容提出。这份文件指出在保障残疾学生接受免费义务教育的基础上，强调发展残疾儿童学前康复教育和高中阶段特殊教育，同时鼓励和支持普通高等学校开办特殊教育专业。此外，文件还涉及发展残疾人职业教育、中西部特殊教育学校建设工程等内容。这份文件的出台，使得特殊教育发展的工作重点发生了变化，从普及义务教育阶段的特殊教育，到发展从学前到高等教育阶段的特殊教育。这份文件颁布后，各地特殊教育学校和招收残疾学生的普通学校积极开展残疾学生的学前、高中及高中以上教育的教学改革。

2009 年，国务院转发了教育部、发改委等八部委共同制定的《关于进一步加快特殊教育事业发展的意见》，强调要全面提高残疾儿童少年义务教育普及水平，完善特殊教育体系，完善特殊教育经费保障机制，加强特殊教育的针对性，加强特殊教育师资队伍建设，特别强调了各地要把各级各类特殊教育纳入当地经济和社会发展整体规划，把特殊教育发展列入议事日程。各级人民政府要进一步明确和落实教育、发展改革、公安、民政、财政、人力资源社会保障、卫生、税务、残联等部门和社会团体发展特殊教育的职能和责任，在保障残疾孩子入学、孤残儿童抚育、新生儿疾病筛查与治疗、学校建设、经费投入、教师编制配备、工资待遇、校园周边环境治理、特殊教育学校企业税收减免、残疾人口统计等方面通力合作，各司其职，齐抓共管，加快特殊教育事业发展。

2010 年，我国颁布了《国家中长期教育改革和发展规划纲要（2010—

2020年)》，明确指出特殊教育的发展任务是："关心和支持特殊教育……各级政府要加快发展特殊教育，把特殊教育事业纳入当地经济社会发展规划，列入议事日程……提高残疾学生的综合素质。注重潜能开发和缺陷补偿，培养残疾学生积极面对人生、全面融入社会的意识和自尊、自信、自立、自强的精神。加强残疾学生职业技能和就业能力培养。二十九　完善特殊教育体系。到2020年，基本实现市（地）和30万人口以上、残疾儿童少年较多的县（市）都有一所特殊教育学校。各级各类学校要积极创造条件接收残疾人入学，不断扩大随班就读和普通学校特殊教育班规模。全面提高残疾儿童少年义务教育普及水平，加快发展残疾人高中阶段教育，大力推进残疾人职业教育，重视发展残疾人高等教育。因地制宜发展残疾儿童学前教育。"这是特殊教育首次纳入国家级改革纲要，不仅提升了特殊教育的地位，而且进一步强调了发展从学前到高等教育阶段特殊教育的决定。

除此之外，自1988年起，国务院陆续转批了《中国残疾人事业五年工作纲要（1988年—1992年)》以及历次的"中国残疾人事业发展纲要"①。在这些文件中，不仅对特殊教育工作已经取得的成绩做了梳理和归纳，对特殊教育发展过程中遇到的问题进行了剖析，而且对五年期间特殊教育发展提出了明确的目标和任务，同时还为完成这些目标和任务提供了保障措施。这些文件成为促进特殊教育发展的有力保障。

除此之外，在2007年，"关心特殊教育"首次写进了党的十七大报告，这不仅是特殊教育事业发展的重要标志，也为特殊教育未来发展奠定了坚实基础。2012年召开的党的十八大提到要"支持特殊教育"，意味着政府将采取实际行动，促进特殊教育发展。

2. 通过重要会议文件促进事业快速发展

1988年、1990年、2001年、2009年，我国前后召开了四次全国特殊

---

① 自1991年，国务院陆续转批了《中国残疾人事业"八五"计划纲要（1991年—1995年)》《中国残疾人事业"九五"计划纲要（1996年—2000年)》《中国残疾人事业"十五"计划纲要（2000年—2005年)》《中国残疾人事业"十一五"发展纲要（2006年—2010年)》和《中国残疾人事业"十一五"发展纲要（2006年—2010年)》。历次纲要在名称上稍微不同，有的称"计划纲要"，有的称"发展纲要"，本章统称为"中国残疾人事业发展纲要"。

教育大会。大会上领导的发言，表明了中央政府对发展特殊教育事业的重视，每次会议颁布的国务院转发教育部等几个部委联合签发的文件都成为了促进特殊教育事业发展的纲领性文件。纵观大会主题报告，可以看到这四次会议对我国特殊教育发展起到重要作用，其中显著贡献之一是促成了中国特殊教育发展格局的形成。在第一次大会上，国家教育委员会副主任何东昌指出："有计划地在一部分普通小学附设特殊教育班或吸收能够跟班学习的残疾儿童随班就读"，"逐步形成以一定数量的特殊教育学校为骨干，以大量特殊教育班和随班就读为主体的残疾儿童少年教育的格局"。此后在第二次大会上，国家教育委员会柳斌副主任强调要继续发展特殊教育格局。到了第三次全国特殊教育工作会议，大会报告指出："以专门的特殊教育学校为骨干，以普通学校特殊教育班和残疾儿童少年随班就读为主体的特殊教育格局基本形成。"这一报告表明，1988 年提出的特殊教育格局构想在历经 13 年的发展后得到落实。2009 年第四次会议进一步通过实际教育效果肯定了这一发展格局对满足我国残疾儿童少年教育需求的重要作用。此外，此次大会强调了残疾儿童少年的教育要从"普及与提高结合"发展到"全面提高"教育质量，这一变化体现了残疾儿童少年义务教育内涵的变化和特殊教育科学发展的新要求。

三、特殊教育管理体系的建设

新中国成立前，部分教育法规曾将特殊教育纳为普通教育司或社会教育处/司的管理。例如，1914 年，当时的教育部出台了《教育部管制》，其中第四条规定了普通教育司的职责，该条第四款首次提到普通教育司掌管事务包括"盲哑学校及其他残疾等特种学校事项"①。1928 年，南京国民政府将教育部更名为"大学院"，颁布了《修正中华民国大学院组织法》，该法第四条规定："大学院设立社会教育处，该处的职责之一是管理'低

① 舒新城．中国近代教育史资料（上）［M］．北京：人民教育出版社，1981：287.

能及残疾者之教育事项’。”此后，南京国民政府又将大学院更名为教育部，1931 年 7 月教育部公布第三次修订后的《教育部组织法》，其中规定“低能及残疾者之教育事项”由社会教育司负责。该法在 1940 年、1947 年的修订中，仍维持由社会教育司负责“低能及残疾者之教育事项”①。尽管当时南京国民政府提到要管理特殊教育事项，但是并没有给予真正的重视。

新中国成立后，我国逐步建立起特殊教育行政管理机制，有效地推动了特殊教育的发展。1994 年颁布的《残疾人教育条例》第五条明确说明了我国特殊教育行政管理体系的基本工作形式是：“国务院教育行政部门主管全国的残疾人教育工作。县级以上地方各级人民政府教育行政部门主管本行政区域内的残疾人教育工作。县级以上各级人民政府其他有关部门在各自的职责范围内负责有关残疾人工作。”2008 年颁布的《中华人民共和国残疾人保障法》第十八条明确规定：“各级人民政府应当将残疾人教育作为国家教育事业的组成部分，统一规划，加强领导。”这些法律条款呈现出我国特殊教育行政管理从上至下的管理特点，要求各级特殊教育相关行政管理机构分工明确、密切合作。

（一）国务院残疾人工作委员会：宏观指导

国务院残疾人工作委员会的前身是 1993 年成立的“国务院残疾人工作协调委员会”，2006 年更名为目前的名字。根据中央机构编制委员会 2000 年印发的《中国残疾人联合会机关主要职责、内设机构和人员编制方案》，该委员会秘书处设在中国残疾人联合会，它的主要职责是：协调国务院有关残疾人事业方针、政策、法规、规划的制定与实施工作；协调解决残疾人工作中的重大问题；组织协调联合或有关残疾人事物在中国的重要活动。

① 朱宗顺．特殊教育史［M］．北京：北京大学出版社，2011：214.

（二）教育部特殊教育处/教育部特殊教育办公室：整体规划

1980年，教育部重新设立“特殊教育处”，并将其归属教育部基础教育司领导。教育部特殊教育处的主要职责是贯彻和掌握政府关于特殊教育的工作方针、政策，制定特殊教育的发展规划和有关章程，组织和检查特殊教育事务落实情况，制定各类特殊教育学校的教学计划、大纲，组织编写和审定教材，指导随班就读工作开展等①。

2012年9月10日，教育部正式成立了特殊教育办公室，该办公室的日常工作仍由特殊教育处承担，对外则以“办公室”名义发文。其主要职责是：拟定特殊教育的宏观政策和发展规划，组织制定特殊教育的课程方案和课程标准，组织审定义务教育阶段特殊教育教材，指导特殊教育教学工作，统筹规划部内相关的特殊教育管理工作②。

与特殊教育处的职责相比，特殊教育办公室的职责增加了两项：首先，原来的特殊教育处只是贯彻和掌握与特殊教育相关的政策，再根据政策制定相应的章程以落实政策，而特殊教育办公室肩负拟定宏观政策的职责，一来可以更有针对性地制定政策；二来可以更灵敏地对特殊教育动向进行反应，用宏观政策进行调控。其次，原来的特殊教育处只能把握义务教育阶段特殊教育的管理工作，但特殊教育实际上包括了从学前到高等教育各阶段的教育，还包括职业教育、成人教育、师范教育等各个类型的教育，赋予新设的办公室具有协调教育部内相关的特殊教育工作，有利于调配资源，从全局的、系统的角度开展特殊教育工作。

（三）省级及省级以下教育部门基础教育处：具体落实

从1990开始，省级教育部门在基础教育处逐渐配置人员，专职或兼职当地管理特殊教育事务，主要负责落实教育部颁布的特殊教育精神，完成教育部规定的任务，同时根据教育部的文件精神，制定当地特殊教育的发

① 朴永馨．特殊教育［M］．长春：吉林教育出版社，2000：295.

② 参见《关于设立教育部学前教育办公室和教育部特殊教育办公室的通知（教人司〔2012〕248号）》（内部资料）。

展规划和有关章程，组织和检查当地特殊教育事务落实情况。在部分发达省市的区级、县级教育部门，也配置了人员专职或兼职管理特殊教育事务。

（四）残联系统内设置的相关部门及其他相关部门：支持协助

中国残疾人联合会尽管不是政府行政部门，但是它在中国残疾人事业发展过程中起着重要作用，对特殊教育也是如此。中国残疾人联合会设有教育就业部，主要职责是：协助有关部门组织制定和实施残疾人教育工作计划；促进残疾人教育，开展残疾人职业培训；负责盲文、手语的研究与推广；协助有关部门制定残疾人劳动就业工作计划，指导残疾人组织兴办残疾人福利企业，组织实施残疾人按比例就业；负责残疾人劳动服务网络的建设与工作；组织实施残疾人专项扶贫；协助有关部门开展残疾人社会保障工作。各省的残联部门也设有专（兼）职特殊教育干部，配合中残联以及当地教育部门开展特殊教育工作。

除残疾人联合会外，还有其他几个重要部门的工作与特殊教育密切相关。民政部主要负责残疾人的社会福利救济工作，指导残疾人的权益保障工作，拟定相关方针、政策、法规、规章并指导实施，负责组织各类社会福利机构和社区服务机构中的残疾儿童学前教育、残疾人文化教育和职业技术教育，通过中国福利彩票发行工作为残疾人等福利事业发展募集资金。卫生部主要负责残疾儿童的早期筛查、检查、诊断工作，配合特殊教育学校（班）做好检查鉴定工作，对特殊教育学校（班）的残疾儿童康复医疗进行指导，同相关部门一道开展残疾预防工作。全国妇女儿童联合会依法维护残疾妇女、儿童的合法权益，促进残疾妇女、儿童素质的提高和状况的改善。劳动部协助有关部门组织推动残疾人的就业前培训和在职培训。财政部在基建投资和办学经费方面支持特殊教育发展。这些部门为特殊教育的开展提供了人力、物力方面的大力支持。

四、特殊教育体系的完善和格局的形成[①]

教育体系的发展往往与教育格局的发展有密切关系。体系重在强调教育内容的层次和类别，而格局重在强调学校数量和类型的发展。在发展历程中，两者形成互促互进的关系。

新中国成立前，我国特殊教育主要以小学阶段为主，残疾学生主要在特殊教育学校内学习。如 1912 年的《小学校令》规定当时的盲哑学校的设置与小学一样。当时的残疾学生主要是聋生和盲生两类，他们基本上就读于特殊教育学校。根据当时的法律，普通学校可以拒绝残疾学生就读，学生只能到特殊教育机构就读。在这一时期，学校数量增长极为缓慢，到 1949 年我国特殊教育学校数仅为 42 所，在校学生总计为 2000 人。极为稀少的学校数量，使得当时我国特殊教育发展谈不上“格局”一说。

新中国成立初期，政府一方面兴办特殊教育学校，另一方面逐步规范了特殊教育学校的学制设置。到了 1957 年，教育部颁布了《办好盲学校、聋哑学校的几点指示》，这一文件正式提出聋生的修业年限为十年，盲生的学修业年限主要为六年，有能力的盲生可以再接着报考盲人中学，其余盲生学习两年制的职业劳动训练[②]。从这一规定可以看出，当时特殊教育学校学制的设置层次尽管比较低，但已经有明确的年限规定，而且出现了中等阶段的特殊教育。这一阶段中特殊教育工作发展的重点是创建新学校以招收更多的残疾儿童少年。因此到了 1960 年，我国特殊教育学校增长到 479 所，在校生人数增到 26701 人。但是当时盲目办学，造成不少学校在校舍、师资、经费等方面缺乏保证，因此教育部在 1962 年下发了《关于

---

① 除特别标注外，该部分所用的数据来自两类资料。第一类是人民教育出版社 1981 年出版的《中国教育统计年鉴（1949—1981 年）》及 1982—2012 年历年出版的《中国教育统计年鉴》。第二类是中国统计出版社 2001—2011 年历年出版的《中国残疾人事业统计年鉴》。

② 顾定倩，朴永馨，刘艳虹．中国特殊教育史资料选［M］．北京：北京师范大学出版社，2010：1595 – 1600.

有重点地办好一批全日制中、小学校的通知》，指出要集中力量办好一些基础好的学校，提高教育质量。在政府调整下，特殊教育学校的数量开始缩减，到 1965 年，特殊教育学校数量缩减为 266 所，在校生人数为 22850 人。此后，“文革”造成特殊教育事业发展停滞，到 1975 年，我国特殊教育学校数为 246 所，在校生人数为 26782 人，与“文革”前相比几乎没有发展。总体而言，这一时期特殊教育学校基本上是聋校和盲校。此外，政府也没有提出普通学校要招收残疾学生。由于学校数量依旧很少，因此也无法说特殊教育形成了某种“格局”。

我国特殊教育体系的完善以及特殊教育格局的形成，主要发展在改革开放以后的 30 年中。从体系而言，在改革开放初期，特殊教育事业发展的主要任务是普及九年制义务教育，国家投入大量的人力和物力，确保残疾儿童能进入特殊教育学校或普通学校接受有质量的义务教育。随着事业发展，特殊教育也逐步向学前教育和职业教育以及高等教育阶段延伸，国家制订了专门的计划和实施方案，采取多种措施，依托多种形式的机构发展非义务教育阶段的特殊教育。从格局而言，在 30 多年的办学过程中，我国通过实践，形成了“以专门的特殊教育学校为骨干，以普通学校特殊教育班和残疾儿童少年随班就读为主体”的特殊教育格局，有效地保障了残疾学生的受教育机会，也促成了普通教育学校系统和特殊教育学校系统共同招收残疾学生。

（一）基本普及九年免费义务教育

改革开放后，我国特殊教育工作的重中之重是普及残疾儿童义务教育，该项工作的成就至少可以反映在三个方面。

1. 残疾学生的人数逐渐增长，其残疾类型增多、残疾程度加重

在学生的人数增长方面：1978 年时，全国残疾学生在校生为 30934 人，此后我国义务教育阶段残疾学生在校生人数逐年增长，尤其是 1990 年至 1995 年期间，在校学生数呈现出几何增长速率。到 2011 年，我国义务教育阶段在校残疾学生共为 398736 人。

在学生的残疾类型方面：改革开放前，特殊教育的对象主要是盲生和

聋生。1978 年后，随着培智教育的兴起，智力残疾儿童越来越多地进入学校接受教育。到了 20 世纪 90 年代，学校除了智力、听力、视力残疾学生外，还陆续招收了脑瘫、孤独症等残疾学生。1990 年颁布的《中华人民共和国残疾人保障法》指出，残疾人包括视力残疾、听力残疾、言语残疾、肢体残疾、智力残疾、精神残疾、多重残疾和其他残疾的人，但从当前我国特殊教育实践层面来看，特殊教育的实际对象比前述法规中所列的类别还要多，除了视力残疾、听力残疾、智力残疾、肢体残疾外，还涉及脑瘫、孤独症、多动症、情绪行为障碍、学习障碍等类别的有特殊教育需要的学生。结合实践需求，可以预估未来我国法律文件规定的特殊教育服务对象的类别将进一步扩大。还需特别说明的是，尽管我国目前有关的特殊教育法律条例及政策都未将天才儿童纳入其中，但是在实践中，天才儿童由于其学习需求的特殊性，他们也属于特殊教育的对象。

在学生的残疾程度方面：原来在特殊教育学校中就学的学生，是一些能够行动、生活技能发展较好、能够自理的学生，一些重度残疾的学生或者在家，或者在医院以及养护机构中。20 世纪八九十年代，随着随班就读工作的普及，越来越多的轻度残疾学生进入普通学校就读。进入 21 世纪，随着早期干预的发展，一些中度的残疾学生也能够进入普通学校学习。特殊教育学校的学生逐渐从招收轻度、中度残疾学生，发展到也适当招收重度的残疾学生。与此同时，对于一些极重度的残疾学生，特殊教育学校提供了“送教上门”服务，即学校派出教师，为在家或在医疗机构的重度、极重度学生提供教育服务。

2. 特殊教育学校数量和类别增加，功能拓展，发挥了“骨干”作用

1978 年，我国特殊教育学校为 292 所，当时还没有为智力残疾学生建立培智学校。改革开放后，国家在发展盲教和聋教的同时，大力发展培智教育。1979—1983 年，上海、北京、江苏等地开始为智力残疾儿童建立专门的特殊班（也称辅读班、培智班）。自 1983 年和 1984 年开始，大连、北京等地开始建立独立的培智学校。1990 年以后，各地开始出现综合类学校，即同时招收两类或两类以上残疾学生的特殊教育学校。2011 年，全国各类特殊教育学校数量已达 1767 所。

特殊教育学校除了数量和类别增加外，很多学校拓展了服务功能，不仅承担本校残疾学生的教育教学任务，还成为当地随班就读的资源中心，发挥了“骨干”作用。具体来说，“骨干”作用表现在如下三个方面。

一是特殊教育学校发挥技术引领功能。与普通学校相比，特殊教育学校的教师一般受过特殊教育专业培训，了解各类残疾儿童身心发展特点和学习需要，能对残疾儿童进行评估并制订适宜的学习计划，能采取有效的教学策略和教学手段对残疾儿童施以教学。此外，与普通学校相比，特殊教育学校拥有更完备的教学和康复训练设备，能帮助残疾儿童获得更好的发展。

二是特殊教育学校为中重度残疾学生提供教育。从目前发展看，普通学校招收的残疾学生多是轻度残疾的学生。中重度学生，由于学习能力和发展需求与普通学生相差比较大，所以难以适应普通学校的学习生活，且普通学校目前也难以为这些学生提供适宜他们的教育服务。因此，中重度的残疾学生多就读于特殊教育学校。

三是特殊教育学校发挥宣传作用。特殊教育学校的建立，在当地通常还发挥了宣传特殊教育、帮助社会大众认识到残疾人具有发展潜能、能够通过教育获得更好的生活甚至为社会做贡献的能力。我国目前还有很多地区没有特殊教育学校，因此开设特殊教育学校不仅能够为残疾儿童少年提供就读机会，也能在当地起到宣传特殊教育的作用，帮助人们形成关爱残疾人、尊重残疾人的社会氛围。

3. 普通学校招收残疾学生入学，发挥“主体”作用

普通学校招收残疾学生，首先是现实的需求。全国残疾人抽样调查领导小组与联合国儿童基金会 1986 年在北京、上海、辽宁、江苏、福建、湖北、甘肃七省市抽样调查，发现 0 — 14 岁各类残疾儿童的人数占同龄儿童总数的 2.38%，根据这个百分比推算，当时全国 7—15 周岁的各类残疾儿童的数量是非常多的[①]。而根据 1987 年的《中国教育统计年鉴》记录，

① 朴永馨．中国特殊教育师资的培养［J］．北京师范大学学报（社会科学版），1988（6）：73－78.

当时在校的残疾学生人数为52876人，仅占残疾儿童总数的1.39%。数据的鲜明对比，说明特殊教育学校无法满足广大残疾儿童少年的教学需求。国家的财力和物力也不允许大量新建和改扩建特殊教育学校，因此我国需要考虑在普通学校中安置残疾学生。除此之外，在普通教育学校中安置残疾学生也符合残疾学生的发展需求。因为轻度的残疾学生只要普通学校稍加调整教学环境，他们就能够适应普通学校的学习生活。

为了满足残疾儿童少年的教育需求，我国很多普通学校在20世纪80年代就开始招收这些学生入学。早在1983年8月，国家教委颁布的《关于普及初等教育基本要求的暂行规定》就指出“弱智儿童目前多数在普通小学就学”。此后，政府开始关注随班就读和附设特殊教育班的建设工作。如前文所提，1988年全国第一次特殊教育工作会议提出：“有计划地在一部分普通小学附设特殊教育班或吸收能够跟班学习的残疾儿童随班就读”，“逐步形成以一定数量的特殊教育学校为骨干，以大量特殊教育班和随班就读为主体的残疾儿童少年教育的格局”。1996年出台的《中国残疾人事业“九五”计划纲要》明确提出全国特殊教育基本形成以随班就读和特殊班为主体，以特殊教育学校为骨干的残疾儿童和少年义务教育发展的新格局。

除了政府文件指出了普通学校发挥了招收残疾学生的主体地位外，自2001年以后《中国教育统计年鉴》的数据表明义务教育阶段在普通学校就读的残疾学生人数均为当年残疾学生总人数的60%以上。

特殊教育义务阶段工作除了取得这三项重大的成果外，近年我国各地还出现了“送教上门”这一教育形式。“送教上门”主要是为那些因生活无法自理不能到学校接受教育或因病症严重休学后无法返校学习，但具有接受教育能力的适龄重度残障儿童少年提供教育教学服务。送教上门服务的学生，其学籍一般归属于当地的特殊教育学校。这一方式使得广大重度残疾学生不会因为无法到校上学而失去教育机会。随着我国特殊教育水平的提高，这一方式已经越来越受到重视，不少地方政府还制定了专项的规章制度，确保“送教上门”成为长效的教育方式。

（二）以早期干预为特色的学前特殊教育初展样态

早期干预的倡导是20世纪特殊教育领域的一大飞跃。我国特殊儿童的早期教育工作尽管起步较发达国家晚，但一经建立就强烈体现了早期干预的思想。20世纪80年代，我国特殊教育工作者意识到对特殊儿童进行早期干预可以减少或消除残疾带来的消极影响和后果，于是提出了“三早”原则（早期发现、早期矫治、早期教育），并在各类私立或公立幼儿园、残联举办的康复中心与社区举办的学前班等机构开展各类特殊儿童的早期干预实验。其中，又以聋童的早期干预和教育工作发展最为迅速。1988年国务院批准的《中国残疾人事业五年工作纲要》以及之后历次的“中国残疾人事业发展纲要”都将聋童康复作为抢救性的康复工作列为国家计划系统开展。首先是接受听力语言训练的聋童人数逐年增加，“八五”期间年均接受早期干预的聋童人数为0.5万人左右[①]；而在“十一五”期间，接受康复训练的聋童人数年均达到2万人左右。其次是聋儿早期康复和教育工作从无到有、由弱到强，已经形成以各省省级聋儿康复中心为主导，以社区康复机构、幼儿园、聋校附设的学前班和家庭训练为依托的聋儿康复工作网络。经语言康复训练和早期教育的幼儿，大部分能够进入当地的普通小学与普通幼儿一起接受义务教育。

20世纪80年代还兴起了智力残疾儿童的早期教育实验。1986年，著名心理学家茅于燕在一些家长和热心人士的帮助下创办了“北京新运弱智儿童养育院”，开展对3—6岁智力残疾幼儿的早期训练工作。这项开创性的工作使得智力残疾儿童能力大大提高，其中一些儿童甚至还进入了普通小学随班就读。此后，一些特殊教育学校开办了学前班对智力残疾幼儿进行感知觉、认知、语言、行为等教育训练。此外，部分普通学前教育机构也尝试招收智力残疾幼儿。对于视力残疾儿童而言，对其实施早期教育的机构绝大部分附设在盲校中，比如上海盲校、北京盲校、广州盲校等，每

① 中国残疾人联合会.《中国残疾人事业“八五”计划纲要（1991—1995年）》的制定与实施[EB/OL].（2004-10-12）[2012-12-21]. http://www.cdpf.org.cn/2008old/syjj/content/2004-10/12/content_50563.htm.

所盲校每年招收几名到十几名的学前盲童入校学习。孤独症儿童的早期教育出现于20世纪90年代，当时主要是由民办机构承担我国孤独症儿童的早期教育训练工作。但是近年来这个情况有所变化，残联系统开设了专门的机构对孤独症儿童进行训练。截至2011年年底，我国已经有30个省份开办了孤独症儿童康复机构，受训患儿已逾万名。各地特殊学校和普通幼儿园也尝试招收孤独症幼儿入学，对于多重残疾儿童的早期教育实验也在近年出现了。这些都填补了我国特殊教育学前阶段的空白。但是与聋童早期教育康复现状比较而言，我国智力残疾儿童和盲童的早期教育康复发展缓慢，还没有形成系统的教育康复网络，孤独症儿童、多重残疾儿童的早期教育则处于刚刚起步的阶段。尽管越来越多的残疾儿童能够到专门的机构或幼儿园中接受早期教育训练，但与我国目前80%的普通幼儿都能接受教育的情况相比，我们为残疾儿童提供的学前教育服务还远远不够。

此外，还值得一提的是，“融合教育”的思想越来越渗透到特殊儿童的早期康复和教育实践中。比如中国聋儿康复中心，在20世纪90年代就开始招收普通儿童，将普通儿童和聋童安置在同一个班级中进行教育。部分城市，比如北京，在2007年时确立18家普通幼儿园为第一批实验幼儿园，系统展开融合教育实验。

（三）残疾人普通高中教育、高等教育初具规模

1992年，南京聋校和青岛盲校受国家教委和中残联委托，分别举办了我国第一个正式的聋人高中和盲人高中，填补了我国残疾人高中教育的空白。随后，我国高中阶段的盲、聋教育在全国多个地方得到发展。2011年我国已开办特殊教育普通高中班（部）为179个，在校生为7207人[①]。就读于普通学校的聋生、盲生以及其他类型的特殊学生，其数量则更多。

高中阶段教育的普及，为残疾人平等进入高等院校接受高等教育准备了条件。我国实施残疾人高等教育的高校基本有四种形式：一是普通高校

---

① 中国残疾人联合会.2011年中国残疾人事业发展统计公报（残联发〔2012〕6号）[EB/OL].（2012-03-29）[2012-12-12]. http://www.cdpf.org.cn/sytj/content/2012-03/29/content_30385873.htm.

建立特殊教育学院或开设系和专业，采取单独考试、单独录取的方式招收盲、聋和肢体残疾学生；二是普通高等学校招收残疾学生，与普通学生一起进行学习；三是一些独立设置的残疾人中等职业学校采取与成人高校合作办学的方式，举办大专班招收残疾学生；四是通过自考、电视大学等多种渠道对残疾人实施高等教育。

第一种和第二种形式是我国实施残疾人高等教育的主体形式。采取单考单招录取方式招收残疾人的大学本科专业系和学院，目前我国有 16 所。山东滨州医学院率先在 1985 年成立了肢体残疾人临床医学系；1987 年，长春大学建立了特殊教育学院，随后又创办了两所高等职业特殊教育学院，即天津理工大学聋人工学院和北京联合大学特殊教育学院。此外，南京中医药大学、上海美术学院、南京金陵职业大学、湖北荆州大学也相继开办了招收残疾人的专业或班级。从单考单招院校为残疾学生设置的专业看，这些院校大多考虑到聋、盲、肢体残疾学生的身心特点，开办与其能力和专长相适应的、应用性强的专业，比如计算机科学与技术、机械制造工艺及设备、服装设计及工艺、艺术设计、针灸推拿、会计、音乐、绘画、办公自动化、中医按摩、钢琴调律、计算机应用、园林设计等。

在残疾人高考形式上，残疾人除了可以参加单考单招的高考，还可以参加普通高考。为保证公平、平等地录取残疾学生，早在 1985 年，教育部、国家计划委员会、劳动人事部、民政部联合颁布的《关于做好高等院校招收残疾青年和毕业分配工作的通知》，就明确指出“对残疾学生，在与全部考生德智条件相同的情况下，不应仅因残疾而不予录取”。2003 年，教育部、卫生部、中残联共同发布了《普通高等学校招生体检工作指标意见》，把强制性的体检标准改为指导意见，进一步放宽了对残疾学生的录取要求。这些规定和指导意见，为残疾学生进入普通高等学校与普通学生一起接受教育奠定了基础。

《中国残疾人事业统计年鉴》的历年数据表明，接受高等教育的残疾学生数明显呈现稳步增长的趋势，此外还呈现出参加普通高考并在普通高等院校接受教育的残疾学生人数的增长速度高于在单考单招院校的残疾学生人数的增长速度。例如，2011 年在普通高等院校的残疾学生人数为 7150 人，是

2001 年在普通高等院校就读残疾学生人数的 3 倍多，2011 年在单考单招院校的残疾学生人数为 877 人，仅为 2001 年单考单招院校的残疾人数的 1 倍多。

（四）残疾人职业教育网络日渐完善①

残疾人职业教育通常指对有劳动能力而未就业、需转换职业和已就业需要提高技术水平的残疾人所进行的职业技能训练。它包括就业前培训、岗前训练、转岗训练和在职训练等。培养残疾人获得职业技能，提供其谋生手段，不仅对残疾人自身发展起着至关重要的作用，也是社会进步的一个表现。我国残疾人职业教育发展呈现出一个明显的特点，即它的发展速度快、规模大，目前已经形成了省（自治区、直辖市）、地（市、州）、县（区）三级残疾人职业教育培训网络。另外，还有大量的普通职业培训机构介入残疾人职业教育培训工作中。截至 2011 年年底，全国残疾人职业培训基地达到 5254 个，其中残联兴办 2368 个，依托社会机构兴办 2886 个，29.9 万人次城镇残疾人接受了职业培训。此外还需要指出的是，我国残疾人职业教育网络中，多种形式的中等职业教育机构和高等职业教育机构只占职业教育机构中的一小部分，更多的职业教育机构是面向残疾成年人开办的，这些机构有效地提高了残疾成年人的专业技术水平，提高了残疾人的就业率，从而提升了残疾成年人的生活质量。

近年来，特殊教育学校也开始日益重视残疾人职业教育，很多学校增设了职教部，针对不同类别的残疾学生开展适合其身心特点及生存发展需求的专业。比如针对盲生开设了钢琴调律、按摩、中医诊疗等专业，针对聋生开设了美术、电脑制作等专业。根据北京师范大学王雁教授② 2011 年做的全国性调查，在 2011 年，我国各类特殊教育学校对 7489 名残疾学生进行职业教育。

---

① 除特殊说明外，本部分数据均来自：中国残疾人联合会. 2011 年中国残疾人事业发展统计公报（残联发〔2012〕6 号）[EB/OL].（2012-03-29）[2012-12-12]. http://www.cdpf.org.cn/sytj/content/2012-03/29/content_30385873.htm.

② 王雁，王志强，朱楠，等. 我国特殊教育学校学生分布调查 [J]. 中国特殊教育. 2013 (1): 25-32.

可以说，我国特殊教育体系在层次上已经具备了学前教育、义务教育、高中及高等教育各阶段，从类型上具备了基础教育、职业教育、成人教育等类型。从招收残疾学生的学校类型看，可以分为特殊教育类学校（如聋校、盲校、培智学校、综合类特殊教育学校）和普通教育类学校。用一句话总结我国特殊教育体系和格局的特点，即形成了学前到高等教育阶段的多层次体系，发展出了以普通学校为主体，特殊教育学校为骨干的多元化办学格局。这一体系和格局如图 1－1 所示。

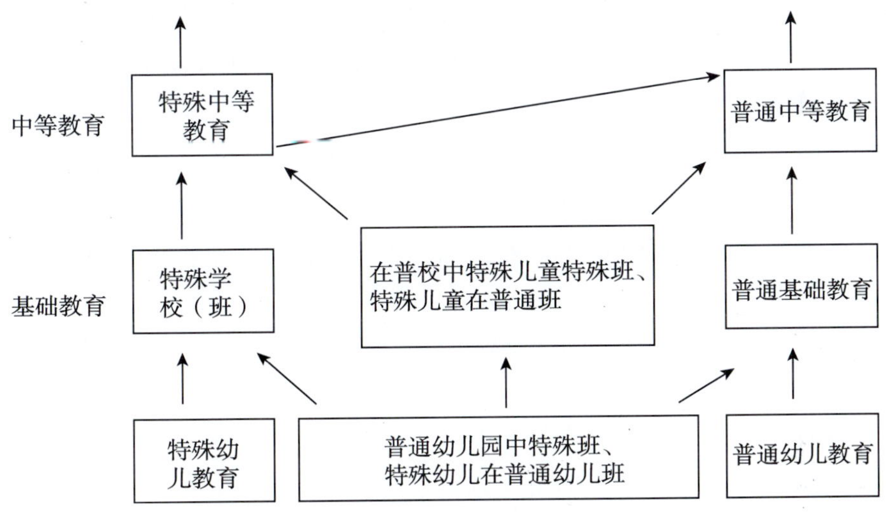

图 1－1　普通教育和特殊教育的交叉融合①

五、特殊教育师资队伍的发展

新中国成立前，特殊教育学校的师资多是以“师傅带徒弟”的方式进行培养的。新中国成立后，教育部曾在 1959 年联合有关组织举办盲校体育教师训练班，有 40 人参加了 1 个月的培训，此后又建立了聋哑教育师资讲习所，第一期举办了 6 个月。在这个时期，国家也公派过少量的留学生到

① 朴永馨．特殊教育学［M］．北京：华夏出版社，1995：57.

苏联学习特殊教育①，但当时我国还是以“师傅带徒弟”及短期培训方式培养师资，没有成立专业性的特殊教育师资培养机构。由于特殊教育学校扩展，特殊教育教师队伍也随之增长，到1978年，全国共有特殊教育专任教师0.69万人。改革开放后，我国特殊教育师资队伍逐渐发展起来，师资培养体系也日渐得以完善。

（一）建立并完善特殊师范教育体系

1981年，在黑龙江肇东师范学校建立了我国第一个特殊教育师范教育机构。1982年，南京成立了我国第一所招收特殊教育中等师范生的南京特殊教育师范学校，1985年该校正式向全国招生。此后，山东、辽宁、福建、北京等地陆续建立了中等特殊教育师范学校或特殊教育师范专业，形成了特殊教育中等师范生培养体系。在特殊教育高等师范培养方面，北京师范大学教育系于1986年开设了中国大陆第一个特殊教育专业，招收了第一批本科生，同时也培养了第一批特殊教育研究生。此后，上海、武汉、重庆、西安等地的国家直属师范大学也建立了高等特殊教育师资培训专业。

目前，我国大陆约有20所高校开设了本科层次的特殊教育专业；约15所高校开设了专科层次的特殊教育专业；中专层次的特殊教育专业1所。其中，绝大部分是师范院校，大部分特殊教育专业成立于2000年以后。特殊教育专业在这些院校的设置形式有所不同，有的设在教育学院的特殊教育系；有的设在各自的教育科学院内；有的则直接设在学校（院）里。在办学层次上，从全国现有院校的总体上看，形成了从专科、本科到研究生水平的完整培养层次②。

（二）重视教师职前和在职培训

除了成立师范院系培养专业教师外，国家也越来越重视特殊教育教师

① 陈云英，等．中国特殊教育学基础［M］．北京：教育科学出版社，2004：76.

② 王雁，王志强，朱楠，等．全国特殊教育学校教职工队伍结构及需求情况调查［J］．中国特殊教育，2012（11）：3－8.

的在职培训工作。首先，国家从法律上强调在职教师培训工作的重要地位。1994 年发布的《残疾人教育条例》第六章第四十条规定："县级以上地方各级人民政府教育行政部门应当将残疾人教育师资的培训列入工作计划，并采取设立培训基地等形式，组织在职的残疾人教育教师的进修提高。"1998 年教育部发布的《特殊教育学校暂行规程》第三十九条规定："特殊教育学校要加强教师的思想政治、职业道德教育，重视教师和其他人员的业务培训和继续教育，制定进修计划，积极为教师和其他人员进修创造条件，教师和其他人员进修应根据学校工作的需要，以在职、自学、所教学科和所从事工作为主。其次，国家通过各种教师进修机构，如高等师范院校的特殊教育院（系）及各地特殊教育师资培训中心，或者通过各种层次的培训班、函授班，在实际操作中以老带新等方式，加强在职特殊教育教师的培训。"到目前为止，我国已初步建立多层次、多渠道、多种模式的特殊教育师资培训体系，许多经济发达的地区已将特殊教育师资在职培训纳入继续教育的轨道，其中北京、上海、天津、广州等大城市陆续设立了特殊教育师资培训中心①。

从 2010 年开始，教育部、财政部开始实施"中小学教师国家级培训计划"（简称"国培计划"），旨在提高中小学教师特别是农村教师队伍整体素质。特殊教育教师队伍的素质提高也被列入重要内容。2012 年，教育部、中央编办、国家发改委、财政部、人力资源社会保障部联合颁发了《关于加强特殊教育教师队伍建设的意见》，其中针对教师培训任务，明确规定："三、开展特殊教育教师全员培训。对特殊教育教师实行 5 年一周期不少于 360 学时的全员培训。依托'国培计划'，采取集中培训和远程培训相结合的方式，加大对全国特殊教育学校教师的培训力度；各地要同步开展特殊教育学校教师和承担随班就读任务教师的全员培训。推进信息技术与特殊教育教师培训深度融合，为特殊教育教师专门建立网络研修社区，开展特殊教育教师教育技术能力专项培训，促进特殊教育教师专业发

---

① 王雁，王志强，朱楠，等．全国特殊教育学校教职工队伍结构及需求情况调查［J］．中国特殊教育，2012（11）：3 –8.

展常态化。教师培训机构要建立专兼结合的特殊教育教师培训队伍，加强特殊教育教师教研、科研队伍建设，提高培训的专业性、针对性和实效性。”

（三）师资数量和质量逐步提高

根据《中国教育事业统计年鉴》历年数据，特殊教育学校教师数量逐年增长。从 1953 年的 797 人，增长到 2011 年的 41311 人。此外，特殊教育学校专任教师的学历不断提高，特别是 2001 年以后，高中阶段毕业的教师人数占教师总数的百分比逐渐减少，而专科和本科学历的教师人数占总人数的百分比大幅增加。到 2011 年，专科以上学历的教师占到九成。此外，教师的职称结构不断改善，到 2011 年，中级以上职称的教师接近六成。专任教师学历和职称这两个指标可以从侧面反映出我国特殊教育师资质量不断提高。

六、特殊教育经费投入的变化

特殊教育经费是发展特殊教育的最重要保障之一。新中国成立前政府对特殊教育学校鲜有经费的投入。新中国成立后，我国逐渐建立了有效的特殊教育经费投入机制。

（一）确立政府为特殊教育经费投入的主体

新中国成立初期，政府接管了私立的特殊教育学校后就开始负责学校经费投入。到 1956 年，教育部颁布了《关于盲童学校、聋哑学校经费问题的通知》[1]，明确指出“盲童学校和聋哑学校的各项经费开支标准应高于同级同类的普通学校”，提出“各地政府在划拨经费时，无论是教学行政

① 顾定倩，朴永馨，刘艳虹．中国特殊教育史资料选［M］．北京：北京师范大学出版社，2010：1566.

费、一般设备费、教学设备费、技术实习费、人民助学金等，都应当考虑高于或等同于普通学校的标准”。这个文件的意义在于：它不仅明确了政府是特殊教育的办学主体，还确定了特殊教育学校经费的划拨原则，即高于或等同于当地普通学校的标准。这一规定一直影响至今，例如我国残疾学生所获得的生均经费历年来均高于普通学生的生均经费，我国2006年修订的《中华人民共和国义务教育法》第四十三条第三款还特别规定：“特殊教育学校（班）学生人均公用经费标准应当高于普通学校学生人均公用经费标准。”

（二）主要资助对象从特殊教育学校学生向残疾学生扩大

1994年通过的《关于开展残疾儿童少年随班就读工作的试行办法》第二十八条规定：“各级教育行政部门应逐步增加对残疾儿童少年随班就读的经费投入，并在教师编制、教师工作量计算、教具、学具和图书资料等方面照顾随班就读工作的需要。”这项法规除了沿袭1956年颁布的《关于盲童学校、聋哑学校经费问题的通知》的基本经费划拨原则外，还将经费资助的主要对象从特殊教育学校学生扩大到包括在普通学校就读的残疾学生。尽管目前已经出台的中央政府级别的文件中未说明普通学校随班就读残疾学生的经费划拨标准究竟如何，但是在北京、上海、四川、广东、江苏等省市的部分地县，已经出台了相关政策，规定随班就读学生的生均经费要参照当地特殊教育学校的生均经费划拨。

（三）财政预算教育经费和残疾学生生均经费不断增长

国家财政性教育经费包括国家财政预算内教育经费，各级政府征收用于教育的税费，企业办学中的企业拨款，校办产业和社会服务收入用于教育的经费。这是衡量国家教育经费投入多少的重要指标。新中国成立后，我国特殊教育的国家财政性教育经费不断增长，且在近十年呈现跨越式增长的趋势。例如，2006年经费投入突破20亿元，2008年突破30亿元，2009年突破近40亿元，2010年突破近60亿元。

除此之外，残疾学生生均经费也逐年快速增长，近十年也同样呈现出跨越式增长的趋势。例如，1998 年特殊教育学校残疾学生的生均经费是 0.61 万元，而到了 2010 年则增长为 3.89 万元。换言之，2010 年的特殊教育学校生均教育经费是 1998 年的 6.4 倍。

七、特殊教育学校课程的建设

本节所说的特殊教育学校课程，主要指在盲校、聋校、培智学校开设的义务教育阶段学科总和及授课进程安排，包括课程纲要、教学计划和教材。新中国成立前，我国未制定统一的特殊教育学校课程纲要，各个特殊教育学校可以自行选用教材、安排教学进度。新中国成立后，特殊教育学校课程建设逐渐步入发展轨道，并呈现出两个明显特点。

（一）课程建设规范性和科学性越来越高

20 世纪 50 年代，教育部陆续以复函、通知、指示等形式的文件，指导盲校和聋校开展课程建设工作。例如 1953 年的《关于盲哑学校方针、课程、学制、编制等问题给西安市文教局的复函》、1955 年的《关于取消盲童学校的预备班制度并试行教新编的语文课本的通知》、1957 年的《办好盲童学校、聋哑学校的几点指示》等，这些文件涉及特殊教育学校开设哪些科目、如何安排课时以及采用何种方式进行教学。经过几年的探索，1962 年教育部颁布了两份重要文件，分别是《全日制六年制盲童学校教学计划（草稿）》和《全日制十年制聋哑学校教学计划（草稿）》。这两份文件总结了实践经验，明确指出了聋校和盲校的教学目的、学科设置及课时安排，初步搭建起我国特殊教育学校课程的基本框架。在这一阶段，课程建设工作主要是通过总结经验，并将经验体现在文件上，之后由中央政府下达到各地，指导学校开展教学工作。这一阶段特殊教育学校的教材建设任务，主要是改编普通学校教材。

到了 20 世纪 80 年代和 90 年代上半期，聋校、盲校及培智学校进入课程建设的新阶段，国家组织专家队伍为各类特殊教育学校课程拟订课程计划（或教学计划）。例如，20 世纪 80 年代后半期陆续制定了《全日制八年制聋哑学校教学计划（征求意见稿）》《全日制盲校小学教学计划（初稿）》《全日制弱智学校（班）教学计划（征求意见稿）》，经过几年试行后，在 90 年代上半期，教育部又陆续印发了《全日制聋校课程计划（试行）》《全日制盲校课程计划（试行）》《中度弱智儿童教育训练纲要（试行）》等文件，还编印了轻度智力落后儿童语文、数学、常识、美工、音乐、劳技、体育七门学科的教学大纲及教材。这一时期课程建设更强调制定全国统一性教学计划，同时也开始尝试编订适合残疾学生学习的特殊教育学校教材。

2003 年后，特殊教育学校课程开始了新一轮的建设工作。促使特殊教育学校课程进行改革的原因主要是：第一，当时我国中小学迈入新课程改革时期，受宏观教育改革环境影响，特殊教育学校课程也会进行相应改革；第二，特殊教育学校所招收的学生的残疾程度比以前严重，轻度残疾学生进入普通学校学习，留在特殊教育学校的学生多数为中重度残疾，而当时特殊教育学校的课程更适用于轻度残疾学生的教学；第三，随着特殊教育课程研究的深入，人们意识到要以更符合残疾学生发展需求的理念来指引课程建设。此外，部分地区和部分特殊教育学校积累了开发具有地方特色课程或校本课程的宝贵经验，这些为课程改革奠定了基础。

此次课程建设工作与以往相比，其系统性和科学性更强。盲、聋、培智学校课程分别组织了专家组，在分析国内外资料及大量实地调研基础上，召开多次研讨会，研究新课程的设置方案。经过谨慎探究，直到 2007 年，教育部才印发了《盲校义务教育课程设置实验方案》《聋校义务教育课程设置实验方案》及《培智学校义务教育课程设置实验方案》。新的课程实验方案出台后，指引特殊教育学校开展了一系列教学改革，包括教育目标的设定、学科的安排、教材的编订等。在这一过程中，研究者和实践者不断地对课程的实践工作进行考察、反思。目前，我国一方面鼓励各地各校设计符合当地残疾学生教育需求的教材；另一方面致力于编制出更有助于促进学生发展的、适用面更广的国家级教材。

（二）课程内容的适用性和综合性越来越强

20 世纪五六十年代的课程内容，主要可分为两类：第一类是学科类课程，例如语文、数学等；第二类是活动课程，例如班会、劳动等。学科课程的设置基本参照普通学校课程设置，教材也主要改编自普通学校教材。这一方面与特殊教育各项建设工作处于起步阶段有关；另一方面也可能与当时对课程目标的认识有局限相关，人们强调要将残疾学生向“正常”方面培养。例如，《中华人民共和国教育部办好盲童学校、聋哑学校的几点指示》规定：“我国盲童学校、聋哑学校的基本任务是：培养盲童和聋哑儿童具有一定的文化，掌握一定的职业劳动技能，并具有共产主义的道德品质，使他们成为积极的自觉的社会主义的建设者和保卫者。”

改革开放后，特殊教育课程内容发生了重大变化。首先，在三类特殊教育学校开设的课程中，除了学科类和活动类课程外，还增加了康复类课程。2007 年制定的新课程设置方案中，盲校课程增加了“综合康复”“定向行走”“社会适应”三门课，聋校课程增加了“沟通与交往”，培智学校的选择性课程中增加了“康复训练”，这些课程针对残疾学生的缺陷进行有效补偿，通过综合运用教育策略和康复技术帮助残疾学生发展能力，更好地适应学校学习及社区生活。其次，各类特殊教育学校的学科课程设置开始重视“实用性”，比如培智学校提出了“生活语文”和“生活数学”，将学科知识融入日常生活活动中。聋校和盲校的学科类课程不仅要求让学生获得基础知识和技能，更强调注重培养学生具有积极主动的学习态度，具有解决问题的技能，使学生能够将所学的知识和技能与未来生活所需要的功能密切结合。第三，课程内容的综合性大大增强。比如，盲校和聋校课程中的“科学”实际涉及“科学”“生物”“物理”“化学”等学科，学校可以根据教学实际情况将这几门知识融合到一起进行授课。

第二章

中国特殊教育事业发展现状

本章基于2001年以来的《中国教育统计年鉴》《中国教育经费统计年鉴》和《中国残疾人事业统计年鉴》中的相关统计指标，以及教育部发展规划司提供的《中国教育事业发展统计简况2011》（内部资料）中的数据，重点从残疾儿童少年入学状况、特殊教育学校发展状况、特殊教育学校教师发展状况以及特殊教育学校经费状况四个方面对我国大陆地区的特殊教育事业发展现状进行分析。从残疾儿童教育阶段来看，许多特殊教育学校除开展了义务教育之外，还开展了学前及高中阶段的教育。本部分在考察特殊教育学校、特殊教育学校教师及特殊教育学校经费数据时，不进行阶段划分，而是基于年鉴中相关数据进行整体考察。

一、残疾儿童少年的入学状况

（一）残疾儿童少年在校生人数及分布

1. 数量发展：在校生人数总体呈现先减后增态势

残疾儿童少年[①]教育安置形式主要包括特殊教育学校、普通学校普通

① 本章中残疾儿童少年包括小学、初中和高中阶段的残疾学生。

班就读（随班就读）和普通学校附设特殊教育班。2001—2010 年，在上述三种教育安置形式中，残疾儿童少年在校生人数出现先缓慢下降又逐步增长的趋势，其中，2007 年首次突破 40 万，达到了 41.93 万，2009 年达到了 42.81 万，为历史最高值。与前四年相比，2011 年的残疾儿童少年在校生人数略有下降，达 39.87 万人。究其原因，2011 年特殊教育学校在校生人数并未下降，但普通学校随班就读人数比 2010 年减少了 3.39 万人，由此影响了在校生总数（图 2－1、图 2－11）。

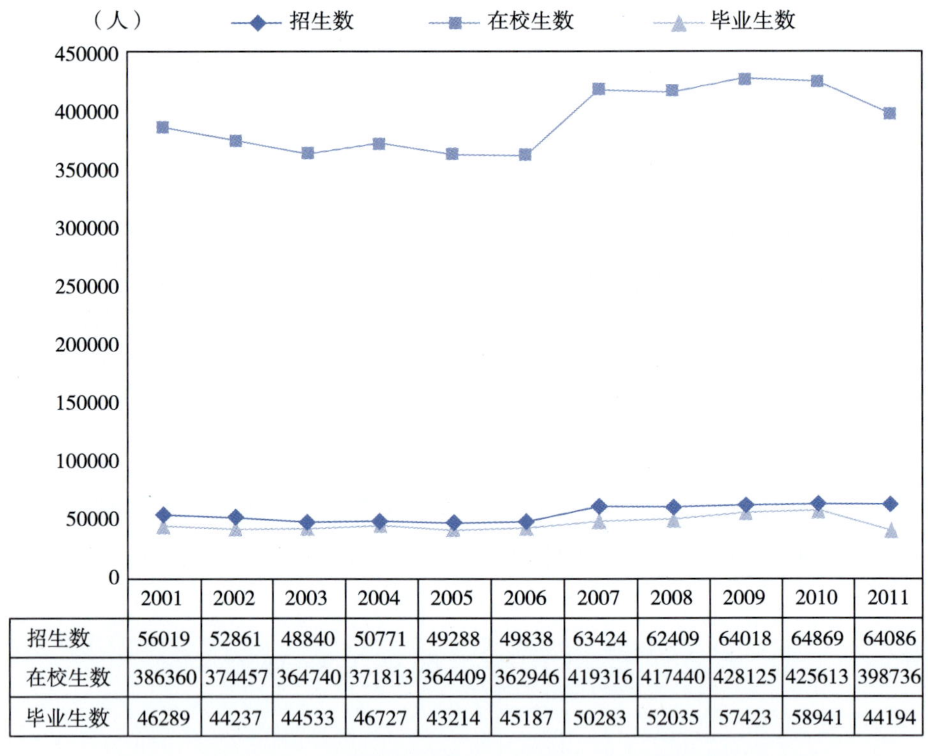

	2001	2002	2003	2004	2005	2006	2007	2008	2009	2010	2011
招生数	56019	52861	48840	50771	49288	49838	63424	62409	64018	64869	64086
在校生数	386360	374457	364740	371813	364409	362946	419316	417440	428125	425613	398736
毕业生数	46289	44237	44533	46727	43214	45187	50283	52035	57423	58941	44194

图 2－1　2001—2011 年残疾儿童少年招生数、在校生数与毕业生数

2. 残疾类别：在校生中智力残疾比例最大

在前述三类教育安置形式中，2001 年以来，从各类残疾儿童少年在校生人数发展来看，听力残疾人数变化不大，视力残疾人数不断增长，智力残疾人数呈逐步减少的趋势。

2007 年以来，“其他残疾”单独统计①，在校生人数为 4.74 万—5.67 万人。近几年在校智力残疾人数下降除了自然减少外，也与“其他残疾”单独统计有关（图 2－2）。

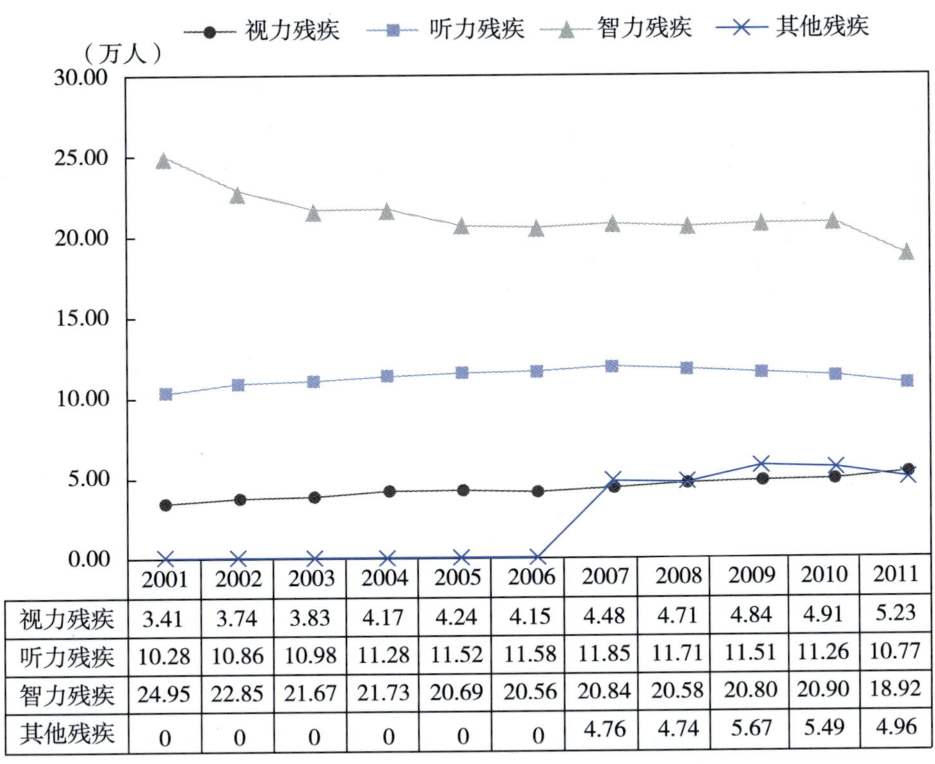

	2001	2002	2003	2004	2005	2006	2007	2008	2009	2010	2011
视力残疾	3.41	3.74	3.83	4.17	4.24	4.15	4.48	4.71	4.84	4.91	5.23
听力残疾	10.28	10.86	10.98	11.28	11.52	11.58	11.85	11.71	11.51	11.26	10.77
智力残疾	24.95	22.85	21.67	21.73	20.69	20.56	20.84	20.58	20.80	20.90	18.92
其他残疾	0	0	0	0	0	0	4.76	4.74	5.67	5.49	4.96

图 2－2　2001—2011 年在校残疾儿童少年人数按类别分布

从各类残疾占在校残疾学生总人数的比例来看，2001 年以来，智力残疾学生占在校残疾学生总人数的比例最大，其中，2001—2004 年所占比例为六成左右；其次是听力残疾学生；视力残疾和其他残疾学生所占比例相对较小（图 2－3）。

① 2007—2011 年“特殊教育基本情况”中残疾学生的统计指标按类别分为“视力残疾、听力残疾、智力残疾、其他残疾”；2006 年以前没有直接按类别统计，而是按照“盲人学校、聋人学校、弱智学校、其他学校”的类别统计，有“其他学校”数，但没有“其他学校”所对应的残疾学生的数据，在此以“0”代替 2001—2006 年其他残疾学生的数据。

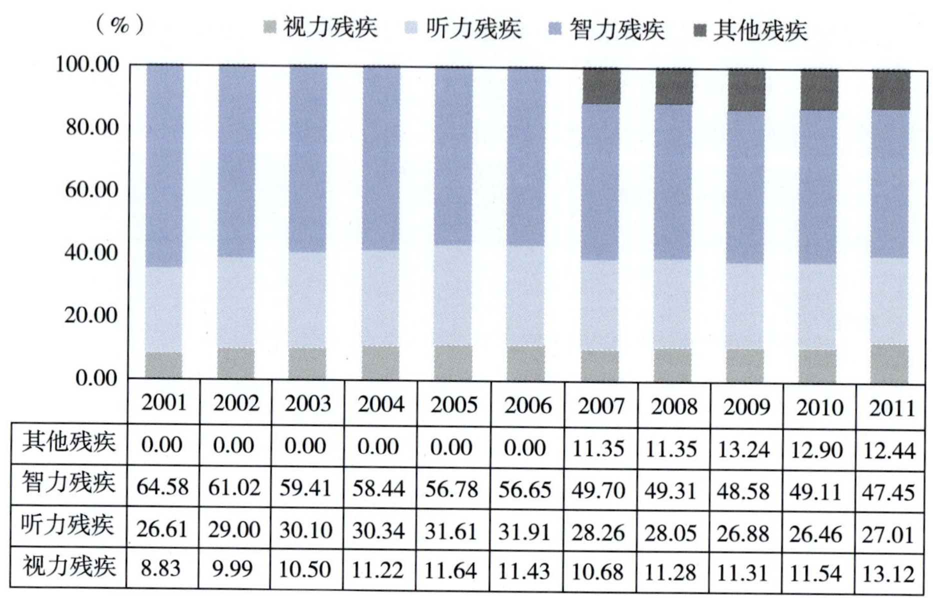

	2001	2002	2003	2004	2005	2006	2007	2008	2009	2010	2011
其他残疾	0.00	0.00	0.00	0.00	0.00	0.00	11.35	11.35	13.24	12.90	12.44
智力残疾	64.58	61.02	59.41	58.44	56.78	56.65	49.70	49.31	48.58	49.11	47.45
听力残疾	26.61	29.00	30.10	30.34	31.61	31.91	28.26	28.05	26.88	26.46	27.01
视力残疾	8.83	9.99	10.50	11.22	11.64	11.43	10.68	11.28	11.31	11.54	13.12

图 2－3　2001—2011 年各类残疾占在校残疾儿童少年总人数的比例

就 2011 年数据来看，智力残疾学生达 18.92 万人，占在校残疾学生总人数的 48%，接近五成；听力残疾占在校残疾学生总人数的 27%；视力残疾和其他残疾占在校残疾学生总人数的比例分别是 13% 和 12%（图 2－4）。

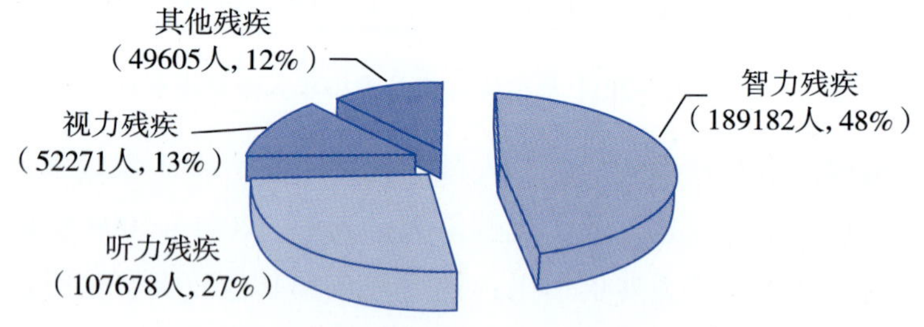

图 2－4　2011 年在校残疾儿童少年人数类别分布

3. 城乡分布：城市和县镇残疾儿童少年在校生数不断增长，农村残疾儿童在校生数逐步下降

总体而言，2001—2011 年，城市、县镇残疾儿童少年在校生数逐步增长，

农村残疾儿童少年在校生数逐步下降[①]。其中，城市残疾儿童少年在校生数由2001年的10.25万人增长到2011年的15.46万人，净增5.21万人；县镇残疾儿童少年在校生数由2001年的9.83万人增长到了2011年的15.06万人，净增5.23万人；农村残疾儿童少年在校生数由2001年的18.56万人减少到了2011年的9.35万人，减少9.21万人。城市、县镇残疾儿童少年在校生数增加，农村残疾儿童少年在校生数减少，与城市化进程推进有关（图2－5）。

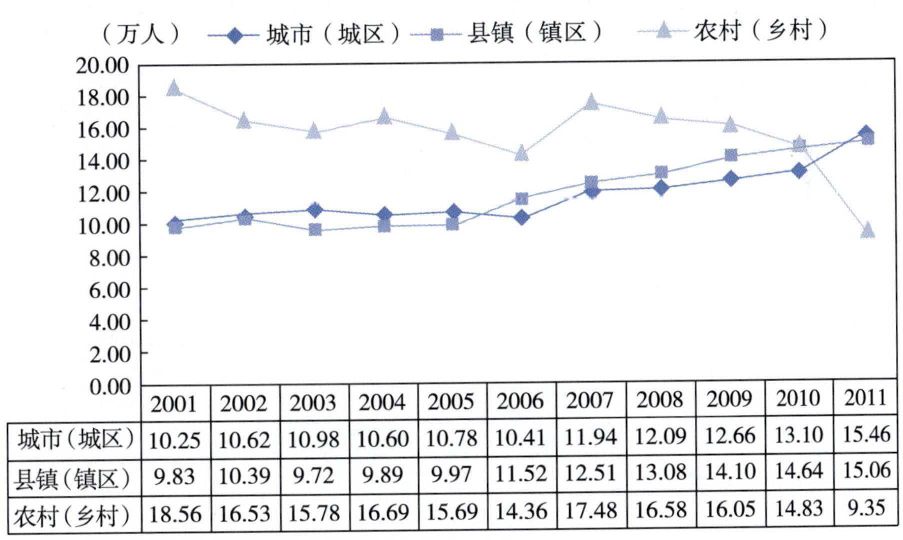

	2001	2002	2003	2004	2005	2006	2007	2008	2009	2010	2011
城市（城区）	10.25	10.62	10.98	10.60	10.78	10.41	11.94	12.09	12.66	13.10	15.46
县镇（镇区）	9.83	10.39	9.72	9.89	9.97	11.52	12.51	13.08	14.10	14.64	15.06
农村（乡村）	18.56	16.53	15.78	16.69	15.69	14.36	17.48	16.58	16.05	14.83	9.35

图2－5　2001—2011年城乡在校残疾儿童少年人数分布

从城市、县镇、农村残疾儿童少年在校生数占残疾儿童少年在校生总人数的比例来看，除2006年外，近几年，城市、县镇残疾儿童少年在校生数占残疾儿童少年在校生总人数的比例较为接近，农村残疾儿童少年在校生数占残疾儿童少年在校生总人数的比例有降低趋势。从2011年的数据来看，城市、县镇、农村残疾儿童少年在校生数占残疾儿童少年在校生总人数的比例分别为39%、38%和23%（图2－6、图2－7）。

① 教育部发展规划司2012年编印的内部资料《中国教育事业发展统计简况2011》中将往年《中国教育统计年鉴》中的指标城市、县镇和农村分别改为城区（包括城乡结合区）、镇区（包括镇乡结合区）和乡村。本注释适用于图2－5、图2－18和图2－19。

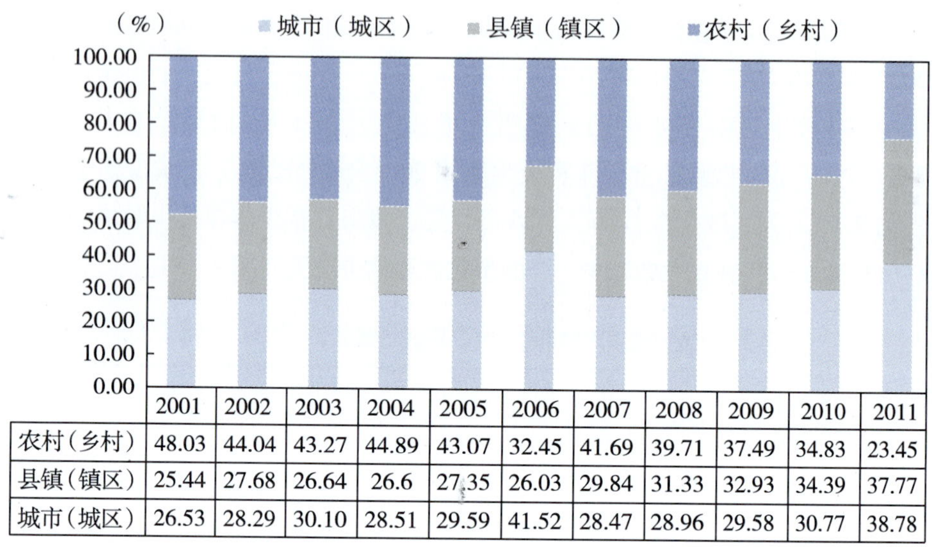

	2001	2002	2003	2004	2005	2006	2007	2008	2009	2010	2011
农村（乡村）	48.03	44.04	43.27	44.89	43.07	32.45	41.69	39.71	37.49	34.83	23.45
县镇（镇区）	25.44	27.68	26.64	26.6	27.35	26.03	29.84	31.33	32.93	34.39	37.77
城市（城区）	26.53	28.29	30.10	28.51	29.59	41.52	28.47	28.96	29.58	30.77	38.78

图 2－6　2001—2011 年城乡在校残疾儿童少年人数占当年在校生数的比例

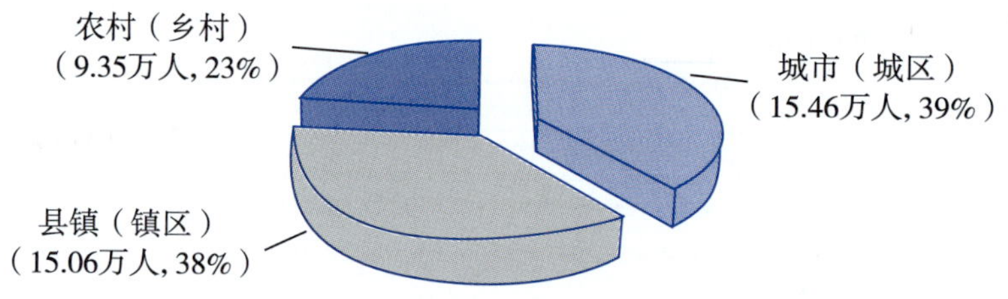

图 2－7　2011 年在校残疾儿童少年人数城乡分布

4. 年级分布：近年来七年级以上残疾儿童少年在校生数比例增加

从年级分布来看，历年小学阶段人数居多。2001—2006 年，六年级升七年级和九年级升十年级这两个阶段的人数明显减少，这也说明普及残疾儿童初中教育、发展残疾儿童高中阶段教育任务艰巨。令人欣喜的是，2007 年以来，六年级和九年级以后在校生数下降趋势减缓，且七年级以上在校生人数总体增长，占总人数的比例也不断增加，这说明残疾儿童初中阶段以上教育发展势头良好（图 2－8）。

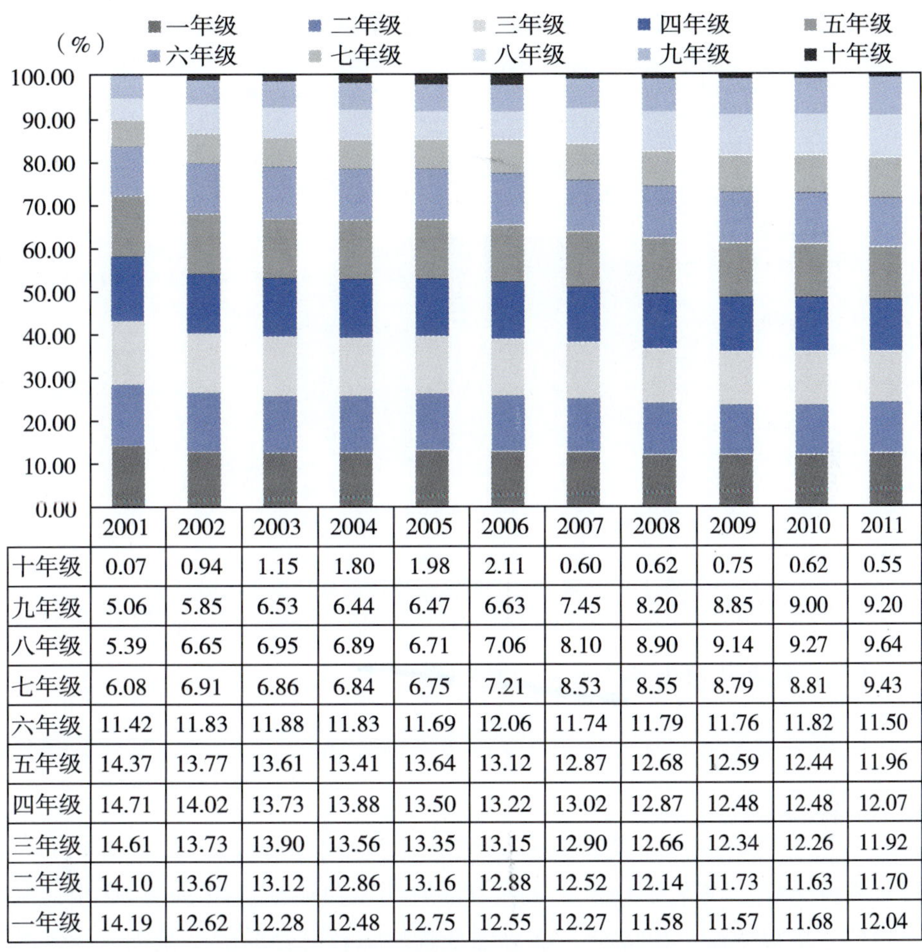

	2001	2002	2003	2004	2005	2006	2007	2008	2009	2010	2011
十年级	0.07	0.94	1.15	1.80	1.98	2.11	0.60	0.62	0.75	0.62	0.55
九年级	5.06	5.85	6.53	6.44	6.47	6.63	7.45	8.20	8.85	9.00	9.20
八年级	5.39	6.65	6.95	6.89	6.71	7.06	8.10	8.90	9.14	9.27	9.64
七年级	6.08	6.91	6.86	6.84	6.75	7.21	8.53	8.55	8.79	8.81	9.43
六年级	11.42	11.83	11.88	11.83	11.69	12.06	11.74	11.79	11.76	11.82	11.50
五年级	14.37	13.77	13.61	13.41	13.64	13.12	12.87	12.68	12.59	12.44	11.96
四年级	14.71	14.02	13.73	13.88	13.50	13.22	13.02	12.87	12.48	12.48	12.07
三年级	14.61	13.73	13.90	13.56	13.35	13.15	12.90	12.66	12.34	12.26	11.92
二年级	14.10	13.67	13.12	12.86	13.16	12.88	12.52	12.14	11.73	11.63	11.70
一年级	14.19	12.62	12.28	12.48	12.75	12.55	12.27	11.58	11.57	11.68	12.04

图 2-8　2001—2011 年在校残疾儿童少年一年级至十年级分布①

从 2011 年数据来看，一年级至六年级在校人数分别占总人数的比例为 11%—12%，小学阶段在校人数合计占总人数的比例为 70%，七、八、九

① 2006 年之前，《中国教育统计年鉴》之“特殊教育基本情况”中的在校学生数从一年级至十年级按年级呈现，不分小学、初中与高中阶段。2007 年以来的“特殊教育基本情况”中的在校学生数开始按照小学、初中与高中阶段分别呈现，为了与前几年的指标一致，本表按一年级至十年级分别呈现各年度学生数据，其中，2007—2011 年中的“十年级”在校生数包括高中阶段、二、二年级的学生数（2007—2010 年高中阶段分为一、二、三年级；2011 年高中阶段分为一、二、三年级及以上）。

年级在校人数占总人数的比例都是9%，十年级（包括高中阶段）在校人数占总人数的比例为3%（图2-9）。

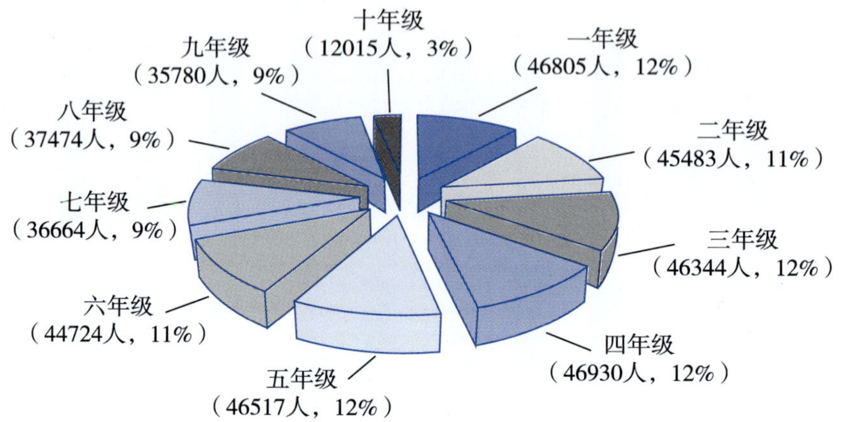

图2-9　2011年一年级至十年级在校残疾儿童少年人数分布

（二）残疾儿童少年的教育安置形式

1. 教育安置形式总体特点：普通学校安置为主体，特殊教育学校安置为骨干

1978年以前，我国特殊教育的办学形式比较单一，主要为国家举办盲、聋哑学校。1979年开始建立智力落后儿童辅读班，20世纪80年代初开始建立培智学校。1988年，在总结全国特殊教育经验的基础上，国家教育部门提出："坚持多种形式办学，逐步形成以一定数量的特殊教育学校为骨干，以大量的特殊教育班和随班就读为主体，进行残疾儿童少年教育的新格局。"① 在这一新格局中，"随班就读"是发展和普及我国残疾儿童少年义务教育的一个主要办学形式，它可以解决国家特殊教育资源不能满足特殊教育普及发展要求的现状，较快提高残疾儿童少年义务教育的普及率。

总体而言，残疾儿童安置特点是普通学校安置为主体，特殊教育学校

① 华国栋．残疾儿童随班就读现状及发展趋势［J］．教育研究，2003（2）：65-69.

（以下简称“特教”）安置为骨干，除 2011 年外，2001—2010 年，在校残疾学生六成就读于普通学校，四成就读于特殊教育学校。其中，2001 年随班就读安置残疾学生约 70%，达到历史上的最高值（图 2－10）。

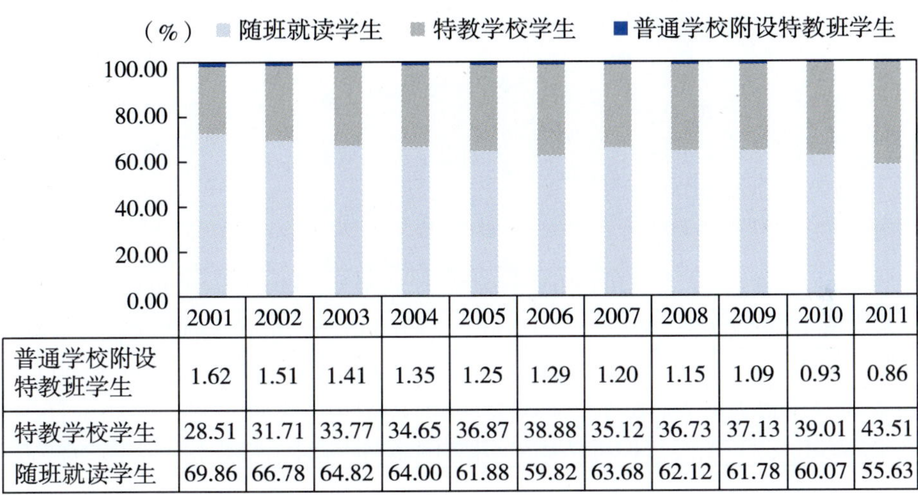

	2001	2002	2003	2004	2005	2006	2007	2008	2009	2010	2011
普通学校附设特教班学生	1.62	1.51	1.41	1.35	1.25	1.29	1.20	1.15	1.09	0.93	0.86
特教学校学生	28.51	31.71	33.77	34.65	36.87	38.88	35.12	36.73	37.13	39.01	43.51
随班就读学生	69.86	66.78	64.82	64.00	61.88	59.82	63.68	62.12	61.78	60.07	55.63

图 2－10　2001—2011 年不同安置形式下在校生占残疾学生在校生总数的比例

2. 不同安置形式下人数的变化：特殊教育学校在校生数稳步增长，普通学校在校生数有增有减

2001—2011 年间，特殊教育学校在校生人数稳步增长，由 2001 年的 11.02 万人增长到 2011 年的 17.35 万人，净增 6.33 万人；随班就读在校生人数增长并不稳定，2001—2006 年出现了下滑，之后又有所上升，2001 年随班就读人数最多，共 26.99 万人，2006 年随班就读人数最少，共 21.71 万人。11 年间，普通学校附设特殊教育班人数变化不大，每年有 3—6 千人（图 2－11）。

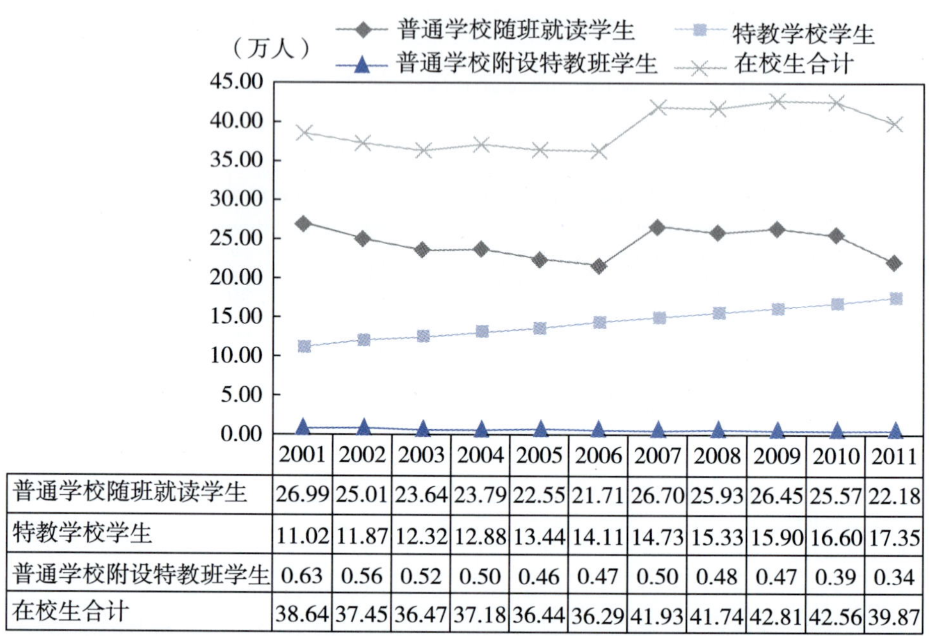

	2001	2002	2003	2004	2005	2006	2007	2008	2009	2010	2011
普通学校随班就读学生	26.99	25.01	23.64	23.79	22.55	21.71	26.70	25.93	26.45	25.57	22.18
特教学校学生	11.02	11.87	12.32	12.88	13.44	14.11	14.73	15.33	15.90	16.60	17.35
普通学校附设特教班学生	0.63	0.56	0.52	0.50	0.46	0.47	0.50	0.48	0.47	0.39	0.34
在校生合计	38.64	37.45	36.47	37.18	36.44	36.29	41.93	41.74	42.81	42.56	39.87

图 2－11　2001—2011 年普通学校与特殊教育学校在校残疾儿童少年人数分布

2011 年残疾儿童在校学生人数为 39. 87 万人。全国共有特殊教育学校 1767 所，特殊教育学校在校生 17. 35 万人，占在校生人数的 44%；小学附设特殊教育班 495 个，普通（职业）初中附设特殊教育班 32 个，特殊教育班就读人数 0. 34 万人，占在校生人数的 1%；小学随班就读学生为 15. 16 万人，普通（职业）初中随班就读 7. 02 万人，随班就读合计 22. 18 万人，随班就读人数占残疾儿童在校学生人数的 55%。2001—2010 年，普通学校随班就读人数一直稳占 60%，而 2011 年出现了下降。究其原因，国家政策层面支持特殊教育学校改扩建与新建，仅 2011 年就比上一年增加了 61 所，因而特殊教育学校人数增加迅速，同时，这也说明普通学校随班就读工作需加强力度（图 2－12）。

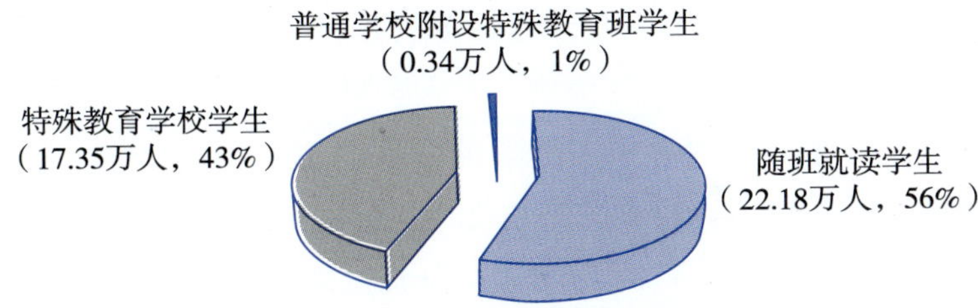

图 2－12　2011 年不同安置形式下在校残疾儿童少年人数分布

（三）未入学学龄残疾儿童少年人数及分布

1. 未入学学龄残疾儿童少年人数逐年减少

《中国残疾人事业统计年鉴》① 数据显示，全国未入学学龄残疾儿童少年人数逐年减少。2003 年未入学残疾儿童少年人数为 30. 65 万人，2009 年下降为 21. 12 万人，2011 年下降为 12. 65 万人（图 2－13）。

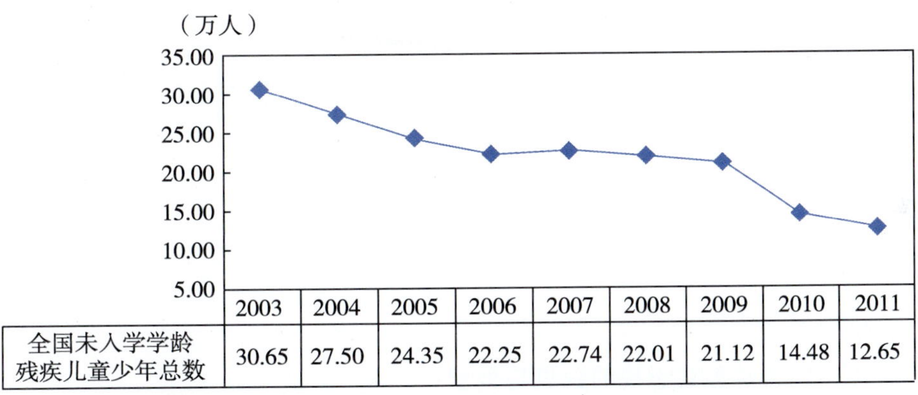

	2003	2004	2005	2006	2007	2008	2009	2010	2011
全国未入学学龄残疾儿童少年总数	30.65	27.50	24.35	22.25	22.74	22.01	21.12	14.48	12.65

图 2－13　2003—2011 年全国未入学学龄残疾儿童少年总数

2. 未入学学龄残疾儿童少年类别：智力残疾与肢体残疾所占比例较大

《中国残疾人事业统计年鉴》数据显示，从各年度未入学残疾儿童的

① 《中国残疾人事业统计年鉴》在 2011 年开始由中国统计出版社公开出版，之前属于编印的材料，没有公开出版。研究者在“中国残疾人联合会”官网未收集到 2002 年之前的数据，也未收集到 2002 年之前编印的资料，故从 2003 年开始分析相关数据。

分布来看，每年未入学学龄残疾人数最多的是智力残疾儿童和肢体残疾儿童，精神残疾最少。以 2011 年为例，未入学智力残疾儿童、肢体残疾儿童均达到了 3.5 万多人，均占未入学学龄残疾儿童总数的 28%，合计占到 56%。2011 年未入学听力残疾儿童有 2.06 万多人，多重残疾儿童有 1.72 万多人，视力残疾儿童有 1.22 万多人，分别占未入学学龄残疾儿童总数的 16%、14% 和 10%。当年未入学精神残疾儿童 0.58 万人，占未入学学龄残疾儿童总数的 4%（图 2－14）。

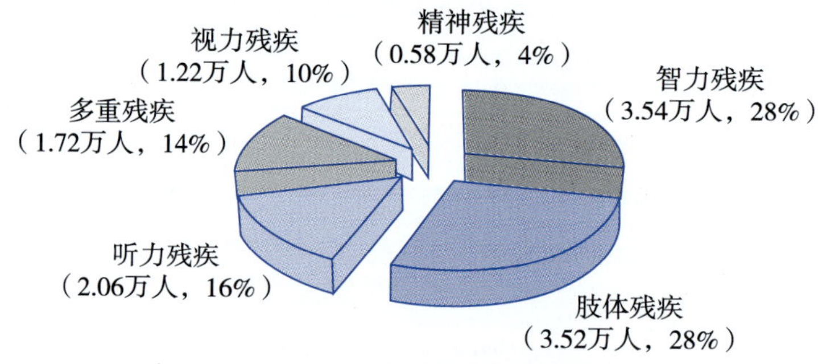

图 2－14　2011 年全国未入学学龄残疾儿童少年类别分布①

二、特殊教育学校的发展状况

（一）特殊教育学校的数量与类别

1. 特殊教育学校数量总体增长

1978 年，全国共有特殊教育学校（盲聋哑学校）292 所。1984 年全国共有培智学校 4 所。2001 年以来，特殊教育学校数量不断增长。截至 2011 年，共有特殊教育学校 1767 所，比上年增加 61 所，与 2001 年相比，10 年间增加了 236 所，平均每年增加 23.6 所（图 2－15）。

① 听力残疾人数为听力残疾和语言残疾人数合计。

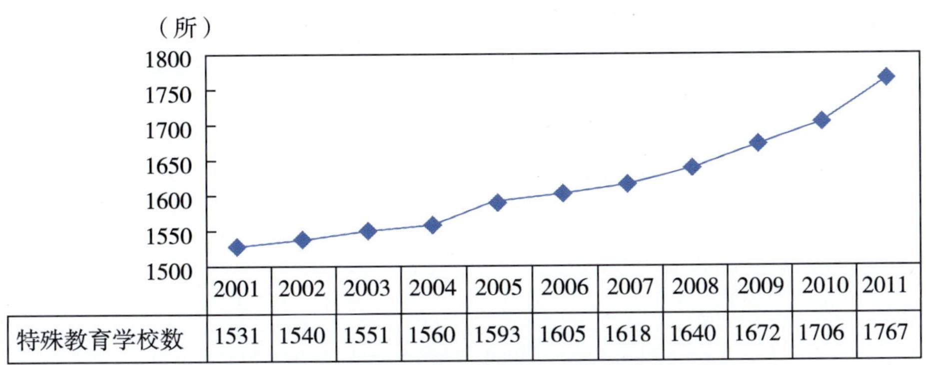

	2001	2002	2003	2004	2005	2006	2007	2008	2009	2010	2011
特殊教育学校数	1531	1540	1551	1560	1593	1605	1618	1640	1672	1706	1767

图 2－15　2001—2011 年特殊教育学校数量情况

2. 各类特殊教育学校数量：盲聋学校有减少趋势，综合性特殊教育学校增长较快

总体而言，特殊教育学校总数逐步增加，但各类别特殊教育学校数量变化不同。1998—2001 年间，盲校（2001 年 43 所）、聋校（2000 年 900 所）和培智学校（1998 年 473 所）的总数分别达到历史最高值，之后总体趋势在减少。具体来看，2001—2011 年，盲聋校数量有所减少，其中，聋校数量减少趋势明显，2011 年聋校数量比 2001 年的数量减少了 227 所。与之不同的是，2001 年以来，培智学校和综合性特殊教育学校有增加趋势，其中，综合性特殊教育学校数量增长明显，2011 年达到了 892 所，与 2001 年相比，增加了 458 所。上述变化一方面说明，已有盲、聋特殊教育学校正面临转型，由服务于单一类别的残疾学生对象为主逐步转向服务于多类别的残疾学生；另一方面说明，新增特殊教育学校以综合性特殊教育学校为主，这将利于提高特殊教育学校效能，也便于满足各类残疾学生的受教育需求（图 2－16）。

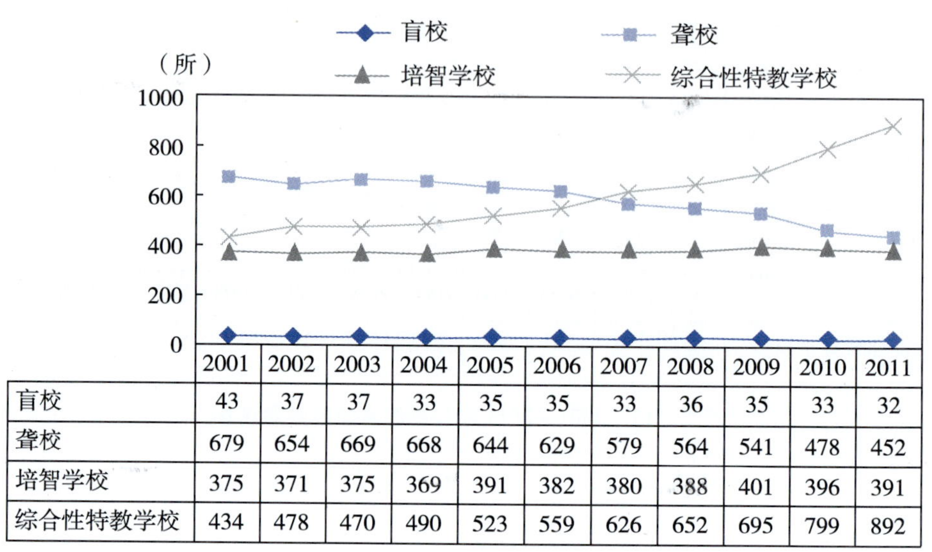

	2001	2002	2003	2004	2005	2006	2007	2008	2009	2010	2011
盲校	43	37	37	33	35	35	33	36	35	33	32
聋校	679	654	669	668	644	629	579	564	541	478	452
培智学校	375	371	375	369	391	382	380	388	401	396	391
综合性特教学校	434	478	470	490	523	559	626	652	695	799	892

图 2－16　2001—2011 年各类特殊教育学校数量情况

从各类特殊教育学校占特殊教育学校总数的比例来看，2011 年综合性特殊教育学校数量占特殊教育学校总数的 50%，聋校占 26%，培智学校占 22%，盲校占 2%。可以说，目前综合性特殊教育学校占据了特殊教育学校半边天（图 2－17）。

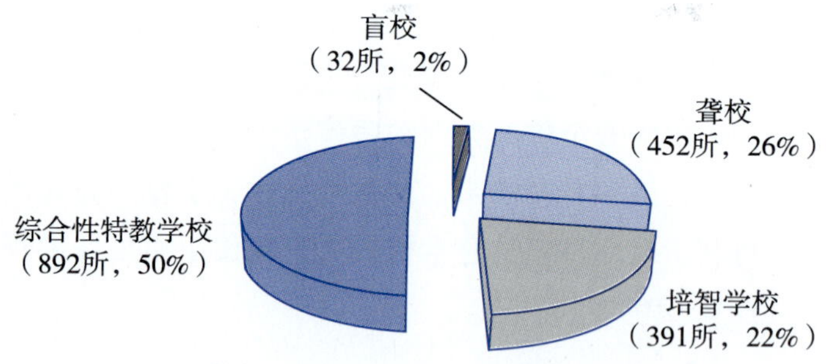

图 2－17　2011 年特殊教育学校类别分布

（二）特殊教育学校的城乡分布

1. 总体特点：由县镇分布居多开始向城市分布居多过渡

2001 年以来，特殊教育学校总量不断增长，从城乡分布来看，主要增长在城市和县镇。其中，城市特殊教育学校数量从 2001 年的 676 所增加到 2011 年的 907 所，净增 231 所；县镇特殊教育学校数量先增后减；而农村特殊教育学校数量有增有减不太稳定，2001 年有特殊教育学校 81 所，2002 年则减为 72 所，2008 年以后有所增长，2011 年有 89 所（图 2－18）。

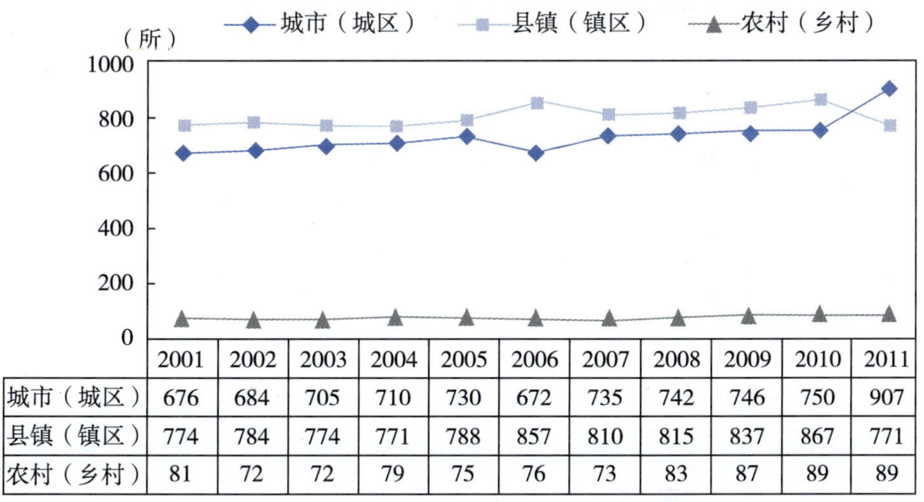

	2001	2002	2003	2004	2005	2006	2007	2008	2009	2010	2011
城市（城区）	676	684	705	710	730	672	735	742	746	750	907
县镇（镇区）	774	784	774	771	788	857	810	815	837	867	771
农村（乡村）	81	72	72	79	75	76	73	83	87	89	89

图 2－18　2001—2011 年特殊教育学校城乡分布

2. 当前特殊教育学校分布特点：五成在城市，四成多在县镇

2011 年共有特殊教育学校 1767 所，其中，城市特殊教育学校数最多，有 907 所，占学校数的 51%；县镇特殊教育学校数量处于第二位，有 771 所，占学校数的 44%；农村有特殊教育学校 89 所，占学校数的 5%（图 2－19）。

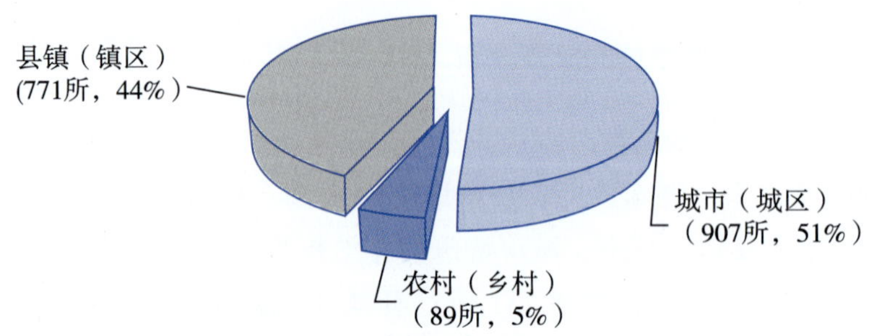

图 2-19　2011 年特殊教育学校城乡分布

（三）特殊教育学校的规模与办学条件

1. 平均而言，特殊教育学校在校生规模不断扩大

2001 年以来，特殊教育学校数量和特殊教育学校在校生人数均不断增长。具体来看，特殊教育学校的在校生规模也不断加大。2001 年平均每所特殊教育学校拥有在校生 72 人，到 2011 年则增至 98 人。换言之，平均而言，2011 年的特殊教育学校在校生人数比 2001 年要多 26 人，即特殊教育学校的在校生规模逐渐加大。我们可以看出，在增加特殊教育学校数量的同时，扩大在校生规模是解决未入学残疾儿童入学问题的途径之一（表 2-1）。

表 2-1　2001—2011 年平均每所特殊教育学校拥有在校生人数情况①

年份	特殊教育学校在校生数（人）	特殊教育学校数（所）	校均在校人数（人）
2001	110165	1531	72
2002	118747	1540	77
2003	123169	1551	79
2004	128843	1560	83
2005	134362	1593	84
2006	141127	1605	88
2007	147266	1618	91

① 校均人数根据《中国教育统计年鉴》相关数据计算。校均在校人数 = 特殊教育学校在校生数/特殊教育学校数。

续表

年份	特殊教育学校在校生数（人）	特殊教育学校数（所）	校均在校人数（人）
2008	153338	1640	93
2009	158962	1672	95
2010	166012	1706	97
2011	173503	1767	98

2. 总体来看，特殊教育学校校舍面积总量不断增长

2007 年，针对特殊教育学校覆盖范围有限，总量尚显不足，区域差距较大，校舍建设标准较低以及现有特殊教育学校多数是由原普通中小学校改造，与国家发布实施的特殊教育学校建设标准和建筑设计规范要求有较大差距等问题，教育部、国家发展改革委在关于印发《“十一五”期间中西部地区特殊教育学校建设规划（2008—2010 年）》的通知中指出，总体目标之一是中央和地方政府共同投入，在中西部地区建设 1150 所左右特殊教育学校，基本实现在中西部地区的地（市、州、盟）级和 30 万人口以上或残疾儿童少年较多的县（市、旗）有 1 所独立设置的综合性（盲、聋哑、弱智三类校中两类及以上组合建制学校）或单一性特殊教育学校。第一阶段目标是：“十一五”期间（2008—2010 年），“中央和地方政府共同投入，在中西部选择部分地（市、州、盟）、30 万人口以上或残疾儿童少年较多的县（市、旗）重点建设 190 所左右独立设置的综合性或单一性特殊教育学校，项目学校达到或基本达到国家发布的特殊教育学校建设标准和设施配备要求，初步缓解中西部地区学龄残疾儿童入学需求矛盾”。其中，第一阶段新增 65 所左右特殊教育学校，改扩建 125 所左右现有特殊教育学校。该规划发布以来，各地加强了对特殊教育学校的新建与改扩建。

总体而言，随着全国特殊教育学校数量的增加，以及中西部改扩建特殊教育学校项目的实施，特殊教育学校面积不断增长。

首先，2003 年以来，特殊教育学校占地面积和校舍建筑面积均不断增加。其中，特殊教育学校占地面积由 2003 年的 1022 万平方米增加到 2010 年的 1257 万平方米，净增 235 万平方米；校舍建筑面积由 2003 年的 380

万平方米增加到2010年的538万平方米，净增158万平方米（图2－20）。

（万平方米）　校舍建筑面积　学校占地面积

	2003	2004	2005	2006	2007	2008	2009	2010
校舍建筑面积	380	386	400	422	443	453	488	538
学校占地面积	1022	1023	1051	1075	1093	1107	1162	1257

图2－20　2003—2010年特殊教育学校校舍面积

其次，从特殊教育学校平均校舍建筑面积来看，2003年以来，特殊教育学校校舍建筑面积不断增加。2003年平均每所特殊教育学校校舍建筑面积为2451平方米，2010年平均每所特殊教育学校校舍建筑面积为3152平方米，净增701平方米（图2－21）。

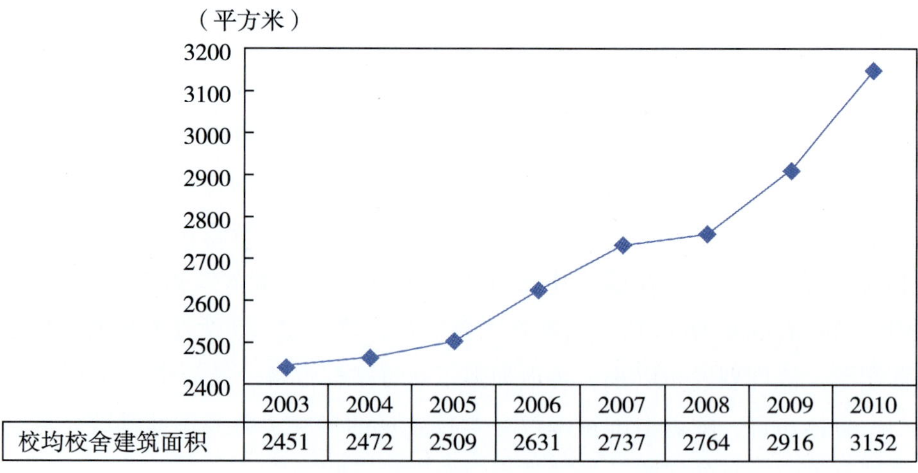

	2003	2004	2005	2006	2007	2008	2009	2010
校均校舍建筑面积	2451	2472	2509	2631	2737	2764	2916	3152

图2－21　2003—2010年特殊教育学校校均校舍建筑面积①

① 校均校舍建筑面积由研究者计算：校均校舍建筑面积＝校舍建筑面积/特殊教育学校数。

2003—2010 年，特殊教育学校在校生人数净增了 4. 28 万，而特殊教育学校建筑面积的稳步增长也为满足新增入学残疾儿童的教育需求提供了充足的场地。

此外，从特殊教育学校生均校舍建筑面积来看，2003 年以来，特殊教育学校生均校舍建筑面积处于 29. 57 平方米（2008 年）至 32. 39 平方米（2010 年）之间，每年变化幅度较小。从 8 年平均值来看，特殊教育学校生均校舍建筑面积为 30. 39 平方米（图 2 –22）。

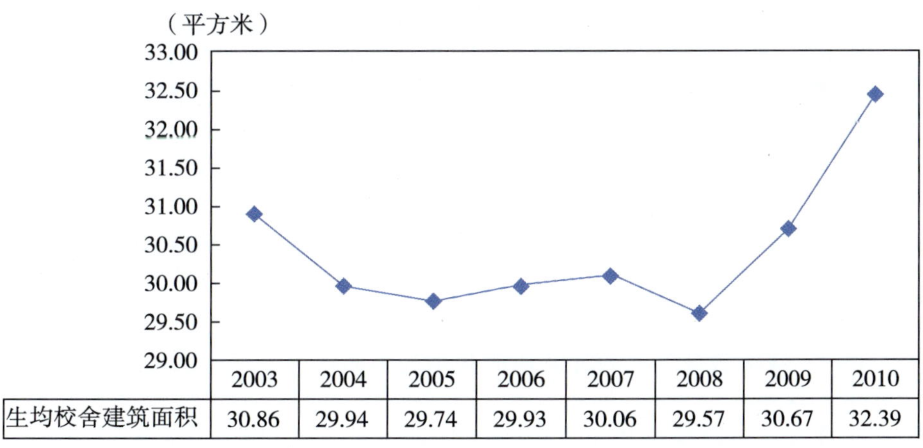

	2003	2004	2005	2006	2007	2008	2009	2010
生均校舍建筑面积	30.86	29.94	29.74	29.93	30.06	29.57	30.67	32.39

图 2 –22　2003—2010 年特殊教育学校在校生生均校舍建筑面积①

三、特殊教育学校的教师队伍状况

教育大计，教师为本。有好的教师，才有好的教育，有好的特殊教育教师，才有好的特殊教育。发展残疾人教育事业，特殊教育教师是关键。《国家中长期教育改革和发展规划纲要（2010—2020 年）》第三十条“健全特殊教育保障机制”指出，要“加强特殊教育师资队伍建设，采取措施

① 生均校舍建筑面积由研究者计算：生均校舍建筑面积 = 校舍建筑面积/特殊教育学校在校生人数。

落实特殊教育教师待遇”，第六十六条“组织实施重大项目”指出，“对特殊教育教师进行专业培训，提高教育教学水平”。把握特殊教育教师现状，加强对特殊教育教师的研究，将为特殊教育教师队伍的进一步建设提供依据。

与残疾儿童少年义务教育发展的格局相对应，特殊教育教师队伍主要有两个部分，其一是各级各类特殊教育学校的教师队伍，其二是随班就读学校的随班就读教师队伍（包括资源教师）及普通学校附设特殊教育班的师资队伍。

由于《中国教育统计年鉴》没有对随班就读教师进行专门统计，因此，本部分暂对特殊教育学校教师队伍进行数据分析。以下重点从教师数量、素质（专业培训、学历、职称）、性别结构与稳定性等方面来考察全国特殊教育学校教师整体状况。由于《中国教育统计年鉴》没有特殊教育学校教师的年龄统计，所以，本部分没有报告特殊教育教师的年龄结构。

（一）特殊教育学校教师队伍的数量与素质状况

1. 数量：特殊教育学校教师队伍不断壮大，生师比稳定在4∶1左右

从数量来看，2001年以来，特殊教育学校教师队伍不断壮大。2011年教职工人数达5.12万，比2001年净增了1.23万；专任教师人数达4.13万，比2001年净增了1.28万；受过专业培训的专任教师达2.27万，比2001年净增了0.84万。教师队伍的壮大为特殊教育学校数量的增加和残疾儿童入学人数的增长提供了师资保障（图2－23）。

从生师比来看，2001年以来，特殊教育学校生师比稳定在3.9∶1至4.2∶1之间，总体上满足了特殊教育学校的需求。但面对特殊教育学校学生残疾程度加重、残疾类别增多的现状，未来仍需要不断增加新的师资，否则难以保障特殊教育质量，难以满足残疾儿童的康复需求（图2－24）。

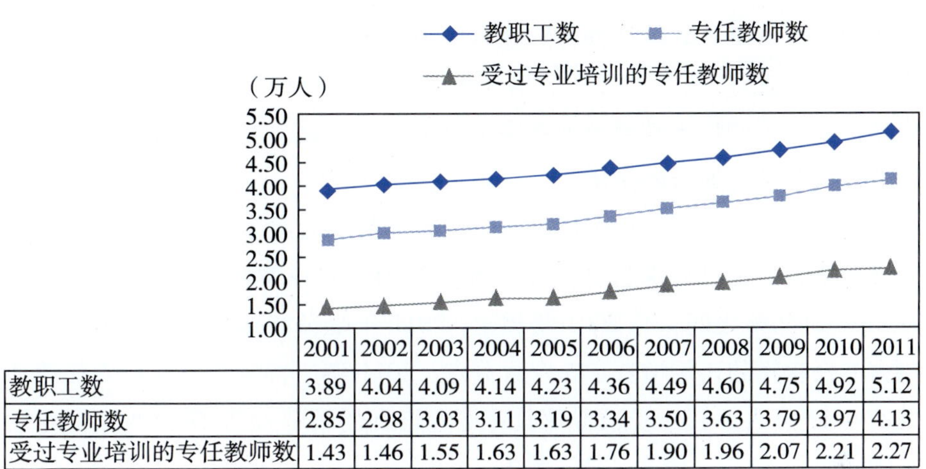

	2001	2002	2003	2004	2005	2006	2007	2008	2009	2010	2011
教职工数	3.89	4.04	4.09	4.14	4.23	4.36	4.49	4.60	4.75	4.92	5.12
专任教师数	2.85	2.98	3.03	3.11	3.19	3.34	3.50	3.63	3.79	3.97	4.13
受过专业培训的专任教师数	1.43	1.46	1.55	1.63	1.63	1.76	1.90	1.96	2.07	2.21	2.27

图 2－23　2001—2011 年特殊教育学校教师数量

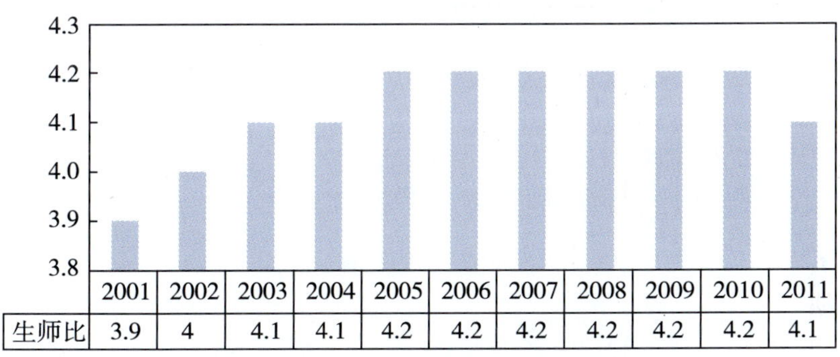

	2001	2002	2003	2004	2005	2006	2007	2008	2009	2010	2011
生师比	3.9	4	4.1	4.1	4.2	4.2	4.2	4.2	4.2	4.2	4.1

图 2－24　2001—2011 年特殊教育学校生师比①

2. 专业培训：近年专任教师中五成多受过专业培训

特殊教育是对特殊儿童、青少年实施的教育，在教育过程中，需要使用一般的或特别设计的课程、教材、教法、组织形式和设备。②《中华人民共和国残疾人教育条例》第三十七条规定："国家实行残疾人教育教师资格证书制度，具体办法由国务院教育行政部门会同国务院其他有关行政部门制定。"第三十九条规定："国务院教育行政部门和省、自治区、直辖市

① 生师比由研究者计算：特殊教育学校生师比 - 特殊教育学校在校生数/专任教师数。

② 朴永馨．特殊教育学［M］．福州：福建教育出版社，1994：3－7.

人民政府应当有计划地举办特殊教育师范院校、专业，或者在普通师范院校附设特殊教育师资班（部），培养残疾人教育教师。”尽管，至今只有部分地区实行了残疾人教育教师资格证书制度，但是，对特殊教育教师进行专业培训是各地通行的做法。

目前，受过专业培训的教师占专任教师数的五成多。2001 年以来，特殊教育学校中受过特殊教育专业培训的教师占专任教师的比例缓慢增长，在 49% 到 56% 之间，与 2001 年相比，2011 年受过特殊教育专业培训的教师占专任教师的比例增长了 5 个百分点。2011 年，特殊教育学校专任教师共有 4. 13 万人，其中受过特殊教育专业培训的教师达 2. 27 万人，占专任教师人数的 55%（图 2－23、图 2－25）。

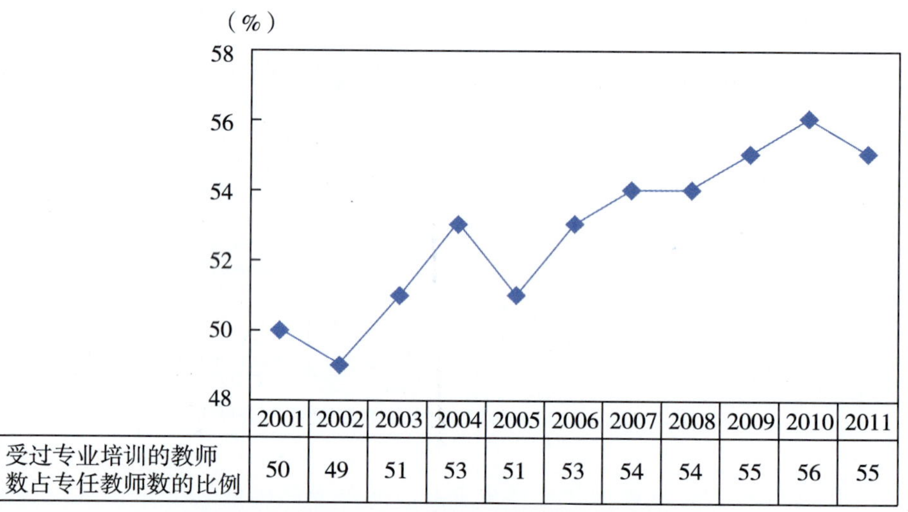

	2001	2002	2003	2004	2005	2006	2007	2008	2009	2010	2011
受过专业培训的教师数占专任教师数的比例	50	49	51	53	51	53	54	54	55	56	55

图 2－25　2001—2011 年特殊教育学校受过特殊教育专业培训的人数占专任教师数的比例①

3. 学历：专任教师学历不断提升，2011 年专科以上教师学历占九成

随着教育事业的发展，教师队伍整体素质不断提高，指标之一即是教师学历的提高。1999 年《中共中央国务院关于深化教育改革全面推进素质教育的决定》指出，2010 年前后，具备条件的地区力争使小学和初中阶段

① 比例由研究者计算：比例＝特殊教育学校受过特殊教育专业培训的人数/专任教师数。

教育的专任教师的学历分别提升到专科和本科层次，经济发达地区高中阶段教育的专任教师和校长中获硕士学位者应达到一定比例。2011 年发布的《教育部关于大力加强中小学教师培训工作的意见》指出：到 2012 年，小学教师学历逐步达到专科以上水平，初中教师基本具备大学本科以上学历，高中教师中具有研究生学历的比例有明显提高。

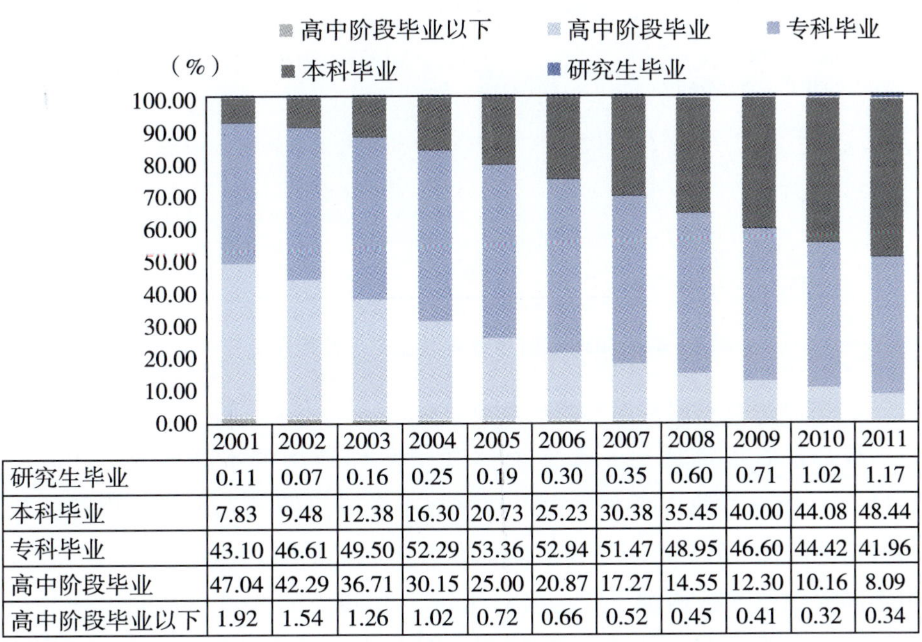

	2001	2002	2003	2004	2005	2006	2007	2008	2009	2010	2011
研究生毕业	0.11	0.07	0.16	0.25	0.19	0.30	0.35	0.60	0.71	1.02	1.17
本科毕业	7.83	9.48	12.38	16.30	20.73	25.23	30.38	35.45	40.00	44.08	48.44
专科毕业	43.10	46.61	49.50	52.29	53.36	52.94	51.47	48.95	46.60	44.42	41.96
高中阶段毕业	47.04	42.29	36.71	30.15	25.00	20.87	17.27	14.55	12.30	10.16	8.09
高中阶段毕业以下	1.92	1.54	1.26	1.02	0.72	0.66	0.52	0.45	0.41	0.32	0.34

图 2－26　2001—2011 年特殊教育学校专任教师学历分布

特殊教育教师学历不断提升，当前专科及以上学历的特殊教育教师占九成。2001 年特殊教育学校专科及以上学历的教师大约为 51%（其中本科学历 7.83%），2011 年则达到了 90%，其中本科以上学历约为 49.61%（研究生学历 1.17%，482 人），高中以下学历 0.34%（142 人），高中学历 8.09%。可见，2001 年以来，特殊教育教师高中阶段毕业的教师人数逐渐减少，本科学历增幅较大。另外，《中国教育事业发展统计简况》数据显示，2011 年小学专任教师 560.49 万人，专科教师占 53.58%，本科教师占 28.28%，研究生毕业占 0.19%。相比之下，特殊教育学校本科以上特殊教育教师高于普通小学的比例。由于特殊教育学校有的仅限于义务教育阶段（包括小学、初中），有的也包括高中教育阶段，各阶段教师的学历没有单独统计，因此无法进一步分析（图2－26、图2－27）。

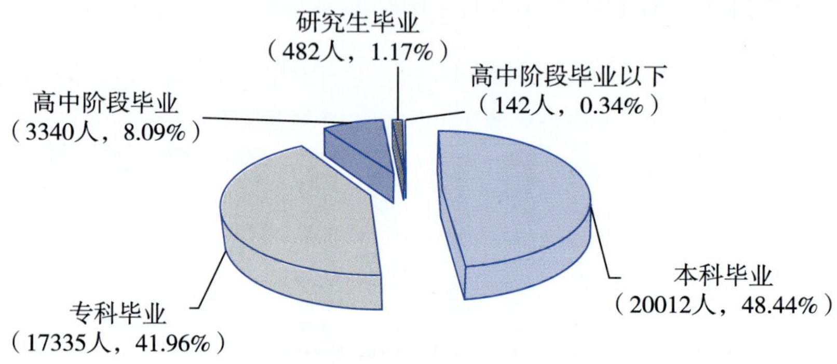

图2－27　2011年特殊教育学校专任教师学历分布

4. 职称：教师职称结构不断改善，2011年中级以上职称接近六成

教师素质提高的另一个方面体现于职称结构的不断改善。2001—2011年，特殊教育专任教师中学高级与小学高级职称人数稳步增长。与2001年相比，2011年小学高级职称人数增加了1倍，达到了2.10万人；中学高级职称人数增加了7倍多，达到了3099人；小学二级职称教师不断减少，小学一级、小学三级以及未评职称人数变化不大（图2－28，图2－29）。

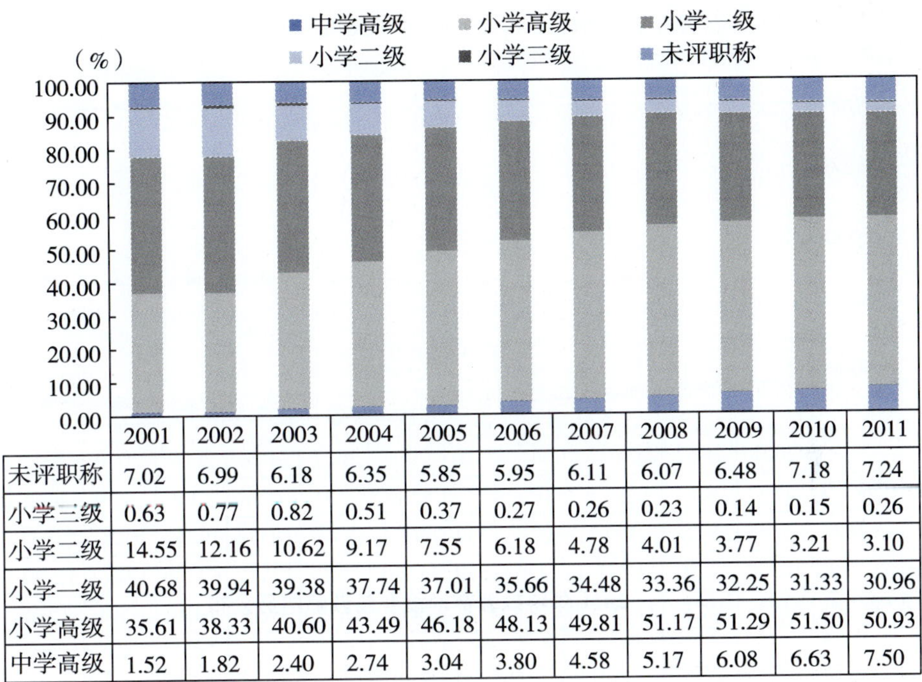

	2001	2002	2003	2004	2005	2006	2007	2008	2009	2010	2011
未评职称	7.02	6.99	6.18	6.35	5.85	5.95	6.11	6.07	6.48	7.18	7.24
小学三级	0.63	0.77	0.82	0.51	0.37	0.27	0.26	0.23	0.14	0.15	0.26
小学二级	14.55	12.16	10.62	9.17	7.55	6.18	4.78	4.01	3.77	3.21	3.10
小学一级	40.68	39.94	39.38	37.74	37.01	35.66	34.48	33.36	32.25	31.33	30.96
小学高级	35.61	38.33	40.60	43.49	46.18	48.13	49.81	51.17	51.29	51.50	50.93
中学高级	1.52	1.82	2.40	2.74	3.04	3.80	4.58	5.17	6.08	6.63	7.50

图 2－28　2001—2011 年特殊教育学校专任教师职称分布

从职称比例来看，2011 年特殊教育学校具有中级以上职称（小学高级与中学高级合计）的人数比例达到了 59%，与普通教育相比，略高于普通小学、初中具有中高级职称教师的比例，接近普通高中具有中高级职称教师的比例（2011 年，幼儿园、小学、初中、高中具有中高级职称的教师分别为 13.53%、54.30%、56.57%、60.71%，这些比例由研究者根据《中国教育事业发展统计简况 2011》原始数据计算）。除中级职称外，小学一级职称教师占 31%，其他级别职称教师占 10%。由于许多特殊教育学校同时承担残疾儿童小学、初中乃至高中阶段的教育，因此，目前的职称结构有利于特殊教育的发展（图 2－30）。

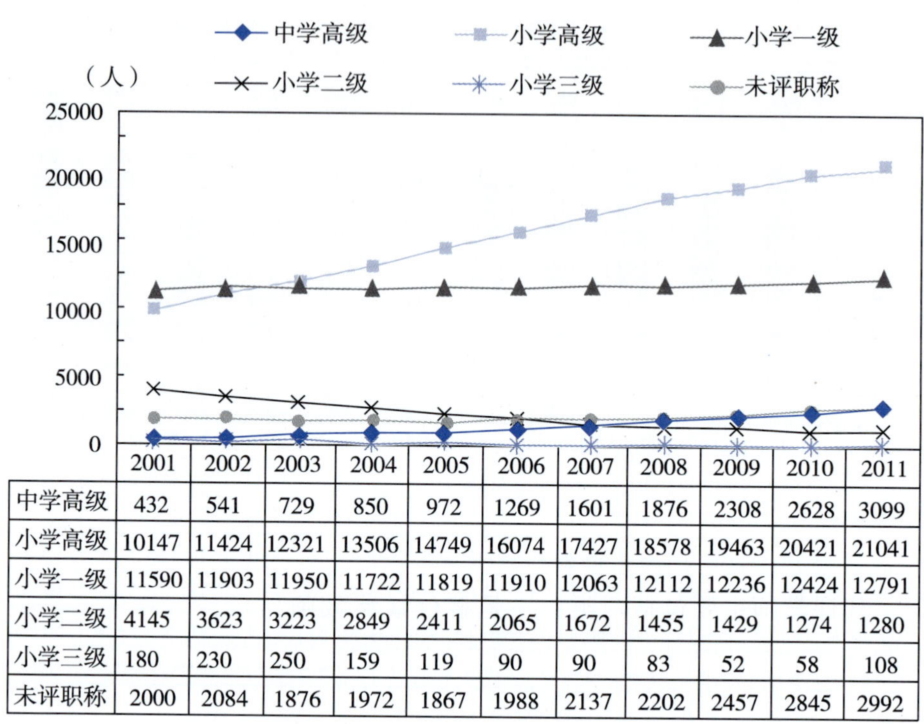

	2001	2002	2003	2004	2005	2006	2007	2008	2009	2010	2011
中学高级	432	541	729	850	972	1269	1601	1876	2308	2628	3099
小学高级	10147	11424	12321	13506	14749	16074	17427	18578	19463	20421	21041
小学一级	11590	11903	11950	11722	11819	11910	12063	12112	12236	12424	12791
小学二级	4145	3623	3223	2849	2411	2065	1672	1455	1429	1274	1280
小学三级	180	230	250	159	119	90	90	83	52	58	108
未评职称	2000	2084	1876	1972	1867	1988	2137	2202	2457	2845	2992

图 2－29　2001—2011 年特殊教育学校专任教师职称变化

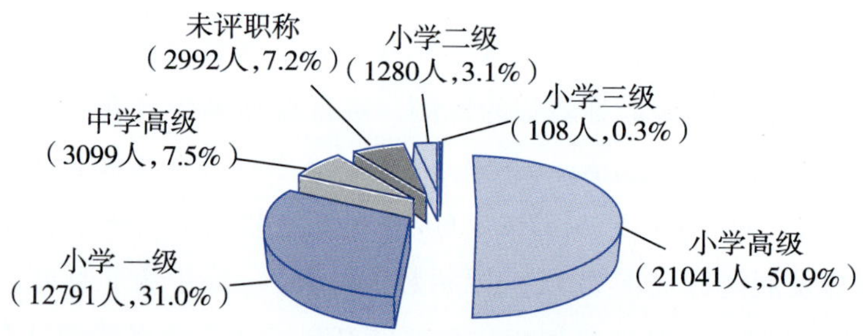

图 2－30　2011 年特殊教育学校专任教师职称分布

（二）特殊教育学校教师队伍的性别分布及代课教师状况

1. 特殊教育学校的女教师数量

总体而言，特殊教育学校女教师比例较高，2011 年占比接近七成。具体而言，2001 年以来，特殊教育学校女教师人数占教职工总人数的比例在

66.02%至67.67%之间，有缓慢增长的趋势。其中，2011年特殊教育学校女教师人数为34642人，占教职工总人数的比例为67.67%，与2010年同属最高值。2011年《中国教育事业发展统计简况》数字显示，中学学校（包括初中、高中及一贯制学校等）、中等职业学校（机构）、普通小学中女教师占教职工总数的比例分别为48.72%、49.51%、56.43%，与之相比，特殊教育学校女教师比例过高。女教师人数不断增加，一方面说明特殊教育事业比较适合有耐心、爱心和责任心的女性教师，另一方面说明特殊教育学校缺少男性阳刚之气。同时，在义务教育高年级阶段和高中教育阶段，面对具有攻击行为与情绪行为障碍的残疾学生，女教师实际上容易处于弱势，因此，我们建议采取有力措施，适当增加高年级阶段男教师的比例（表2-2）。

2. 特殊教育学校的代课教师数量

代课教师主要包括两类：一是替代缺课教师的代课教师，二是补充空缺岗位的代课教师。代课教师不占用国家教师编制，由聘任单位支付工资而非由国家财政支付工资，他们服务于学校进行临时性教课，一般不转为公办教师，也没有严格的人事档案。代课教师在聘用时没有严格的准入制度，在聘用后也缺乏通过培训等途径提高教学能力的机会。[①] 代课人员在特殊历史时期和特定情况下，为我国的教育事业特别是农村基础教育事业的发展付出了辛勤劳动和努力。出于对学生和代课人员权益的维护，教育部明确反对这种不规范的用人行为，要求各地通过多种途径解决这一问题，特别是要允许那些具备教师资格、符合教师任职条件、素质较好、有一定教学经验的代课人员参加公开招聘，择优进入到教师队伍。[②]

---

① 安雪慧，丁维莉．代课教师：合理存在还是应该清退——兼论代课教师规范管理制度［J］．教育研究，2011（7）：74-75.

② 刘华蓉．教育部有关负责人：代课人员问题逐步妥善解决［N］．中国教育报，2010-01-22（1）.

表 2－2　特殊教育学校代课教师及女教师人数与教职员工总数的比较

年份	代课教师（人）	教职工数与代课教师数的比	女教师（人）	女教师占特殊教育学校教职工人数的比例（%）	教职工（人）
2001	775	50：1	25685	66.02	38906
2002	774	52：1	26839	66.47	40378
2003	831	49：1	27331	66.90	40853
2004	761	54：1	27751	67.06	41384
2005	816	52：1	28323	67.03	42256
2006	864	50：1	29282	67.20	43572
2007	1067	42：1	30259	67.45	44862
2008	950	48：1	31096	67.61	45990
2009	1024	46：1	32101	67.63	47466
2010	724	68：1	33328	67.67	49249
2011	1142	45：1	34642	67.67	51189
平均值	884	50：1	29694	67.19	44191

2001 年以来，特殊教育学校教职工数与代课教师数的比处于 42：1 至 68：1 之间，即每安排 42— 68 名教职工便会安排代课教师 1 人。2011 年特殊教育学校代课人数为 1142 人，教职工数与代课教师数的比值 45：1，与往年相比，是代课教师相对较多的一年。与普通小学相比，2011 年特殊教育学校教职工数与代课教师数的比远远大于普通小学[①]（30：1），这说明特殊教育学校代课教师的比例低于普通小学。2011 年特殊教育学校代课教师的人数相对较多，反映出随着特殊教育学校数量以及特殊教育学校在校生人数的增加，特殊教育教师的数量尚不能满足需求（表 2－2）。

① 2011 年普通小学共有代课教师 187701 人，共有教职工 5584868 人。

（三）教师队伍的稳定性状况

1. 2004 年以来平均每年教师变动人数占专任教师数的比例为 15.44%

特殊教育事业的深入发展，离不开稳定的师资队伍。2004 年以来，每年增加的特殊教育专任教师占上学年初报表专任教师数的比例在 10% 左右；每年减少的特殊教育专任教师占上学年初报表专任教师数的比例在 5%—7%，且 2006 年以来减少教师数的占比未超过 6%，相较而言，减少教师的比例低于 2004 年和 2005 年。平均每年教师变动人数即增加与减少的专任教师合计占上学年初报表专任教师数的比例为 15.44%，其中，2004 年的比例最高（16.67%），2008 年的比例最低（14.35%），而 2010 年的比例为 15.55%（表 2－3）。

表 2－3　2004—2010 年特殊教育学校专任教师变动人数及占上学年初报表数的比例①

年份	上学年初报表专任教师数（人）	增加教师人数及占上学年初报表专任教师数的比例		减少教师人数及占上学年初报表专任教师数的比例		增加与减少教师合计及占上学年初报表专任教师数的比例	
		增加（人）	%	减少（人）	%	合计（人）	%
2004	30346	2885	9.51	2173	7.16	5058	16.67
2005	31067	2842	9.15	1972	6.35	4814	15.50
2006	31908	3262	10.22	1774	5.56	5036	15.78
2007	33442	3333	9.97	1785	5.34	5118	15.30
2008	34994	3166	9.05	1854	5.30	5020	14.35
2009	36271	3581	9.87	1907	5.26	5488	15.13
2010	37927	3810	10.05	2087	5.50	5897	15.55

① 2004 年之前的年份没有“特殊教育专任教师变动情况”这一指标；该指标将教师变动分为“增加教师”与“减少教师”两部分，“增加教师”的途径包括录用毕业生、调入、校内调整和其他四个方面；“减少教师”的途径包括自然减员、调出、校内调整和其他四个方面。7 年总计与均值由研究者计算。

2. 2004年以来平均每年“调入”的专任教师数占“增加教师”的46%

数据显示，2004—2010年，专任教师稳步增长，平均每年增加3268名专任教师，平均每年减少1936名教师。从教师增加的途径来看，历年教师增加的途径按人数由多到少依次是：调入、录用毕业生、校内调整和其他，7年平均比例分别是46%、26%、20%和8%。其中，历年调入和录用毕业生总体呈增长趋势，校内调整和其他途径历年人数变化不太大。2010年调入1875人（占当年增加人数的49%），录取1038人（占当年增加人数的27%）。如果能录用大量的特殊教育专业毕业生，则能减轻特殊教育专业培训的压力，如果每年调入上千名普通教育教师，必须加强特殊教育专业在职培训，否则调入教师难以适应特殊教育学校的工作，也难以保证特殊教育质量（图2－31）。

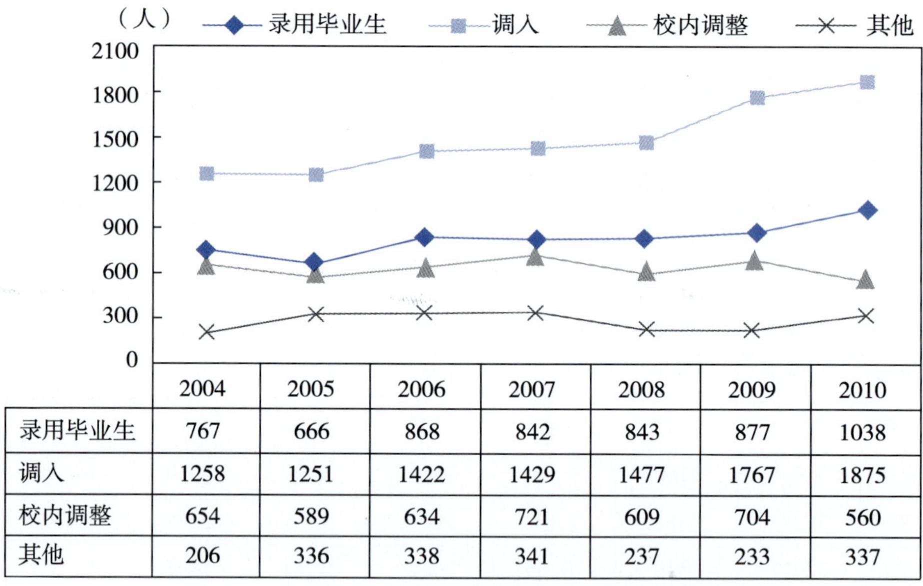

	2004	2005	2006	2007	2008	2009	2010
录用毕业生	767	666	868	842	843	877	1038
调入	1258	1251	1422	1429	1477	1767	1875
校内调整	654	589	634	721	609	704	560
其他	206	336	338	341	237	233	337

图2－31　2004—2010年特殊教育学校专任教师增加情况

3. 2004年以来平均每年“调出”与“自然减员”的专任教师数分别占“减少教师”的31%与29%

数据显示，从教师减少的方式来看，平均而言，历年教师减少的方式依次为：调出、自然减员、校内调整和其他形式，7 年均值分别为 31%、29%、24%和 16%。2010 年调出教师 685 人（占 33%），自然减员 641 人（占 31%），校内调整 401 人，其他 360 人。由此可见，采取多种措施提高特殊教育工作的吸引力与教师待遇，减少调出人数，应成为稳定教师队伍的重要途径（图 2－32）。

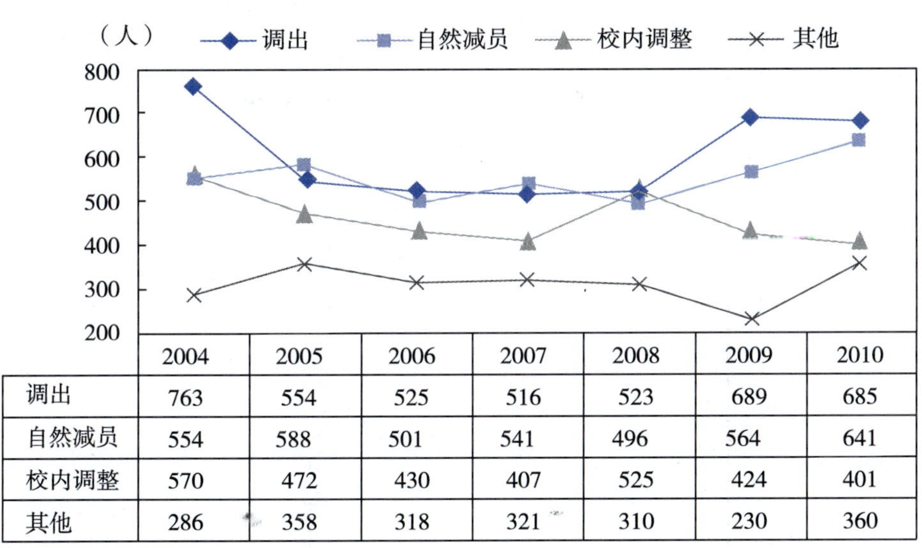

	2004	2005	2006	2007	2008	2009	2010
调出	763	554	525	516	523	689	685
自然减员	554	588	501	541	496	564	641
校内调整	570	472	430	407	525	424	401
其他	286	358	318	321	310	230	360

图 2－32　2004—2010 年特殊教育专任教师减少情况

整体来说，特殊教育教师队伍的发展壮大为特殊教育的发展提供了师资保障。但是，面对特殊教育教师队伍的不稳定，接受专业培训的人数只有 55%，女教师占比 67.67% 的现状，我们建议，通过提高与落实特殊教育教师的待遇等办法，增强特殊教育事业的吸引力，稳定教师队伍，同时适度增加男教师的比例。此外，要提高特殊教育教师队伍的培训力度与实效，由此不断提高教师队伍专业素质。

四、特殊教育学校的经费来源与结构状况

（一）特殊教育学校的经费来源与财政性教育经费投入状况

1. 国家财政性教育经费投入是特殊教育学校经费收入来源的主体

教育经费是办好教育事业的重要保障，党和政府非常重视对特殊教育的投入与保障。从立法角度来看，我国 1994 年通过的《中华人民共和国残疾人教育条例》第四十三条规定："省、自治区、直辖市人民政府应当根据残疾人教育的特殊情况，依据国务院有关行政主管部门的指导性标准，制定本行政区域内残疾人学校的建设标准、经费开支标准、教学仪器设备配备标准等。"第四十四条规定："残疾人教育经费由各级人民政府负责筹措，予以保证，并随着教育事业费的增加而逐步增加。县级以上各级人民政府可以根据需要，设立专项补助款，用于发展残疾人教育。地方各级人民政府用于义务教育的财政拨款和征收的教育费附加，应当有一定比例用于发展残疾儿童、少年义务教育。"1994 年通过的《关于开展残疾儿童少年随班就读工作的试行办法》第二十八条规定："各级教育行政部门应逐步增加对残疾儿童少年随班就读的经费投入，并在教师编制、教师工作量计算、教具、学具和图书资料等方面照顾随班就读工作的需要。"2006 年修订的《中华人民共和国义务教育法》第四十三条第三款规定："特殊教育学校（班）学生人均公用经费标准应当高于普通学校学生人均公用经费标准。"从数据层面来看，近年来，特殊教育学校经费的各项指标均有不同程度的提高。

国家财政性教育经费①投入是特殊教育学校经费收入来源的主体，且

① 国家财政性教育经费包括公共财政预算教育经费，各级政府征收用于教育的税费，企业办学中的企业拨款，校办产业和社会服务收入用于教育的经费，其他属于国家财政性教育经费。公共财政预算教育经费（财政预算内教育经费）指中央、地方各级财政或上级主管部门在本年度内安排，并划拨到各级各类学校、教育行政单位、教育事业单位，列入国家预算支出科目的教育经费。该定义来源于《中国教育经费统计年鉴》2011 附录页。

逐年增长。具体而言，特殊教育学校的经费来源主要有五个部分，分别是：国家财政性教育经费（其中以财政预算内经费为主）、社会团体和公民个人办学经费、社会捐资经费、事业收入及其他收入。从这五个部分的比例来看，特殊教育学校的经费收入主要是国家财政性教育经费。2005 年以来，国家财政性教育经费占特殊教育学校经费收入合计的比例不断增长，2010 年比例为 95.13%。在国家财政性教育经费中，财政预算内经费是核心来源，2010 年财政预算内教育经费占特殊教育学校经费收入合计的比例也达到了 87.18%。在特殊教育学校教育经费收入中，社会团体和公民个人办学经费、社会捐资经费、事业收入及其他收入所占比例非常小，近年还有减少趋势（表 2 –4）。

表 2 –4　2005—2010 年特殊教育学校经费收入来源及占特殊教育学校经费收入合计的比例①

年份	合计	A 国家财政性教育经费及占比		国家财政性教育经费中财政预算内经费及占比		B 社会团体和公民个人办学经费及占比		C 社会捐资经费及占比		D 事业收入及占比		E 其他收入及占比	
	亿元	亿元	%	亿元	%	亿元	%	亿元	%	亿元	%	亿元	%
2005	23.58	21.15	89.67	17.82	75.57	0.04	0.17	0.35	1.49	1.00	4.24	1.04	4.42
2006	26.93	24.59	91.32	21.93	81.43	0.02	0.07	0.38	1.42	0.92	3.42	1.02	3.77
2007	30.14	27.92	92.63	25.3	83.94	0.004	0.01	0.37	1.24	0.98	3.24	0.86	2.87
2008	39.66	37.23	93.87	32.47	81.87	0.02	0.05	0.43	1.08	0.99	2.50	0.99	2.51
2009	46.32	43.76	94.47	39.11	84.43	0.01	0.02	0.49	1.05	0.95	2.04	1.12	2.42
2010	68.79	65.44	95.13	59.97	87.18	0.01	0.02	0.64	0.93	0.96	1.39	1.74	2.53

2. 特殊教育学校国家财政性教育经费投入不断增长

考察特殊教育学校国家财政性教育经费的投入情况可以反映国家对特

① 数据来源于《中国教育经费统计年鉴》2006—2011 年“全国各级各类教育机构经费收入情况”；2010 年的“财政预算内教育经费”指标改为“公共财政预算教育经费”，指标定义没变。

殊教育的重视程度。在此，我们从特殊教育学校国家财政性教育经费投入占 GDP 的比例、占全国财政支出的比例以及占全国各级各类教育机构教育经费合计支出的比例三个角度来分析。

从绝对数据来看，特殊教育学校国家财政性教育经费及财政预算内教育经费逐年增长。2006 年两项经费均突破 20 亿元，2008 年均突破 30 亿元，2009 年突破或接近 40 亿元，2010 年则突破或接近 60 亿元。

从占 GDP 及全国财政支出的比例来看，2001— 2010 年特殊教育学校国家财政性教育经费投入占 GDP 的比例为 0. 11‰ — 0. 17‰，2010 年占比为 0. 17‰，比上年有所增长，是历史上的最高值；2001— 2010 年特殊教育学校国家财政性教育经费占全国财政支出的比例为 0. 56‰ — 0. 73‰，2010 年占比为 0. 73‰，比上年有所增长，也是历史上的最高值。虽然前几年特殊教育学校国家财政性教育经费投入占 GDP 及全国财政支出的比例不太稳定，但是 2010 年均达到了最高值。可以说，国家对特殊教育的投入正在加大（表 2 –5）。

表 2 –5　2001—2010 年特殊教育学校国家财政性教育经费投入情况①

年份	GDP（亿元）	全国财政支出（亿元）	特殊教育学校国家财政性教育经费（亿元）	其中财政预算内教育经费(亿元)	特殊教育学校国家财政性教育经费占 GDP 的比例（‰）	特殊教育学校国家财政性教育经费占全国财政支出的比例（‰）
2001	109655. 2	18902. 6	13. 3	9. 7	0. 12	0. 70
2002	120332. 7	22053. 2	15. 1	11. 4	0. 12	0. 69
2003	135822. 8	24650. 0	16. 7	12. 5	0. 12	0. 68
2004	159878. 3	28486. 9	19. 3	14. 7	0. 12	0. 68
2005	184937. 4	33930. 3	23. 5	17. 5	0. 13	0. 69

① 表中“国家财政性教育经费”和“公共财政预算教育经费”数据来源于《中国教育经费统计年鉴》中“全国各级各类教育机构教育经费收入情况”；“GDP”和“全国财政支出”数据来源于中华人民共和国国家统计局主编《中国统计年鉴 2011》。

续表

年份	GDP（亿元）	全国财政支出（亿元）	特殊教育学校国家财政性教育经费（亿元）	其中财政预算内教育经费(亿元)	特殊教育学校国家财政性教育经费占GDP的比例（‰）	特殊教育学校国家财政性教育经费占全国财政支出的比例（‰）
2006	216314.4	40422.7	24.6	21.9	0.12	0.61
2007	265810.3	49781.4	27.9	25.3	0.11	0.56
2008	314045.4	62592.7	37.2	32.5	0.13	0.60
2009	340902.8	76299.9	43.8	39.1	0.13	0.57
2010	401202.0	89874.2	65.4	60.0	0.17	0.73

从占教育总经费支出的比例来看，2001—2010年特殊教育学校教育经费投入及特殊教育学校国家财政性教育经费投入占全国教育各级各类教育机构经费支出合计（当年全国教育总经费支出）的比例为0.24%—0.36%。虽然2006—2007年的占比均有所下滑，但2008年以后又逐步回升，2010年两项占比均一跃成为历史最高值。其中，特殊教育学校教育经费投入占全国各级各类教育机构教育经费支出合计的比例为0.36%，特殊教育学校国家财政性教育经费投入占全国各级各类教育机构教育经费支出合计的比例为0.35%（图2-33）。

2010年特殊教育学校经费支出①比例最大，这与当年特殊教育学校改扩建所用的基本建设支出增大密切相关，2010年基本建设支出为10.69亿，为历史最高值（表2-5）。

① 教育经费支出分为“事业性经费支出”和“基本建设支出”两部分，事业性经费支出分为“个人部分支出”和“公用部分支出”两部分。基本建设支出反映各级发展和改革部门集中安排用于学校购置固定资产、土地和无形资产，以及购建基础设施、大型修缮所发生的支出以及与之配套完成上述项目的非财政预算内资金支出，不包括财政预算内配套资金。该定义来源于《中国教育经费统计年鉴》2011附录页。

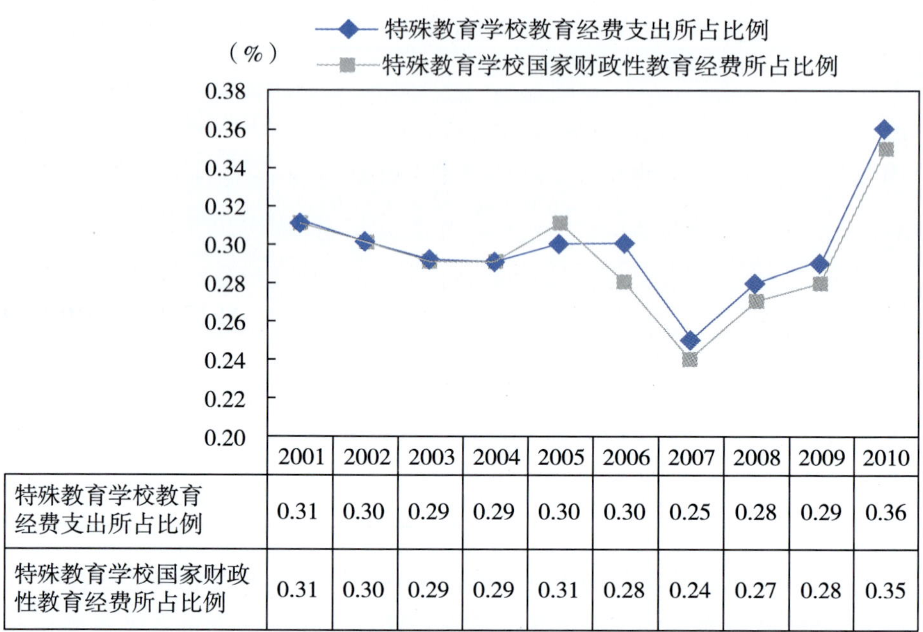

	2001	2002	2003	2004	2005	2006	2007	2008	2009	2010
特殊教育学校教育经费支出所占比例	0.31	0.30	0.29	0.29	0.30	0.30	0.25	0.28	0.29	0.36
特殊教育学校国家财政性教育经费所占比例	0.31	0.30	0.29	0.29	0.31	0.28	0.24	0.27	0.28	0.35

图 2-33　2001—2010 年特殊教育学校教育经费支出、特殊教育学校国家财政性教育经费支出占全国各级各类教育机构教育经费合计支出的比例①

3. 特殊教育学校生均教育经费支出和生均预算内教育经费支出不断增长

从特殊教育学校自身来看，2001 年以来，特殊教育学校生均教育经费和生均预算内教育经费支出均不断增长，相较而言，2007 年以来增幅较大。具体来看，特殊教育学校生均教育经费由 2001 年的 0.94 万元增长到 2010 年的 3.89 万元，净增 2.95 万元。特殊教育学校生均预算内教育经费由 2001 年的 0.67 万元增长到 2010 年的 3.23 万元，净增 2.56 万元（图 2-34）。

将历年特殊教育学校生均教育经费支出和生均预算内教育经费支出与我国人均国内生产总值相比较发现，除 2010 年外，特殊教育学校生均教育经费支出数额与我国人均国内生产总值数额较为接近。由于 2010 年特殊教育学校基本建设支出增大（2010 年为 10.69 亿，2009 年为 2.45 亿，比上

① 比例由研究者计算：比例 = 特殊教育学校教育经费支出/全国教育各级各类教育机构经费支出合计。

年净增 8.24 亿），使得当年特殊教育学校生均教育经费支出和生均预算内教育经费支出大幅增长。数据显示，2010 年特殊教育学校生均教育经费支出为 3.89 万，其中，生均事业性经费支出为 3.27 万（占生均教育经费支出比例为 84%），生均基本建设支出为 0.62 万（占生均教育经费支出比例为 16%），2009 年特殊教育学校生均教育经费支出为 2.64 万，其中，生均事业性经费支出为 2.50 万（占生均教育经费支出比例为 95%），生均基本建设支出为 0.14 万（占生均教育经费支出比例为 5%）。可见，2010 年基本建设支出大幅增长使得特殊教育学校生均教育经费大幅增长（图 2－34）。

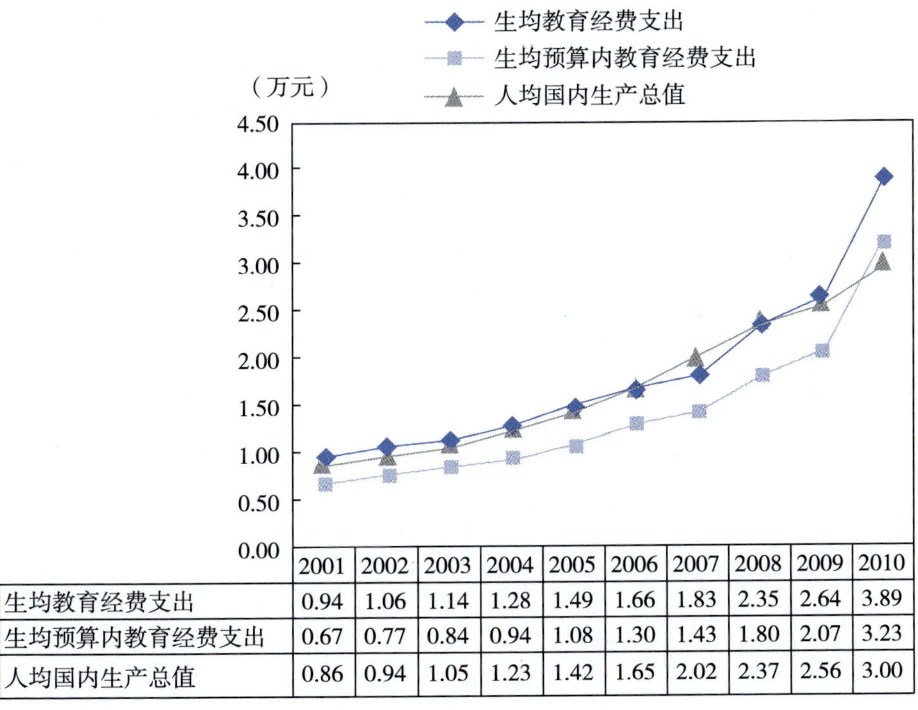

	2001	2002	2003	2004	2005	2006	2007	2008	2009	2010
生均教育经费支出	0.94	1.06	1.14	1.28	1.49	1.66	1.83	2.35	2.64	3.89
生均预算内教育经费支出	0.67	0.77	0.84	0.94	1.08	1.30	1.43	1.80	2.07	3.23
人均国内生产总值	0.86	0.94	1.05	1.23	1.42	1.65	2.02	2.37	2.56	3.00

图 2－34 2001—2010 年特殊教育学校生均教育经费与生均预算内教育经费支出

特殊教育学校生均预算内教育经费支出增幅略低于普通中小学。我们用 2010 年的数据与 2005 年的数据进行比较发现，与普通教育经费增长相比而言，特殊教育学校生均预算内教育经费支出增幅与普通小学和普通中学的生均预算内教育经费支出增幅相差不大，特殊教育学校生均预算内教育经费支出净增 2.146 万元，增幅为 199%，普通小学和普通中学各增长 2.74 千元和 3.51 千元，增幅分别为 201% 和 206%。

特殊教育学校生均教育经费支出增幅高于普通中学，低于普通小学。我们用 2010 年的数据与 2005 年的数据进行比较发现，特殊教育学校生均教育经费支出净增 2.399 万元，增幅为 161%，普通小学和普通中学各增长 3.11 千元和 4.11 千元，增幅分别为 170% 和 142%。可以说，普通中学生均教育经费支出增幅低于特殊教育学校和普通小学（表2－6、图 2－35）。

表 2－6　2005 年与 2010 年特殊教育学校与普通小学、普通中学生均教育经费支出及预算内教育经费支出比较①

	生均预算内教育经费支出（千元）			生均教育经费支出（千元）		
	特殊教育学校	普通小学	普通中学	特殊教育学校	普通小学	普通中学
2005	10.79	1.36	1.71	14.91	1.82	2.90
2010	32.26	4.10	5.22	38.91	4.93	7.01
5 年净增	21.47	2.74	3.51	24.00	3.11	4.11
5 年增幅	199%	201%	206%	161%	170%	142%

① 数据依据《中国教育经费统计年鉴》2006 年和 2011 年“全国教育部门和其他部门各级学校生均教育经费支出和生均预算内教育经费支出”原始数据计算。5 年净增＝2010 年数据－2005 年数据；5 年增幅＝（2010 年数据－2005 年数据）/2005 年数据×100%。图 2－35 根据本表数据制作。

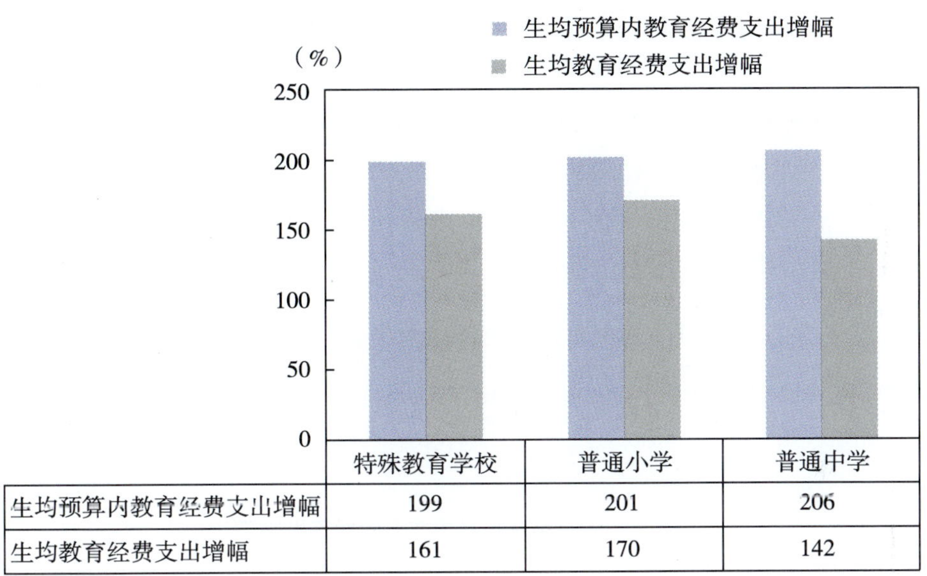

	特殊教育学校	普通小学	普通中学
生均预算内教育经费支出增幅	199	201	206
生均教育经费支出增幅	161	170	142

图 2－35　2005 年与 2010 年特殊教育学校与普通小学、普通中学生均教育经费支出及预算内教育经费支出增幅

（二）特殊教育学校的财政性教育经费支出结构状况

1. 事业性经费支出与基本建设支出的分布：近两年基本建设支出比例大增

特殊教育经费支出由事业性经费支出和基本建设支出两部分构成。2001 年以来，特殊教育学校事业性经费支出总量逐年上升，特殊教育学校事业性经费支出由 2001 年的 11.87 亿元增长为 2010 年的 56.40 亿元，净增 44.53 亿元。但是，特殊教育学校事业性经费支出比例并不稳定，一直处于 84%—98%，2007 年比例最高，2010 年比例最低（表 2－7）。

最近几年，随着国家对特殊教育学校新建与改扩建项目的大力推动，特殊教育学校基本建设经费支出数量与比例均在加大。2001—2008 年，特殊教育学校基本建设支出总量不高，处于 0.56 亿元—1.18 亿元，2009 年以来，基本建设支出开始增长。其中，2010 年基本建设支出达到 10.70 亿元，与 2009 年相比，净增 8.25 亿元，与前九年相比，比 2001—2009 年基本建设支出的合计还要多。从比例来看，基本建设支出比例不稳定，2001—2010 年特殊教育学校基本建设支出占特殊教育学校教育经费支出的比例两头高，中间低，2001 年比例为 8.65%，之后的年度总体趋势在减，2007 年比例最低（1.99%），到 2008 年（3.02%）之后又开始增长，而到 2010 年则来了个翘尾巴，一下增至历史最高值 15.94%。未来几年，随着特殊教育学校建设力度的推进，基本建设支出经费可能还会增长（图 2－36）。

表 2－7　2001—2010 年我国特殊教育学校教育经费支出结构分布①

年份	事业性经费支出（亿元）	事业性经费支出占特殊教育学校教育经费支出的比例（%）	基本建设支出（亿元）	基本建设支出占特殊教育学校教育经费支出的比例（%）
2001	11.87	91.35	1.12	8.65
2002	14.04	94.32	0.85	5.68
2003	15.57	94.91	0.84	5.09
2004	17.92	94.06	1.13	5.94
2005	22.74	97.59	0.56	2.41
2006	25.44	96.94	0.80	3.06
2007	28.96	98.01	0.59	1.99
2008	37.92	96.98	1.18	3.02
2009	43.21	94.64	2.45	5.36
2010	56.40	84.06	10.70	15.94

① 数据来源于《中国教育经费统计年鉴》2002—2011 年“分地区特殊教育学校教育经费支出明细”（不包括工读学校），支出比例由研究者计算。事业性经费支出比例＝事业性经费支出/特殊教育经费支出合计×100%；基本建设支出比例＝基本建设支出/特殊教育经费支出合计×100%。图 2－36 根据本表数据制作。

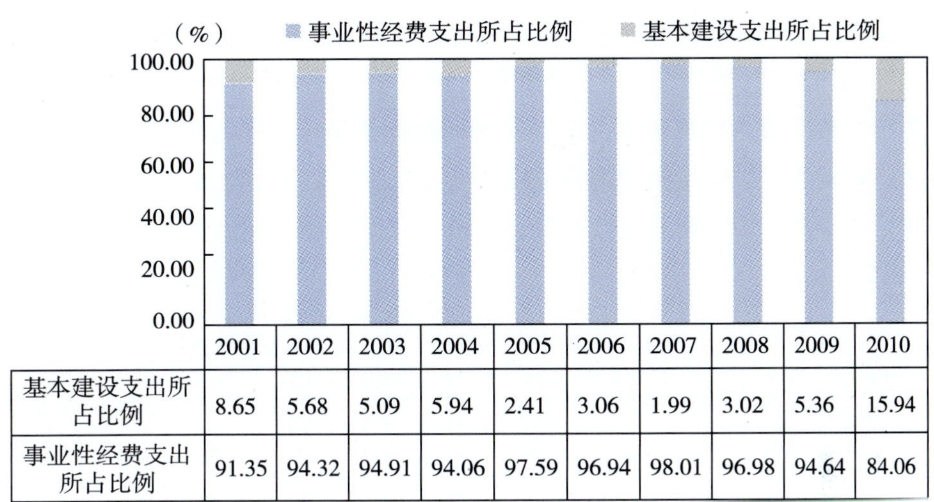

	2001	2002	2003	2004	2005	2006	2007	2008	2009	2010
基本建设支出所占比例	8.65	5.68	5.09	5.94	2.41	3.06	1.99	3.02	5.36	15.94
事业性经费支出所占比例	91.35	94.32	94.91	94.06	97.59	96.94	98.01	96.98	94.64	84.06

图 2－36　2001—2010 年事业性经费支出与基本建设支出占特殊教育学校教育经费支出的比例

2. 个人部分支出和公用部分支出的分布：近年来公用经费增长趋势明显

事业性经费支出分为“个人部分”① 和“公用部分”② 两部分。2001 年以来，特殊教育学校事业性经费支出总量逐年上升，为“个人部分”和“公用部分”的增长提供了空间。

从“个人部分”和“公用部分”占特殊教育学校事业性经费支出的比例来看，其比例由差距较大逐渐转变为差距较小，也可以说分为两个阶段：2001—2004 年，“个人部分”和“公用部分”的比例差距较大，2001 年个人部分的比例为 69. 05%，到 2004 年增至 70. 62%；而公用部分的比例 2001 年为 30. 95%，到 2004 年减至 29. 38%。第二个阶段为 2005—2010

① 个人部分支出包括“工资福利支出”和“对个人和家庭的补助”两部分。其中，“工资福利支出”反映学校或单位开支的在职职工和临时聘用人员的各类劳动报酬，以及为上述人员缴纳的各项社会保险费等。“对个人和家庭的补助”反映政府对个人和家庭的补助支出。该定义来源于《中国教育经费统计年鉴 2011》附录页。

② “公用部分支出”包括“商品和服务支出”和“其他资本性支出”两部分。其中，“商品和服务支出”反映学校或单位购买商品和服务的支出（不包括用于购置固定资产的支出）。“其他资本性支出”反映非各级发展与改革部门集中安排的用于购置固定资产、土地和无形资产，以及购建基础设施、大型修缮所发生的支出。该定义来源于《中国教育经费统计年鉴 2011》附录页。

年，“个人部分”和“公用部分”的比例忽上忽下，其中，2010年个人部分的比例为58.76%，为历史最低值，而“公用部分”的比例为41.24%，为历史最高值，相较而言，两者比例差距缩至最小。简言之，2001—2004年，每年用于教师工资福利等的“个人部分”支出比例较大，而最近几年，用于商品服务和其他资本性支出的“共用部分”支出比例则增幅较大（图2-37）。

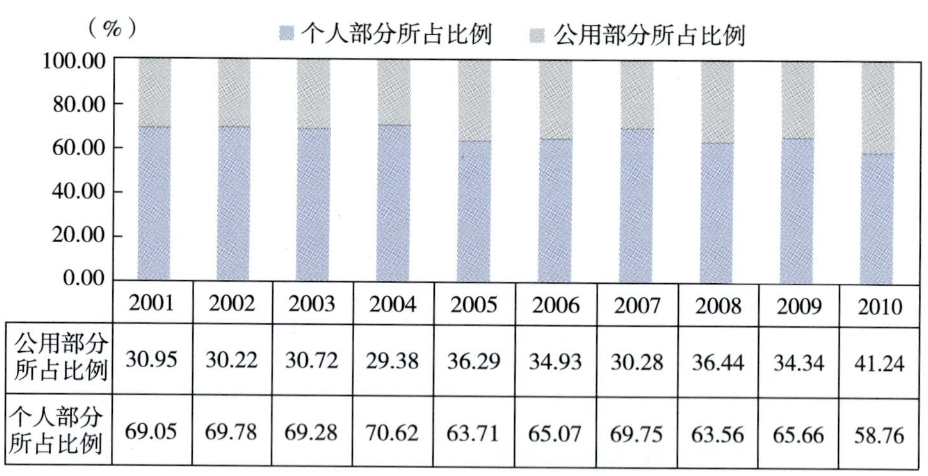

	2001	2002	2003	2004	2005	2006	2007	2008	2009	2010
公用部分所占比例	30.95	30.22	30.72	29.38	36.29	34.93	30.28	36.44	34.34	41.24
个人部分所占比例	69.05	69.78	69.28	70.62	63.71	65.07	69.75	63.56	65.66	58.76

图2-37　2001—2010年特殊教育学校事业性经费支出中个人部分和公用部分所占比例①

综上所述，特殊教育学校经费的逐年增加为特殊教育事业的发展提供了经费保障，但经费投入政策与经费使用结构有待完善。目前，特殊教育经费主要投入于特殊教育学校，但是，面对近六成残疾儿童少年在普通学校随班就读的现状，未来应改变经费投入方式，制定并完善政策，将特殊教育经费划分为两大部分：一部分投入于特殊教育学校，一部分投入于开展随班就读或附设特殊教育班的普通学校。此外，特殊教育学校的经费支出结构也要完善，适当缩减用于商品服务和其他资本性支出的“公用部分”的支出比例。

① 比例由研究者计算：个人部分支出比例=个人部分支出/事业性经费支出×100%；公用部分支出比例=公用部分支出/事业性经费支出×100%。

第三章

中国特殊教育省域发展概况

本章主要基于《中国教育统计年鉴 2010》《中国教育经费统计年鉴 2011》和《中国残疾人事业统计年鉴 2012》的相关统计指标以及国家统计局 2010 年第六次全国人口普查主要数据公报中的相关数据，对地方①特殊教育的发展进行实证分析。

本章第一部分分析讨论地方残疾儿童的入学状况。《中国教育统计年鉴》中关于特殊教育在校生的统计包括特殊教育学校在校生、特殊教育班在校生和随班就读在校生，所以本部分中的在校残疾儿童包括上述几类就读形式的在校残疾儿童。本章第二部分分析讨论地方特殊教育学校的分布与办学条件。《中国教育统计年鉴》没有随班就读学校的数据，本部分不对随班就读学校状况进行分析。本章第三部分分析讨论地方特殊教育学校教师队伍的整体状况。《中国教育统计年鉴》有关于特殊教育学校教职工数、特殊教育学校专任教师学历与职称情况的统计，没有年龄结构方面的数据，也没有随班就读学校教师方面的统计，因此，本部分依据既有指标，仅对特殊教育学校的教师状况进行分析。本章第四部分分析讨论地方

① 根据国家统计局的划分标准，西部地区包括的省级行政区共 12 个，分别是四川、重庆、贵州、云南、西藏、陕西、甘肃、青海、宁夏、新疆、广西、内蒙古；中部地区有 8 个省级行政区，分别是山西、吉林、黑龙江、安徽、江西、河南、湖北、湖南；东部地区包括 11 个省级行政区，分别是北京、天津、河北、辽宁、上海、江苏、浙江、福建、山东、广东和海南。

特殊教育学校的经费状况。依据《中国教育经费统计年鉴》中特殊教育学校经费的相关指标进行分析。《中国教育经费统计年鉴》中特殊教育的经费包括特殊教育学校和工读学校两部分，本部分仅对特殊教育学校经费进行讨论分析。由于该年鉴没有专门的随班就读经费统计，因此，本部分不讨论地方随班就读经费状况。

一、地方残疾儿童受教育现状

（一）各地区各阶段残疾儿童少年在校生分布

1. 残疾儿童在校生人数东部约占四成，西部占三成多，中部占两成多

（1）全国残疾儿童在校生合计42.56万，东部占39%，西部占35%，中部占26%

从地区来看，包括特殊教育学校、随班就读和特殊教育班残疾儿童在校生在内，2010年东部、中部、西部残疾儿童在校生人数依次为16.67万人、11.15万人和14.74万人，分别占残疾儿童在校生总人数的比例为39%、26%和35%，从在校学生总数来看，中部8省在校人数最少（图3－1）。

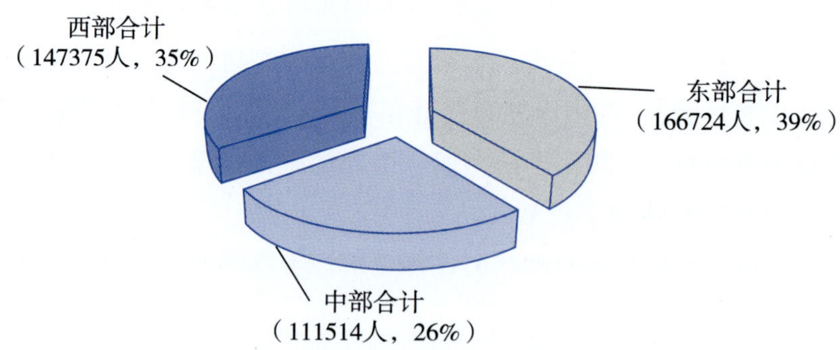

图3－1　2010年各地区残疾儿童在校生人数分布

（2）各地残疾儿童在校状况：8 省超 2 万，四川超 4 万，宁夏与西藏在校生人数最少

从全国来看，2010 年残疾儿童在校生人数超过 2 万的省份是四川、福建、江苏、广东、江西、山东、河南、云南，其中，四川残疾儿童在校生人数超过 4 万，福建残疾儿童在校生人数超过 3 万，残疾儿童在校生人数不足 5 千的省份有内蒙古、海南、天津、青海、宁夏和西藏（图 3 –2）。

图 3 –3 与图 3 –4 显示[①]，各地常住人口数与残疾人口数总体趋势一致，常住人口数多，残疾人口数也多，常住人口数少，残疾人口数也少。例如，6 个常住人口大省广东、山东、河南、四川、江苏与河北同样是 6 个残疾人口大省，只是次序稍有变化；同样，常住人口较少的省份，残疾人口数也比较少，例如内蒙古、上海、新疆、北京、天津、海南、宁夏、青海与西藏。

各地残疾儿童入学状况发展不均衡。对残疾儿童在校生人数与各地常住人口数、残疾人口数进行分析发现，四川、江苏、广东、山东、河南人口及残疾人口大省的残疾儿童在校生人数也比较多，内蒙古、海南、天津、青海、宁夏、西藏等人口较少的省份残疾儿童在校生人数也比较少。但是，部分省发展不均衡。例如，福建、江西、云南残疾人口数均未超过 300 万，但其残疾儿童在校生人数却均超过 2 万，福建达到 3 万多，说明这些地方残疾儿童在校状况相对较好。反之，河北与湖南是常住人口和残疾人口大省，残疾人口达四五百万，但其残疾儿童在校生人数却只有 1 万多人，可以推测这些地方残疾儿童受教育状况不太乐观（图 3 –2、图 3 –3、图 3 –4）。

① 本部分 2006 年数据来自中国残疾人联合会 2006 年第二次全国残疾人抽样调查数据。

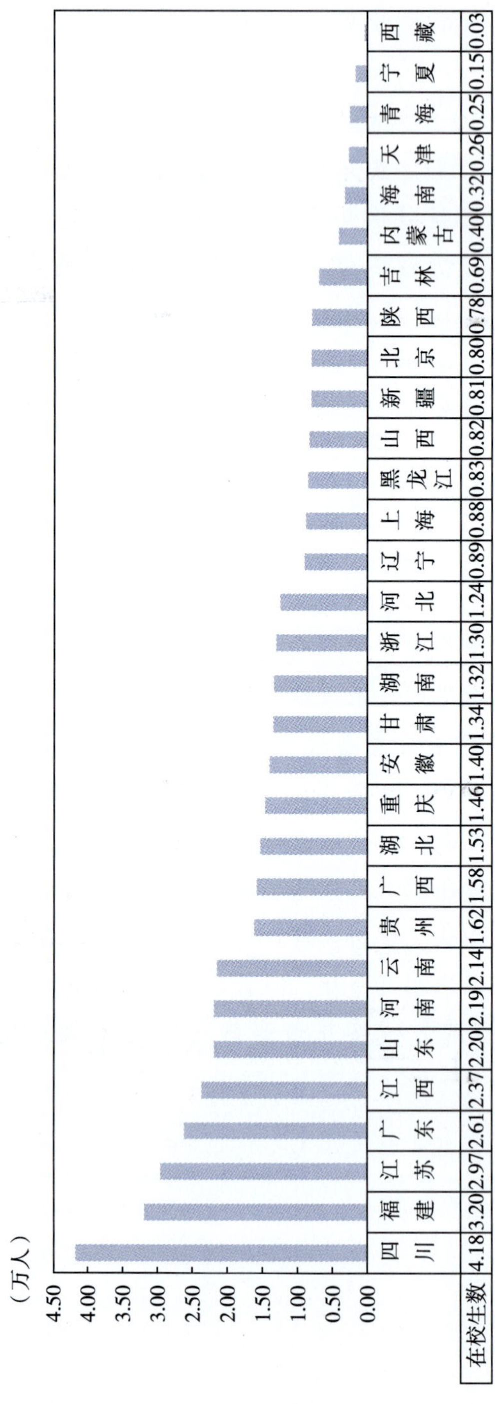

图3-2　2010年全国各省份残疾儿童在校生人数分布

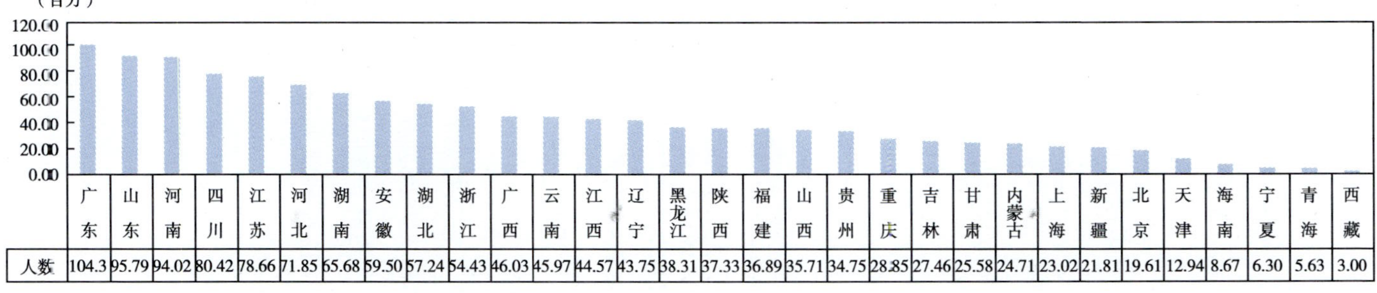

	广东	山东	河南	四川	江苏	河北	湖南	安徽	湖北	浙江	广西	云南	江西	辽宁	黑龙江
人数	104.3	95.79	94.02	80.42	78.66	71.85	65.68	59.50	57.24	54.43	46.03	45.97	44.57	43.75	38.31

	陕西	福建	山西	贵州	重庆	吉林	甘肃	内蒙古	上海	新疆	北京	天津	海南	宁夏	青海	西藏
人数	37.33	36.89	35.71	34.75	28.85	27.46	25.58	24.71	23.02	21.81	19.61	12.94	8.67	6.30	5.63	3.00

图3-3　2010年第六次全国人口普查分省份常住人口

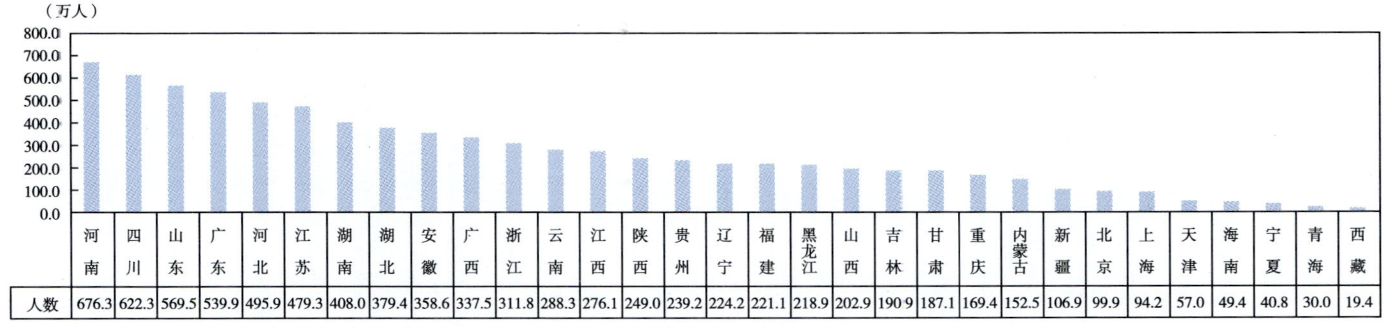

	河南	四川	山东	广东	河北	江苏	湖南	湖北	安徽	广西	浙江	云南	江西	陕西	贵州
人数	676.3	622.3	569.5	539.9	495.9	479.3	408.0	379.4	358.6	337.5	311.8	288.3	276.1	249.0	239.2

	辽宁	福建	黑龙江	山西	吉林	甘肃	重庆	内蒙古	新疆	北京	上海	天津	海南	宁夏	青海	西藏
人数	224.2	221.1	218.9	202.9	190.9	187.1	169.4	152.5	106.9	99.9	94.2	57.0	49.4	40.8	30.0	19.4

图3-4　2006年第二次全国残疾人抽样调查推算数据

（3）东部地区残疾儿童在校生人数：福建、江苏、广东、山东均超 2 万，天津不足 3 千

从东部地区 2010 年残疾儿童在校生人数来看，包括特殊教育学校、随班就读和特殊教育班残疾儿童在校生在内，东部地区福建残疾儿童在校生最多，其次是江苏、广东和山东，残疾儿童在校生最少的是海南和天津。参照各地常住人口数和残疾人口数，福建、江苏、上海、北京残疾儿童在校状况较好（图 3－5）。

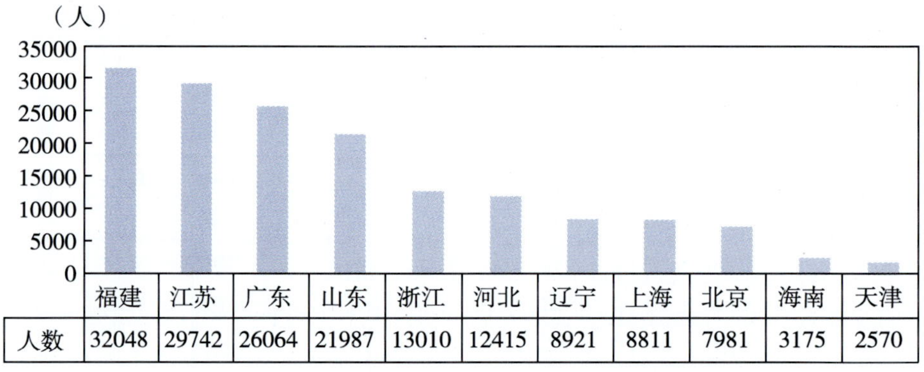

	福建	江苏	广东	山东	浙江	河北	辽宁	上海	北京	海南	天津
人数	32048	29742	26064	21987	13010	12415	8921	8811	7981	3175	2570

图 3－5　2010 年东部地区残疾儿童在校生人数分布

（4）中部各地残疾儿童在校生人数：江西、河南超 2 万，其余各省在 7 千至 1.5 万之间

从中部地区 2010 年残疾儿童在校生人数来看，包括特殊教育学校、随班就读和特殊教育班残疾儿童在校生在内，中部地区江西残疾儿童在校生最多，其次是河南，其余各省在校生人数为 7 千（吉林 6884 人）至 1.5 万之间。参照各地常住人口数和残疾人口数，江西在校残疾儿童人数较多（但该省未入学学龄残疾儿童人数也最多）（图 3－6）。

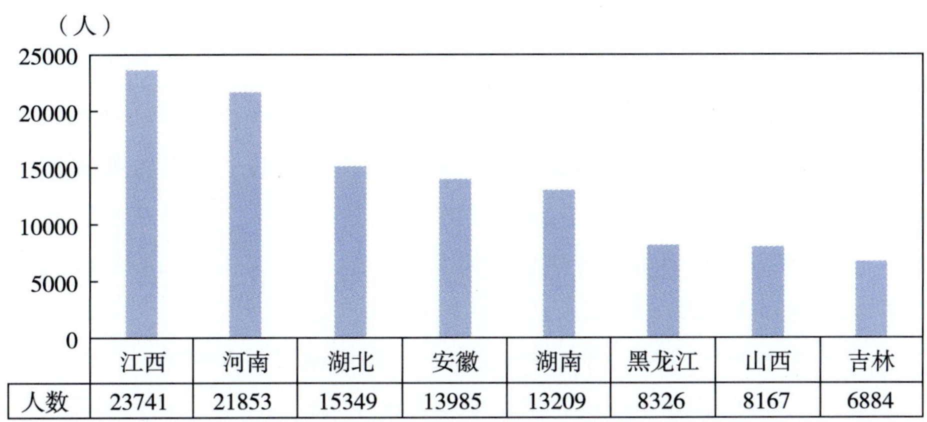

图 3－6　2010 年中部地区残疾儿童在校生人数分布

（5）西部各地残疾儿童在校生人数差异大：四川排首位超 4 万，西藏为 258 人

从西部地区 2010 年残疾儿童在校生人数来看，包括特殊教育学校、随班就读和特殊教育班残疾儿童在校生在内，西部地区四川残疾儿童在校生最多，超过了 4 万人，其次是云南，人口较少的省份如内蒙古、青海、宁夏和西藏的残疾儿童在校生也比较少（图 3－7）。

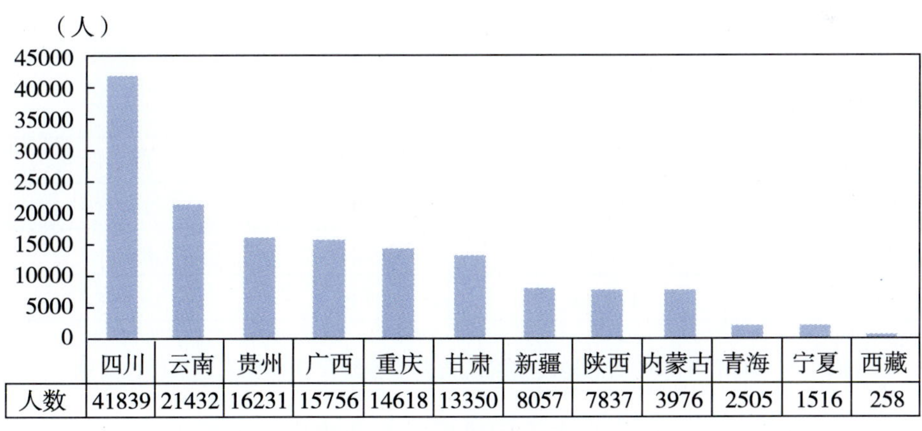

图 3－7　2010 年西部地区残疾儿童在校生人数分布

2. 东中西部残疾儿童在校生七成在小学，残疾学生高中教育滞后

（1）全国各阶段残疾儿童在校生人数分布：小学占七成，初中占两成多，高中极少

从全国2010年残疾儿童在校生人数分布阶段来看，包括特殊教育学校、随班就读和特殊教育班残疾儿童在校生在内，小学阶段在校生占七成，达30多万；初中阶段在校生占两成多，达11万多人；高中阶段人数最少，不到万人（图3-8）。

（2）东中西部残疾儿童高中教育滞后，东部地区相对较好

从东中西部2010年残疾儿童在校生人数分布阶段来看，包括特殊教育学校、随班就读和特殊教育班残疾儿童在校生在内，小学阶段占比均在七成左右，初中阶段占比两成多，高中阶段人数极少，其中，西部地区高中阶段人数占比最少。这反映出残疾人高中教育发展滞后，其中，西部地区残疾人高中教育最为落后（图3-8）。

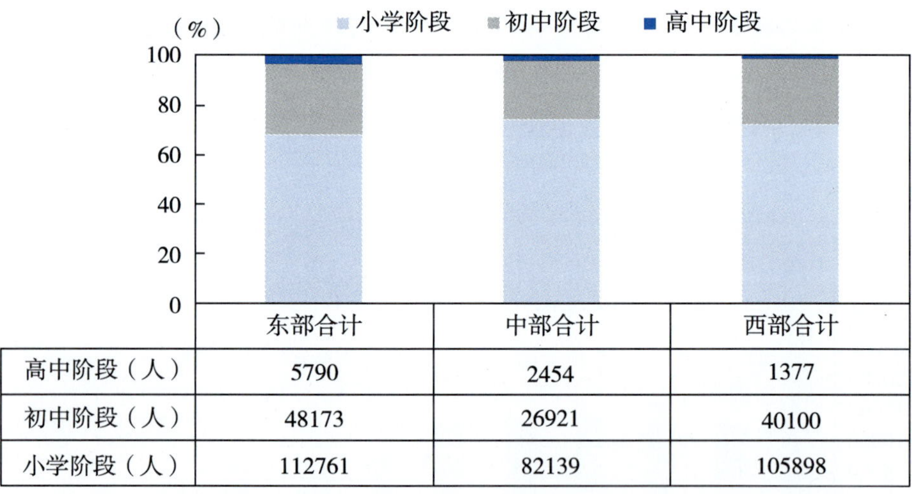

	东部合计	中部合计	西部合计
高中阶段（人）	5790	2454	1377
初中阶段（人）	48173	26921	40100
小学阶段（人）	112761	82139	105898

图3-8　2010年东中西部地区残疾儿童少年各阶段在校生人数及所占比例

（3）东部地区：福建小学阶段残疾儿童在校生数占首位，江苏初中、高中阶段残疾儿童在校生数占首位，上海残疾儿童初中教育全国领先

从东部地区2010年残疾儿童在校生人数分布阶段来看，包括特殊教育

学校、随班就读和特殊教育班残疾儿童在校生在内，福建小学阶段残疾儿童在校生人数占首位，江苏初中、高中阶段残疾儿童在校生人数占首位。此外，山东、广东、辽宁、上海和北京的残疾人高中教育发展相对较快。

值得一提的是，上海初中阶段的残疾儿童在校生人数超过了小学阶段，这在全国是特例，这一数据也反映了上海残疾儿童初中教育发展较快。从统计数据来看，上海小学六年级残疾儿童在校生人数仅有 10 人，说明许多残疾儿童在小学五年级升六年级的时候可能直接升入初中，或者部分初中阶段的残疾儿童适当延长了受教育年限，接受残疾人初级职业培训；从实践来看，上海初中随班就读及残疾儿童初级培训职业学校发展较好，这也是初中残疾儿童在校生人数不减反增的原因之一。有资料显示，自 1997 年以来，上海市陆续在杨浦区等 6 个区县开办了 6 所初级职业技术学校，专门招收已经在普通学校或在特殊教育学校接受过九年义务教育的轻度智力障碍儿童以及部分能够接受职业技术教育的中度智力障碍儿童①（图 3－9）。

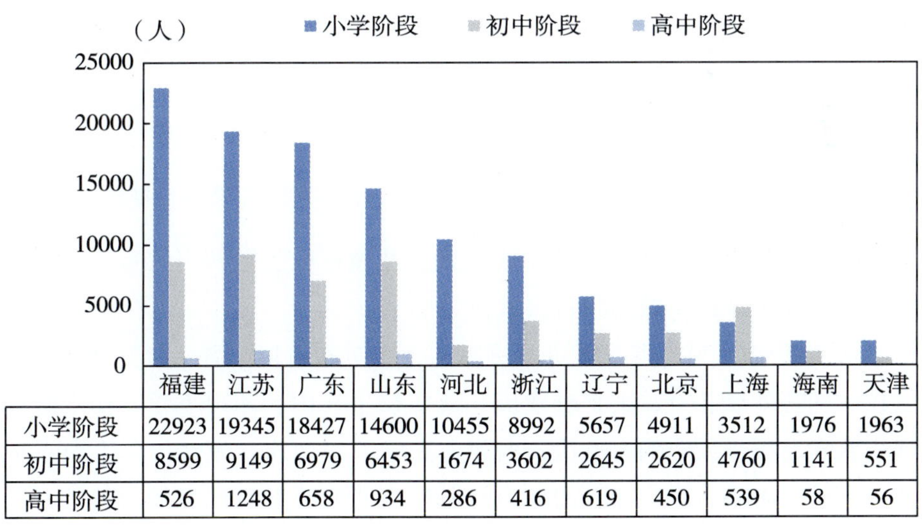

	福建	江苏	广东	山东	河北	浙江	辽宁	北京	上海	海南	天津
小学阶段	22923	19345	18427	14600	10455	8992	5657	4911	3512	1976	1963
初中阶段	8599	9149	6979	6453	1674	3602	2645	2620	4760	1141	551
高中阶段	526	1248	658	934	286	416	619	450	539	58	56

图 3－9　东部各省份各阶段在校生人数（按小学阶段人数降序排列）

① 丁素红．上海市普及智力障碍儿童高中阶段教育的必要性与可行性［J］．中国特殊教育，2009（12）：46.

（4）中部地区：小学阶段残疾儿童在校生数江西占首位，初中阶段残疾儿童在校生数河南占首位，高中阶段残疾儿童在校生数安徽占首位

从中部地区 2010 年残疾儿童在校生人数分布阶段来看，包括特殊教育学校、随班就读和特殊教育班残疾儿童在校生在内，小学阶段残疾儿童在校生人数江西占首位，初中阶段残疾儿童在校生人数河南占首位，高中阶段残疾儿童在校生人数安徽占首位。总体来看，除了安徽残疾人高中教育发展相对较好外，其他地区残疾人高中教育均发展滞后（图 3－10）。

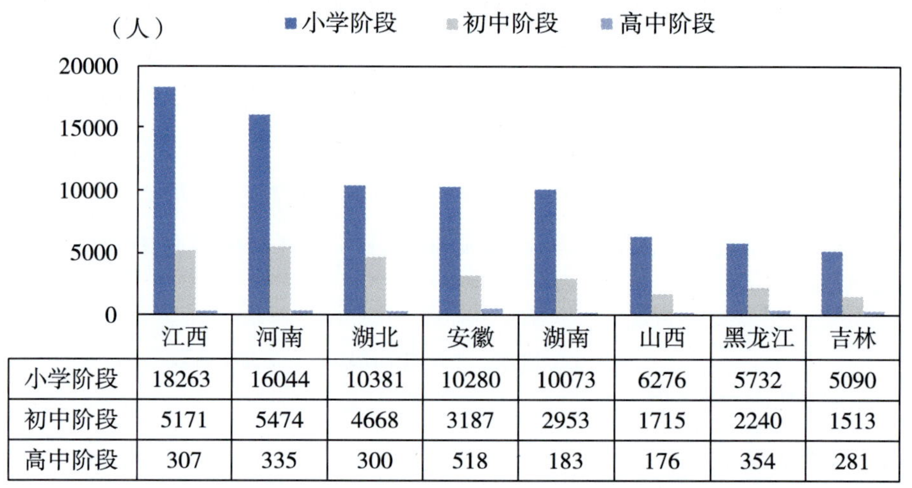

	江西	河南	湖北	安徽	湖南	山西	黑龙江	吉林
小学阶段	18263	16044	10381	10280	10073	6276	5732	5090
初中阶段	5171	5474	4668	3187	2953	1715	2240	1513
高中阶段	307	335	300	518	183	176	354	281

图 3－10　中部各省份各阶段在校生人数（按小学阶段人数降序排列）

（5）西部地区：小学、初中阶段残疾儿童在校生数四川占首位，高中阶段残疾儿童在校生数内蒙古占首位

从西部地区 2010 年残疾儿童在校生人数分布阶段来看，包括特殊教育学校、随班就读和特殊教育班残疾儿童在校生在内，四川小学、初中阶段残疾儿童在校生人数均占首位，内蒙古高中阶段残疾儿童在校生人数占首位。另外，新疆、重庆和云南初中阶段残疾儿童受教育状况相对较好，其他地区发展滞后（图 3－11）。

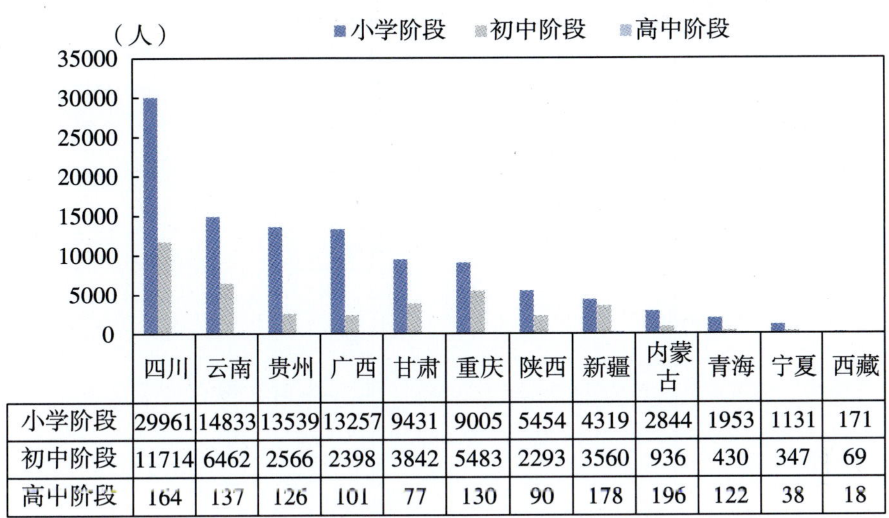

	四川	云南	贵州	广西	甘肃	重庆	陕西	新疆	内蒙古	青海	宁夏	西藏
小学阶段	29961	14833	13539	13257	9431	9005	5454	4319	2844	1953	1131	171
初中阶段	11714	6462	2566	2398	3842	5483	2293	3560	936	430	347	69
高中阶段	164	137	126	101	77	130	90	178	196	122	38	18

图 3－11　西部各省份各阶段在校生人数（按小学阶段人数降序排列）

（二）各地区未入学学龄残疾儿童少年人数状况

1. 全国排序：中部三省西部四省均有 8 千以上未入学学龄残疾儿童少年，京津沪三市合计未入学学龄残疾儿童少年有千余人

从全国来看，2011 年共有未入学学龄残疾儿童少年 12.65 万人，其中，江西、河南、安徽、广西、四川、贵州和陕西共七省均有 8 千以上未入学学龄残疾儿童少年，其中，前三位均属于中部地区，江西排第一位（12091 人），河南排第二位（9789 人），安徽排第三位（8767 人）；上海、天津、北京未入学学龄残疾儿童少年人数较少，三市合计有未入学学龄残疾儿童少年千余人，其中上海最少，仅有 112 人（图 3－12）。

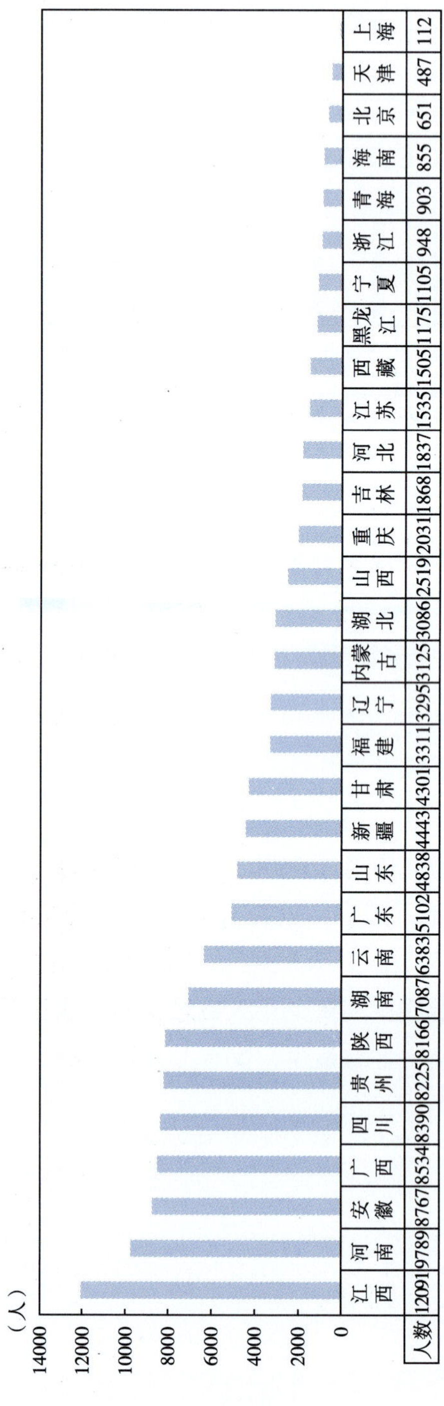

	江西	河南	安徽	广西	四川	贵州	陕西	湖南	云南	广东
人数	12091	9789	8767	8534	8390	8225	8166	7087	6383	5102

	山东	新疆	甘肃	福建	辽宁	内蒙古	湖北	山西	重庆	吉林
人数	4838	4443	4301	3311	3295	3125	3086	2519	2031	1868

	河北	江苏	西藏	黑龙江	宁夏	浙江	青海	海南	北京	天津	上海
人数	1837	1535	1505	1175	1105	948	903	855	651	487	112

图3-12 2011年各省份学龄残疾儿童少年未入学人数

2. 地区分布：未入学人数西部地区占四成多，中部地区接近四成，东部地区占比18%

从地区来看，未入学学龄残疾儿童少年集中在西部与中部，2011 年度西部地区合计约有 5.71 万人未入学，占比 45%；其次是中部地区，约有 4.64 万残疾儿童未入学，占比 37%；东部地区约有 2.30 万人未入学，占比 18%。从年度来看，西部未入学人数 2010 年未入学人数占全国未入学人数的 55%，而 2011 年的占比即下降到 45%，但中部的占比却由 2010 年的 29% 上升为 2011 年的 37%。这说明西部地区特殊教育学校建设力度较大，促进了残疾儿童的入学，但中部地区发展速度较慢（图 3－13）。

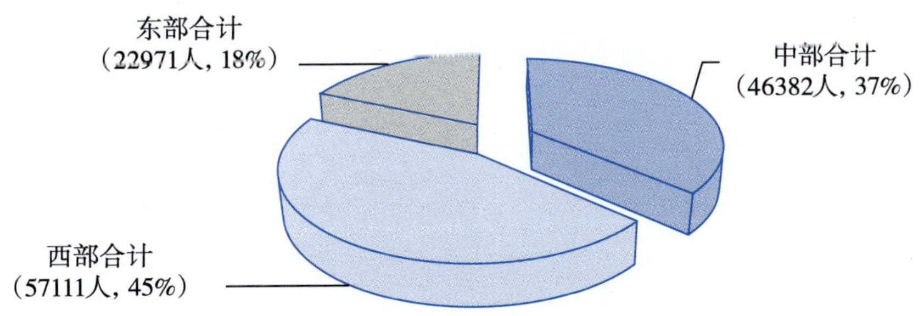

图 3－13　2011 年各地区学龄残疾儿童少年未入学人数

3. 东部地区：学龄残疾儿童少年未入学人数集中于广东、山东、福建和辽宁

从东部地区来看，2011 年未入学学龄残疾儿童少年集中在人口大省广东和山东，其次是福建、辽宁等地区。从直辖市来看，上海未入学学龄残疾儿童少年人数少于北京和天津（图 3－14）。

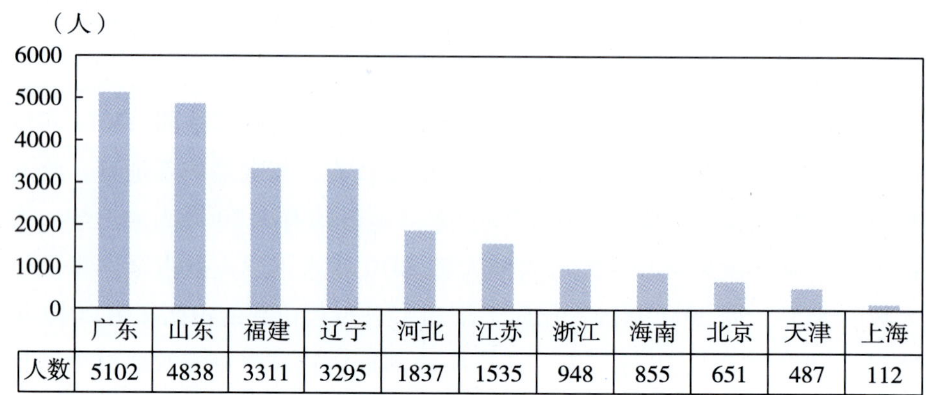

图 3－14　2011 年东部地区学龄残疾儿童少年未入学人数

4. 中部地区：学龄残疾儿童少年未入学人数集中于江西、河南、安徽和湖南

从中部地区来看，2011 年未入学学龄残疾儿童少年集中在江西与河南，其次是安徽和湖南等省份。吉林和黑龙江未入学人数在两千人以下（图 3－15）。

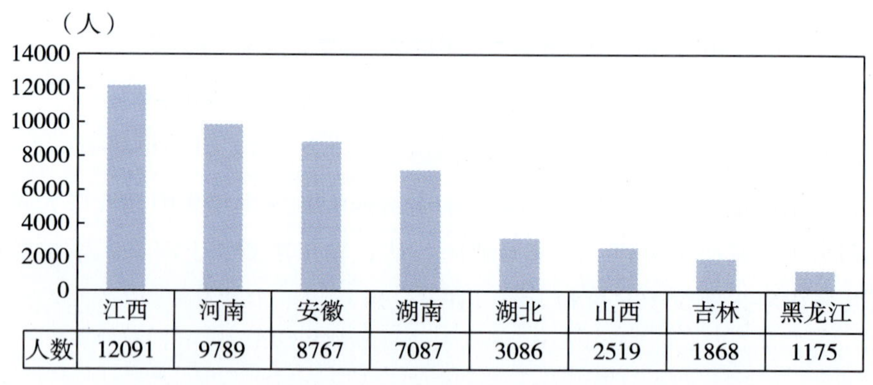

图 3－15　2011 年中部地区学龄残疾儿童少年未入学人数

5. 西部地区：学龄残疾儿童少年未入学人数集中于广西、四川、贵州、陕西和云南

从西部地区来看，2011 年未入学学龄残疾儿童少年集中在广西、四川、贵州、陕西和云南，其次是新疆、甘肃和内蒙古等省份。西藏、宁夏

与青海未入学人数相对较少（图 3－16）。

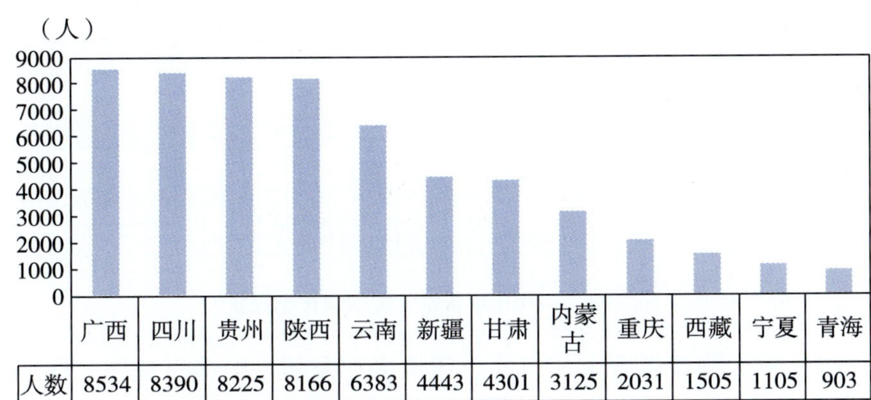

图 3－16　2011 年西部地区学龄残疾儿童少年未入学人数

二、地方特殊教育学校的发展现状

（一）地方特殊教育学校的分布状况

1. 东中西部特殊教育学校数量分布不均，河北特殊教育学校相对最多

（1）全国特殊教育学校分布：河北、山东、河南、江苏、四川均超过百所，宁夏、海南、西藏合计 12 所

2010 年全国共有特殊教育学校 1706 所，超过百所的地区有河北、山东、河南、江苏、四川五个省份，其中，河北、山东各有特殊教育学校 149 所和 145 所。宁夏、海南、西藏特殊教育学校数量较少，分别为 7 所、3 所和 2 所。参照 2006 年各地区残疾人口数，总体来看，除广东外，残疾人口较多的地区特殊教育学校也比较多，残疾人口较少的地区特殊教育学校也比较少。参照 2010 年残疾儿童在校生数，发现福建、江西、云南残疾儿童在校生人数较多，但特殊教育学校少。残疾儿童的教育安置形式以特殊教育学校和普通学校随班就读为主，这说明这些地区随班就读发展较快，许多残疾儿童在普通学校随班就读（图 3－17）。

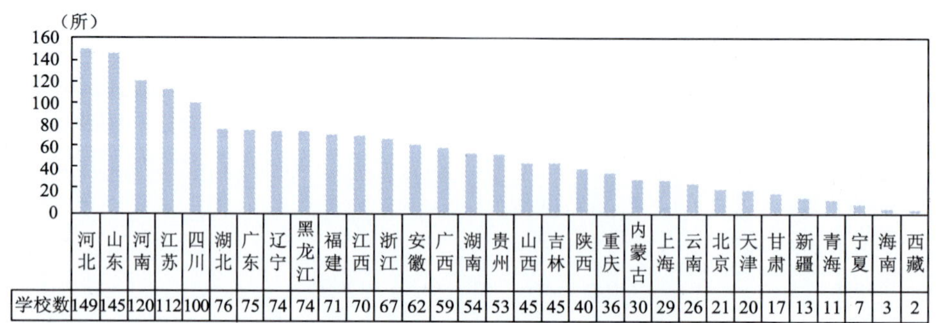

图 3－17　2010 年各省份特殊教育学校数

（2）地区特殊教育学校分布：四成多在东部，中部三成多，西部两成多

从地区分布来看，2010 年特殊教育学校 45%（766 所）集中在东部地区，32%（546 所）集中在中部地区，23%（394 所）集中在西部地区。学校分布与各地区残疾儿童在校生人数分布比例基本一致（图 3－18）。

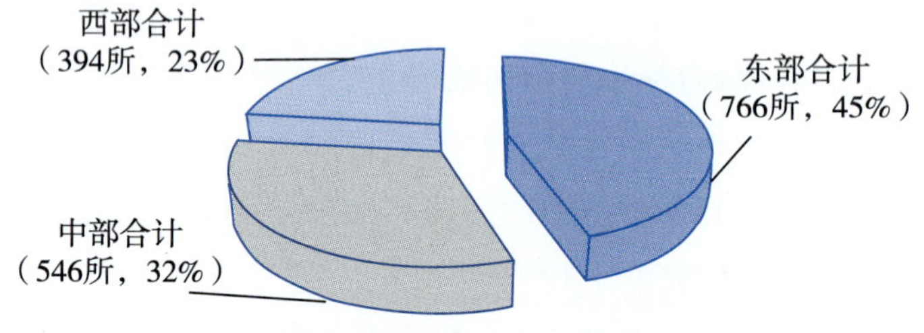

图 3－18　2010 年各地区特殊教育学校分布

（3）各地区人口数与特殊教育学校数的比例：全国均值 79，海南最高，河北最低

将各地人口数与特殊教育学校数进行比照，可以侧面反映特殊教育学校数量的多少。从 2010 年各地人口数与特殊教育学校数的比值来看，全国均值是 79，即每 79 万人拥有一所特殊教育学校，比值在 79 以上的省份有 15 个，比值在 100 以上的省份有 7 个，分别是海南、云南、新疆、西藏、甘肃、广东和湖南，比值在 79 以下的省份有 16 个，其中，比值最小的是

河北（48）。可以看出，河北、青海、福建、黑龙江、辽宁等省份特殊教育学校数量比例在全国排在前列。对于比值较大的地区，要么需要加强特殊教育学校建设，要么需要加强随班就读工作，或者要两者兼顾，以为更多的残疾儿童提供入学机会（图 3－19）。

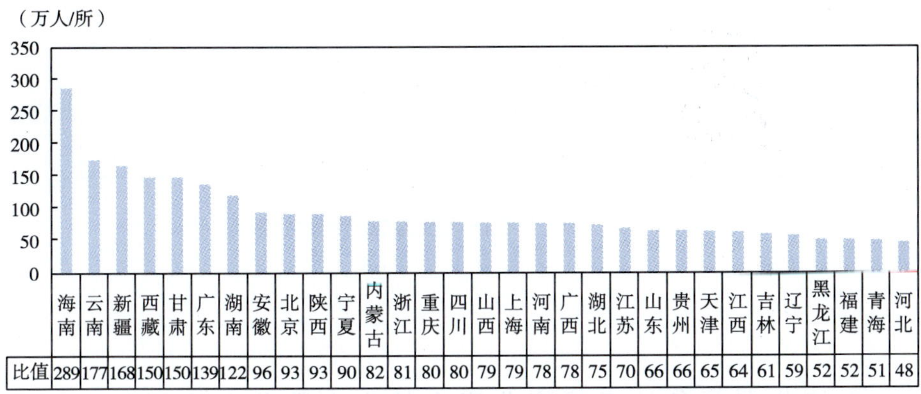

	海南	云南	新疆	西藏	甘肃	广东	湖南	安徽	北京	陕西	宁夏	内蒙古	浙江	重庆	四川	山西	上海	河南	广西	湖北	江苏	山东	贵州	天津	江西	吉林	辽宁	黑龙江	福建	青海	河北
比值	289	177	168	150	150	139	122	96	93	93	90	82	81	80	80	79	79	78	78	75	70	66	66	65	64	61	59	52	52	51	48

图 3－19　2010 年各省常住人口数与特殊教育学校数的比值

2. 各地区特殊教育学校分布具体状况

（1）东部地区：河北、山东和江苏特殊教育学校发展较快，海南特殊教育学校亟待发展

从东部地区来看，2010 年河北、山东和江苏特殊教育学校数量均超过百所，其中河北最高，有 149 所；除上海、北京、天津外，海南特殊教育学校数量最少。从常住人口拥有特殊教育学校数量来看，河北、福建拥有率较高，海南拥有率最低，每 289 万人才拥有一所特殊教育学校，说明海南特殊教育学校尚待发展（图 3－20、图 3－21）。

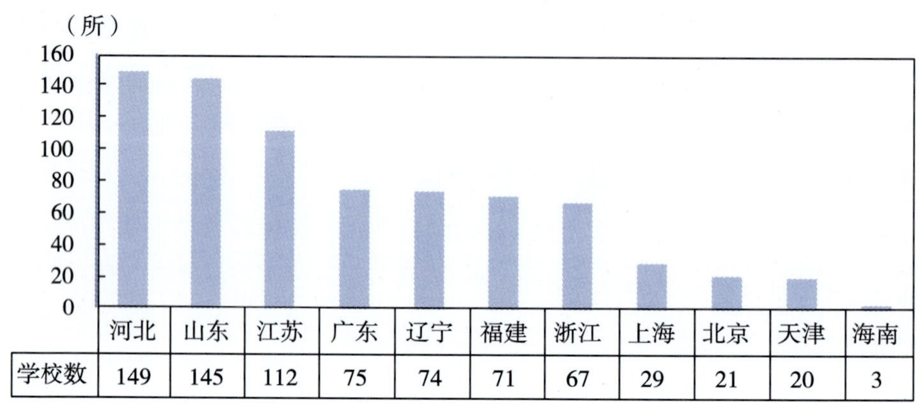

图 3－20　2010 年东部地区特殊教育学校数量

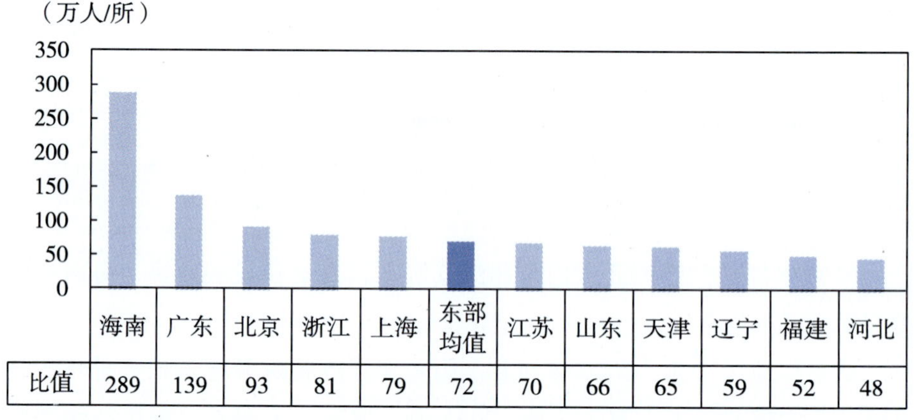

图 3－21　2010 年东部地区常住人口数与特殊教育学校数的比值

（2）中部地区：河南特殊教育学校总数多，湖南、安徽特殊教育学校有待发展

从中部地区来看，2010 年河南特殊教育学校数量均超过百所，其他地区特殊教育学校数量在 45—76 所之间。从常住人口拥有特殊教育学校数量来看，黑龙江、吉林和江西拥有率较高，湖南、安徽拥有率较低，其中，湖南每 122 万人拥有一所特殊教育学校，说明湖南、安徽特殊教育学校有待发展（图 3－22、图 3－23）。

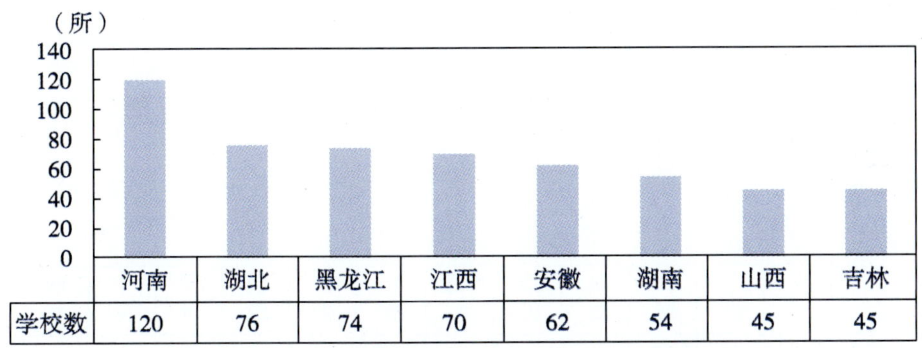

图 3－22　2010 年中部地区特殊教育学校数量

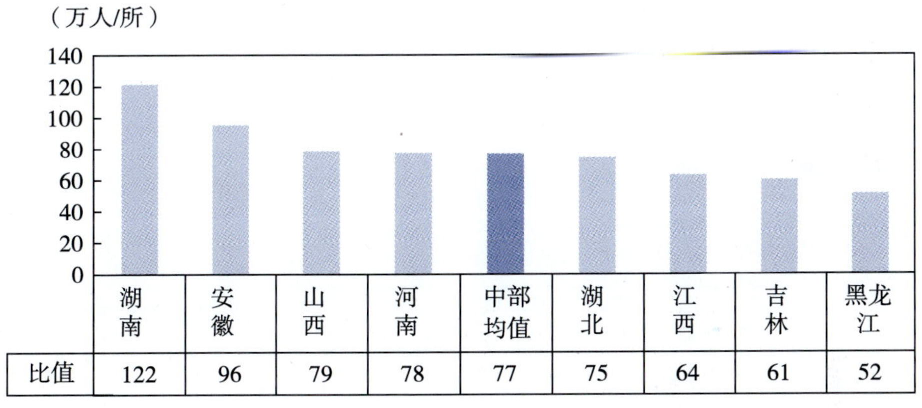

图 3－23　2010 年中部地区常住人口数与特殊教育学校数的比值

（3）西部地区：四川特殊教育学校数量较多，云南、新疆、西藏、甘肃特殊教育学校尚待发展

从西部地区来看，2010 年四川特殊教育学校数量有 100 百所，其他地区特殊教育学校数量不等，青海、宁夏和西藏特殊教育学校极少。从常住人口拥有特殊教育学校数量来看，青海和贵州拥有率较高，云南、新疆、西藏和甘肃拥有率较低，每 150 万至 177 万人才拥有一所特殊教育学校，说明云南、新疆、西藏和甘肃特殊教育学校尚待发展（图 3－24、图 3－25）。

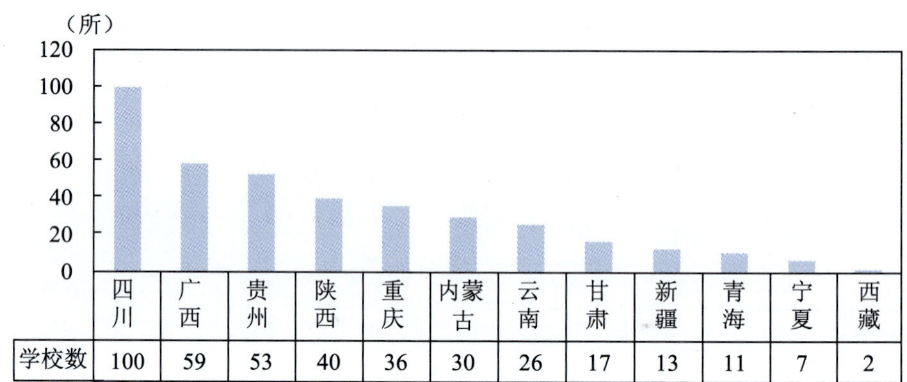

	四川	广西	贵州	陕西	重庆	内蒙古	云南	甘肃	新疆	青海	宁夏	西藏
学校数	100	59	53	40	36	30	26	17	13	11	7	2

图 3－24　2010 年西部地区特殊教育学校数量

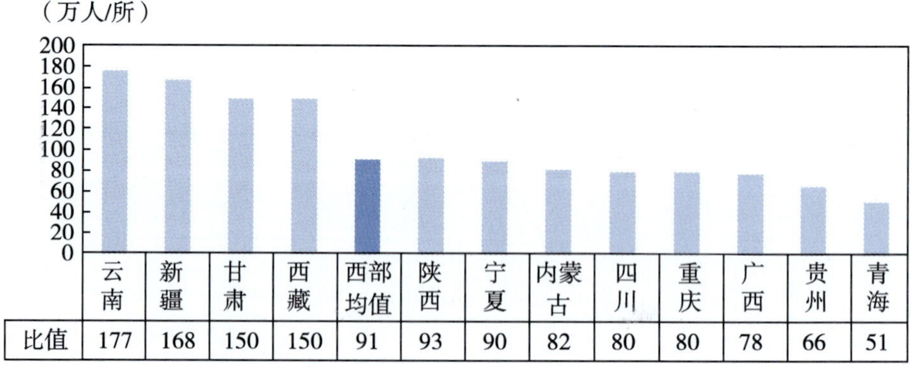

	云南	新疆	甘肃	西藏	西部均值	陕西	宁夏	内蒙古	四川	重庆	广西	贵州	青海
比值	177	168	150	150	91	93	90	82	80	80	78	66	51

图 3－25　2010 年西部地区常住人口数与特殊教育学校数的比值

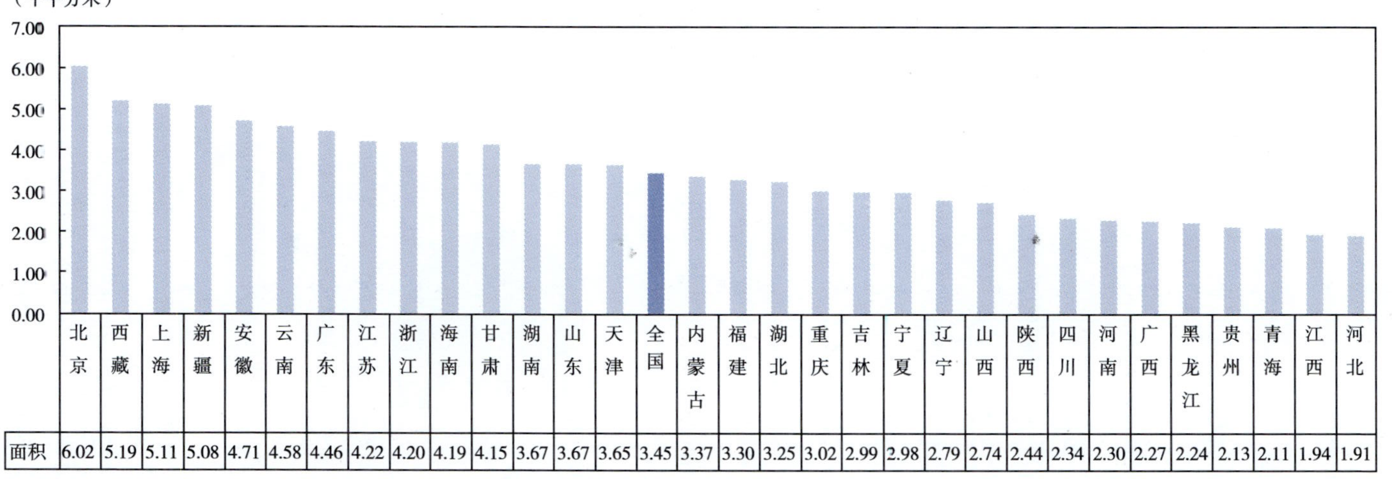

	北京	西藏	上海	新疆	安徽	云南	广东	江苏	浙江	海南	甘肃	湖南	山东	天津	全国	内蒙古	福建	湖北	重庆	吉林	宁夏	辽宁	山西	陕西	四川	河南	广西	黑龙江	贵州	青海	江西	河北
面积	6.02	5.19	5.11	5.08	4.71	4.58	4.46	4.22	4.20	4.19	4.15	3.67	3.67	3.65	3.45	3.37	3.30	3.25	3.02	2.99	2.98	2.79	2.74	2.44	2.34	2.30	2.27	2.24	2.13	2.11	1.94	1.91

图3-26　2010年各省份平均每所特殊教育学校校舍建筑面积①

① 平均每所特殊教育学校校舍建筑面积由研究者计算：各地平均每所特殊教育学校校舍建筑面积=当地特殊教育学校校舍建筑面积总和/当地特殊教育学校数；图3-28、图3-29和图3-30计算方法与本图相同。

（二）地方特殊教育学校的办学条件

1. 东部特殊教育学校平均校舍建筑面积高于中西部

（1）全国平均每所特殊教育学校校舍建筑面积3.45千平方米，北京、西藏和上海列前三位

从全国来看，2010年全国平均每所特殊教育学校校舍建筑面积3.45千平方米，高于全国均值的地区有14个，超过5千平方米的地区有11个，超过5千平方米的地区有4个，其中，北京平均每所特殊教育学校校舍建筑面积达6.02千平方米，是全国最高值，西藏（5.20）、上海（5.11）位居其次。河北、江西、青海等省份平均每所特殊教育学校校舍建筑面积较小，其中河北、江西平均每所特殊教育学校校舍建筑面积不到2千平方米（图3－26）。

（2）特殊教育学校校舍面积地区分布：东部占五成，中部占三成，西部占两成

2010年特殊教育学校校舍建筑面积总计538万平方米，从地区分布来看，东部占51%，中部占29%，西部占20%（图3－27）。

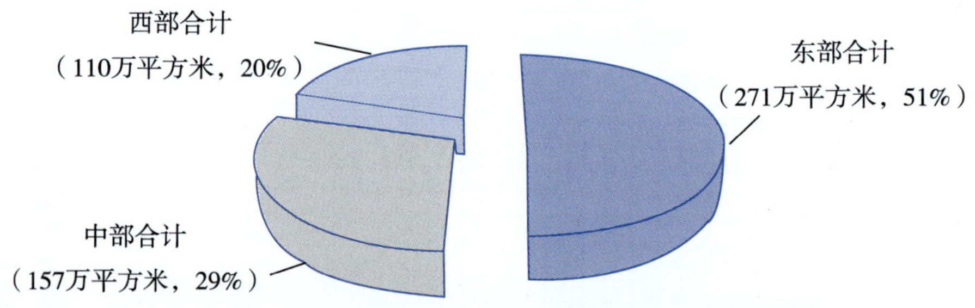

图3－27　2010年特殊教育学校校舍建筑面积地区分布

（3）东部地区：平均每所特殊教育学校校舍建筑面积3.53千平方米，略高于全国均值

从地区来看，2010年东部平均每所特殊教育学校校舍建筑面积3.53千平方米，略高于全国均值（3.45）。高于东部均值的地区有8个，其中，北京最高（6.02），上海（5.11）排第二。平均每所特殊教育学校校舍建筑面积最少的是河北（1.91），其次是辽宁（2.79）（图3－28）。

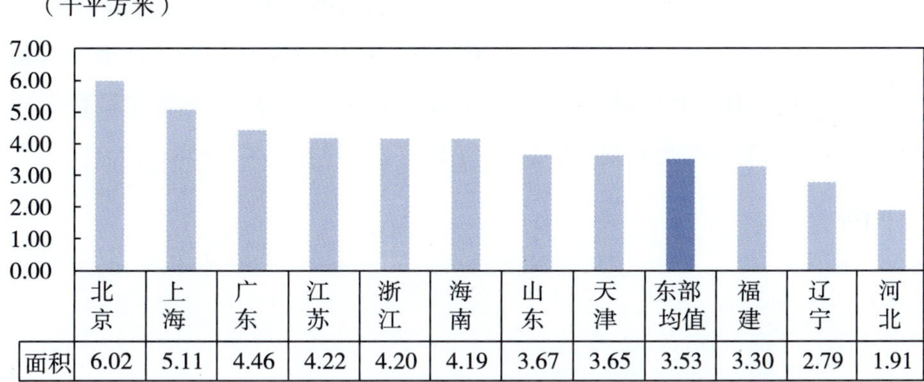

	北京	上海	广东	江苏	浙江	海南	山东	天津	东部均值	福建	辽宁	河北
面积	6.02	5.11	4.46	4.22	4.20	4.19	3.67	3.65	3.53	3.30	2.79	1.91

图 3－28　东部地区平均每所特殊教育学校校舍建筑面积

（4）中部地区：平均每所特殊教育学校校舍建筑面积 2.88 千平方米，低于全国均值

从地区来看，2010 年中部平均每所特殊教育学校校舍建筑面积 2.88 千平方米，低于全国均值（3.45）。高于中部均值的地区有 4 个，其中，安徽最高，达 4.71 千平方米。平均每所特殊教育学校校舍建筑面积最少的是江西（1.94）（图 3－29）。

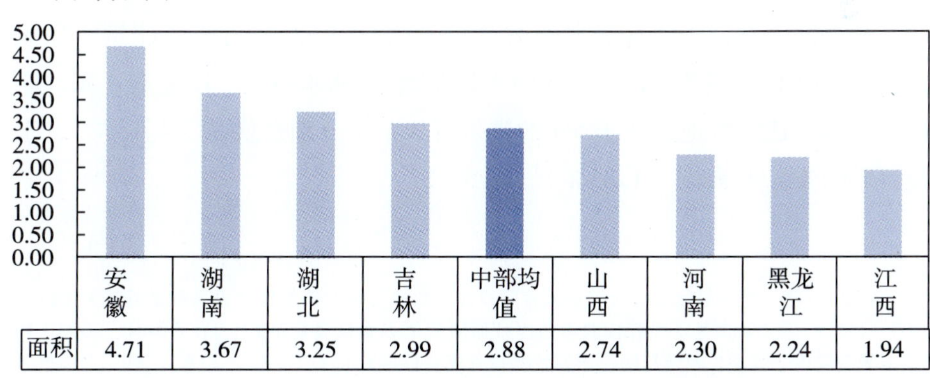

	安徽	湖南	湖北	吉林	中部均值	山西	河南	黑龙江	江西
面积	4.71	3.67	3.25	2.99	2.88	2.74	2.30	2.24	1.94

图 3－29　中部地区平均每所特殊教育学校校舍建筑面积

（5）西部地区：平均每所特殊教育学校校舍建筑面积 2.79 千平方米，低于全国均值

从地区来看，2010 年西部平均每所特殊教育学校校舍建筑面积 2.79 千平方米，低于全国均值（3.45）。高于西部均值的地区有 7 个，其中，西藏最高（5.20），其次是新疆（5.08）、云南（4.58）。平均每所特殊教育学校校舍建筑面积最少的是青海（2.11）与贵州（2.13）（图 3 –30）。

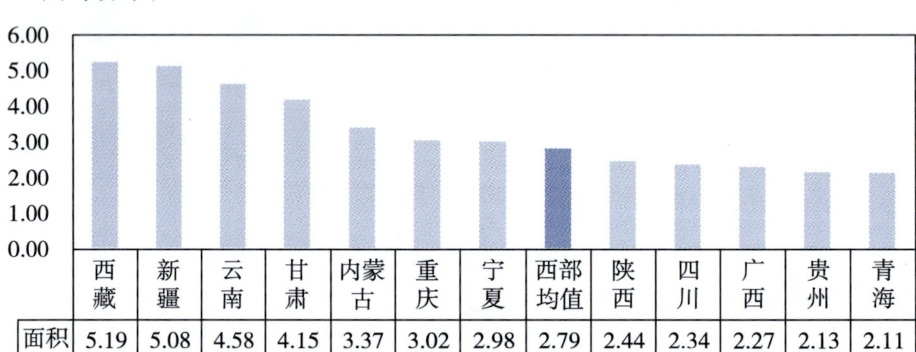

	西藏	新疆	云南	甘肃	内蒙古	重庆	宁夏	西部均值	陕西	四川	广西	贵州	青海
面积	5.19	5.08	4.58	4.15	3.37	3.02	2.98	2.79	2.44	2.34	2.27	2.13	2.11

图 3 –30　西部地区平均每所特殊教育学校校舍建筑面积

2. 东部特殊教育学校专用教室面积占校舍建筑面积均值高于中西部

（1）专用教室面积占校舍建筑面积比例全国排序，上海最高，海南最低

从全国来看，2010 年特殊教育学校专用教室[①]面积占校舍建筑面积比例超过 10% 的省份有 11 个，其中上海最高（19.40%），其次是青海、安徽、江苏、辽宁等地；低于 5% 的省份有 3 个，分别是陕西（4.18%）、宁夏（3.05%）与海南（1.85%）（图 3 –31）。

---

① 2010 年，教育部发布了《义务教育阶段盲校教学与医疗康复仪器设备配备标准》（JY/T 0403 –2009）、《义务教育阶段聋校教学与医疗康复仪器设备配备标准》（JY/T 0404 –2009）和《义务教育阶段培智学校教学与医疗康复仪器设备配备标准》（JY/T 0405 –2009），这三个标准分别规定了义务教育阶段三类特殊教育学校的普通教室、学科教学、康复训练、资源中心和职业技术教育仪器设备的配备要求。除普通教室外，三类特殊教育学校要配备专用教室，例如，培智学校要配备感觉统合训练、言语—语言康复、音乐治疗等康复教室和缝纫、烹饪、家政服务、计算机应用等专用教室。专用教室的场地与配备影响着残疾儿童的康复训练效果。参见：教育部关于发布《义务教育阶段盲校教学与医疗康复仪器设备配备标准》等三个教育行业标准的通知［EB/OL］.［2010 –04 –12］. http：//www. edu. cn/ji_ shu_ 776/20100412/t20100412_ 464182. shtml.

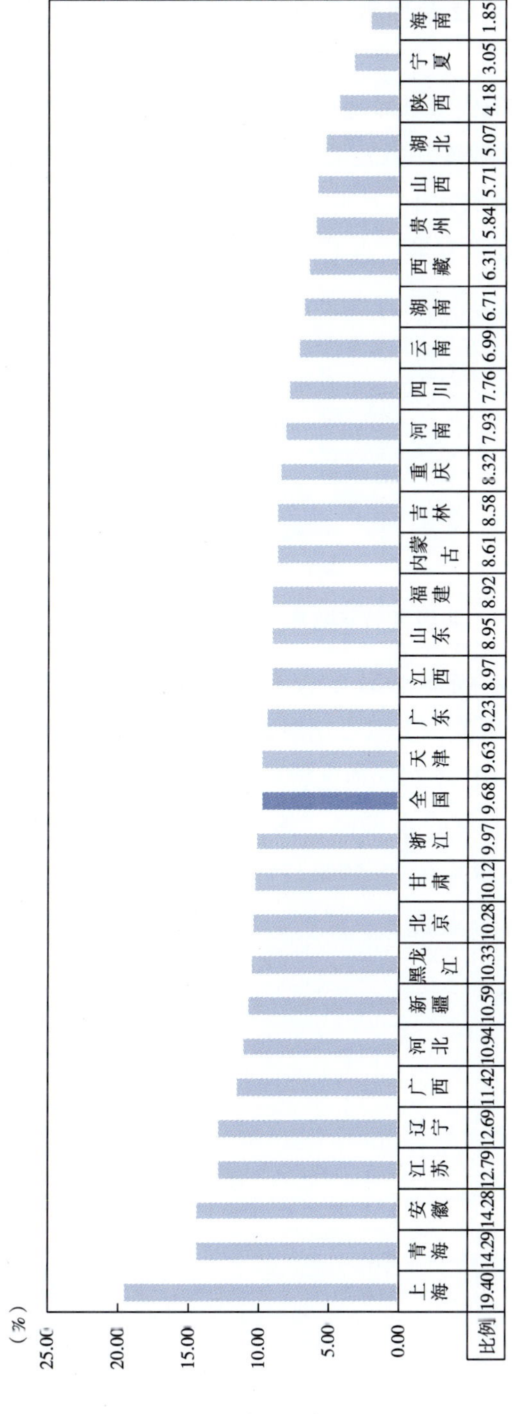

图3-31　2010年各省份特殊教育学校专用教室面积占校舍建筑面积的比例

（2）特殊教育学校专用教室面积地区状况：东部占 57%，中部占 26%，西部占 17%

从地区来看，2010 年东部地区特殊教育学校专用教室面积共 29 万平方米，占特殊教育学校专用教室总面积的 57%，接近六成；中部地区特殊教育学校专用教室面积共 14 万平方米，占 26%；西部地区特殊教育学校专用教室面积共 9 万平方米，占 17%（图 3 – 32）。

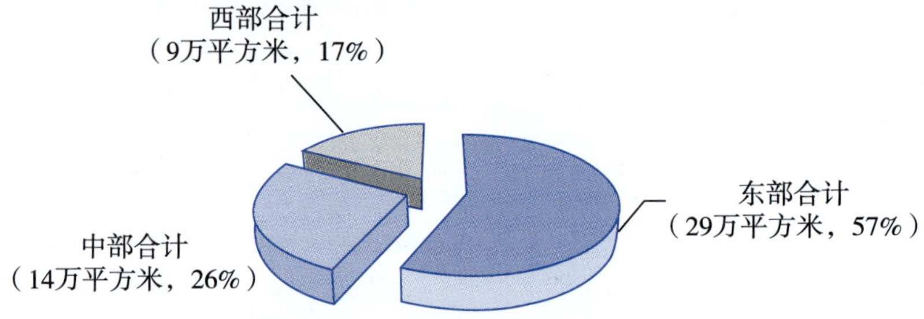

图 3 – 32　2010 年特殊教育学校专用教室面积地区分布

（3）东部地区：特殊教育学校专用教室面积占校舍建筑面积均值 10.13%，高于全国均值，上海占比最大，海南专用教室面积亟待增加

从东部来看，2010 年东部地区特殊教育学校专用教室面积占校舍建筑面积比例超过 10% 的有 6 个省份，其中，排前三位的上海占比 19.40%，江苏、辽宁各占 12.79% 和 12.69%。特殊教育学校专用教室面积占校舍建筑面积比例最少的地区是海南，说明海南专用教室面积亟待增加。其他省份差异不太大。

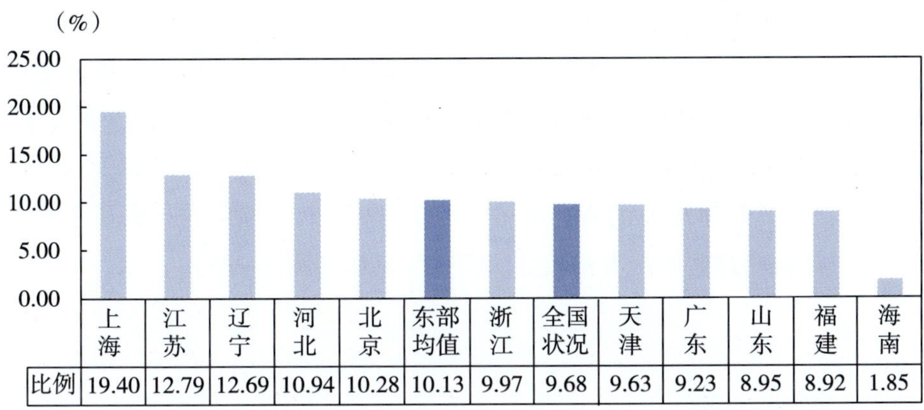

	上海	江苏	辽宁	河北	北京	东部均值	浙江	全国状况	天津	广东	山东	福建	海南
比例	19.40	12.79	12.69	10.94	10.28	10.13	9.97	9.68	9.63	9.23	8.95	8.92	1.85

图 3－33　2010 年东部地区特殊教育学校专用教室面积占校舍建筑面积的比例

（4）中部地区：特殊教育学校专用教室面积占校舍建筑面积均值 8.73%，低于全国均值，安徽占比最大

从中部来看，2010 年中部地区特殊教育学校专用教室面积占校舍建筑面积比例超过全国均值 9.68% 的有 2 个省份，依次是安徽（14.28%）和黑龙江（10.33%），中部均值是 8.73%，低于均值的地区有 5 个，其中山西（5.71%）和湖北（5.07%）占比较低。低于均值的地区专用教室面积有待增加，否则难以满足特殊儿童的教育和康复需求（图 3－34）。

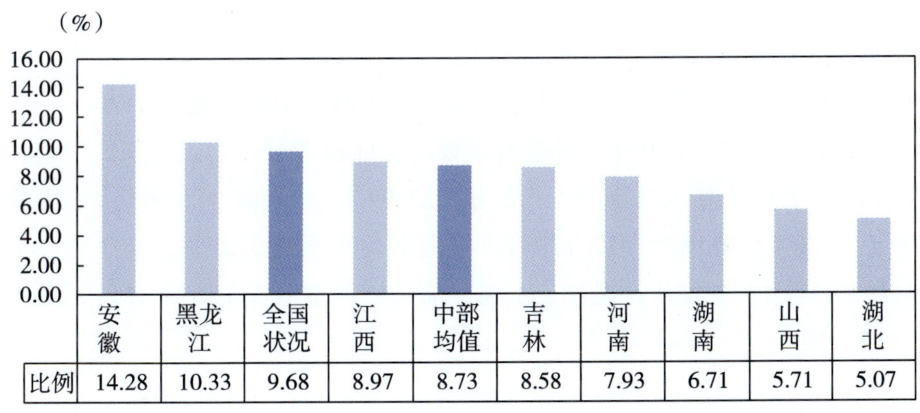

	安徽	黑龙江	全国状况	江西	中部均值	吉林	河南	湖南	山西	湖北
比例	14.28	10.33	9.68	8.97	8.73	8.58	7.93	6.71	5.71	5.07

图 3－34　2010 年中部地区特殊教育学校专用教室面积占校舍建筑面积的比例

（5）西部地区：青海、广西、新疆和甘肃特殊教育学校专用教室面积

高于全国，陕西、宁夏专用教室面积亟待增加

从西部来看，2010 年西部地区特殊教育学校专用教室面积占校舍建筑面积比例超过全国均值 9.68% 的有 4 个省份，依次是青海（14.29%）、广西（11.42%）、新疆（10.59%）和甘肃（10.12%）。西部均值是 8.10%，低于西部均值的省份有 6 个，其中贵州、陕西和宁夏占比都在 6% 以下，说明这些省份专用教室面积有待增加（图 3－35）。

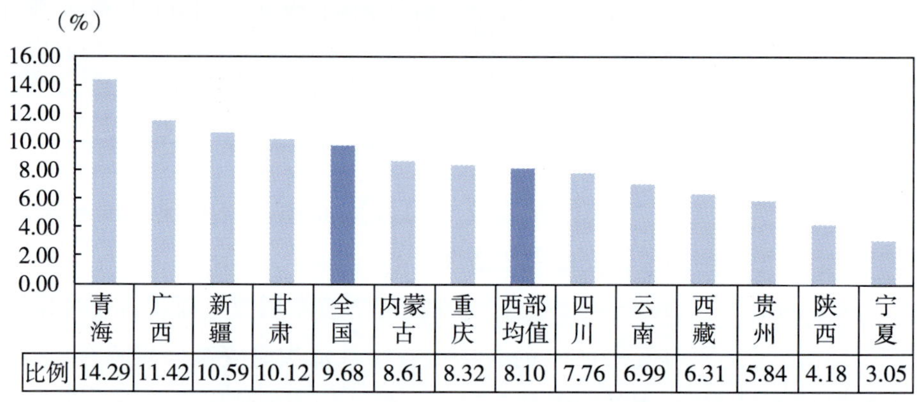

	青海	广西	新疆	甘肃	全国	内蒙古	重庆	西部均值	四川	云南	西藏	贵州	陕西	宁夏
比例	14.29	11.42	10.59	10.12	9.68	8.61	8.32	8.10	7.76	6.99	6.31	5.84	4.18	3.05

图 3－35　2010 年西部地区特殊教育学校专用教室面积占校舍建筑面积的比例

3. 特殊教育学校危房总面积中部最大，危房面积占校舍面积比例西部最高

（1）危房面积占校舍建筑面积比例全国排序：甘肃、青海、云南、内蒙古、湖北列前五位，天津、上海、海南、西藏、宁夏五地无危房

从全国来看，2010 年特殊教育学校危房面积占校舍建筑面积比例列前五位的依次是甘肃（33.96%）、青海（25.99%）、云南（25.49%）、内蒙古（17.71%）和湖北（17.11%）；全国平均水平是 5.27%，高于全国平均水平的有 13 个省份；天津、上海、海南、西藏、宁夏 5 个省份无危房（图 3－36）。

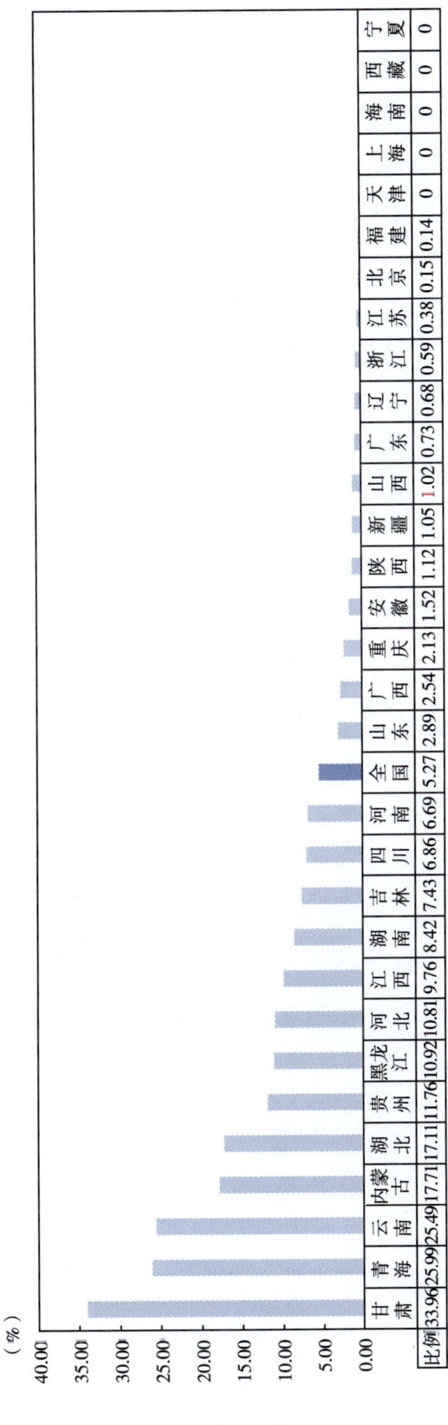

	甘肃	青海	云南	内蒙古	湖北	贵州	黑龙江	河北	江西	湖南	吉林	四川	河南	全国	山东	广西	重庆	安徽	陕西	新疆	山西	广东	辽宁	浙江	江苏	北京	福建	天津	上海	海南	西藏	宁夏
比例	33.96	25.99	25.49	17.71	17.11	11.76	10.92	10.81	9.76	8.42	7.43	6.86	6.69	5.27	2.89	2.54	2.13	1.52	1.12	1.05	1.02	0.73	0.68	0.59	0.38	0.15	0.14	0	0	0	0	0

图3-36　2010年各省份特殊教育学校危房面积占校舍建筑面积的比例

（2）危房总面积中部最大，危房面积占校舍面积比例西部最高，中部次之，东部最少

从地区来看，2010年特殊教育学校危房面积占校舍建筑面积比例西部最高，达9.09%，中部次之（7.64%），东部最少（2.21%）。从危房总面积来看，中部危房面积最大，为12万平方米，其次是西部，为10万平方米，东部有6万平方米（图3－37）。

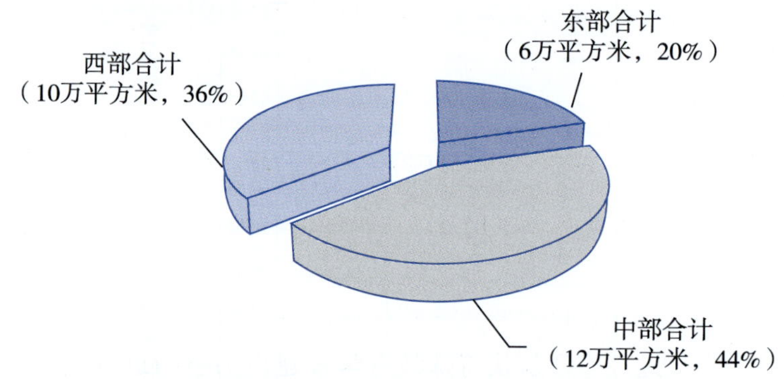

图3－37 2010年特殊教育学校危房面积地区分布

（3）东部地区：特殊教育学校危房面积占校舍面积比例低于全国水平，河北最高

从东部来看，东部均值为2.11%，低于全国均值5.27%。2010年特殊教育学校危房面积占校舍建筑面积比例河北最高（10.81%），而且河北也是东部地区超过全国均值的唯一地区；东部均值是2.11%，有6个地区特殊教育学校危房面积占校舍建筑面积比例低于1%，天津、上海、海南三地无危房。总体而言，除河北和山东之外，东部地区特殊教育学校危房面积占比都比较低（图3－38）。

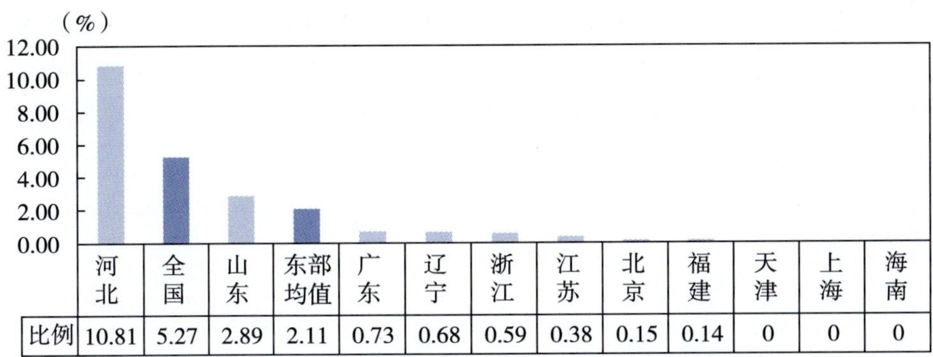

	河北	全国	山东	东部均值	广东	辽宁	浙江	江苏	北京	福建	天津	上海	海南
比例	10.81	5.27	2.89	2.11	0.73	0.68	0.59	0.38	0.15	0.14	0	0	0

图 3－38　2010 年东部地区特殊教育学校危房面积占校舍面积的比例

（4）中部地区：六省特殊教育学校危房面积占校舍面积比例高于全国水平，湖北最高

从中部来看，中部均值为 7.91%，高于全国均值 5.27%。2010 年特殊教育学校危房面积占校舍建筑面积比例湖北最高（17.11%）。除安徽与山西之外，中部地区亟须加快特殊教育学校建设力度与进度，为残疾儿童少年提供安全的就学条件（图 3－39）。

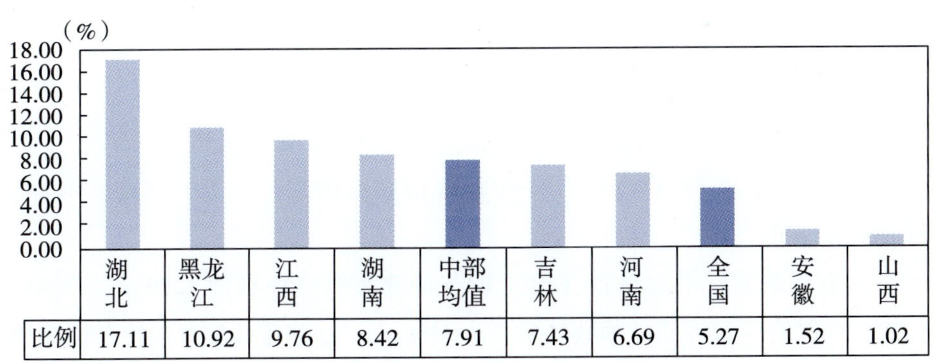

	湖北	黑龙江	江西	湖南	中部均值	吉林	河南	全国	安徽	山西
比例	17.11	10.92	9.76	8.42	7.91	7.43	6.69	5.27	1.52	1.02

图 3－39　2010 年中部地区特殊教育学校危房面积占校舍面积的比例

（5）西部地区：六省特殊教育学校危房面积占校舍面积比例高于全国平均水平，甘肃、青海、云南列前三位

从西部来看，西部均值为 9.29%，高于全国均值 5.27%。2010 年特殊教育学校危房面积占校舍建筑面积比例甘肃最高（33.96%），其次是青

海、云南，可以说，以上三地1/4至1/3的特殊教育校舍是危房，这给残疾儿童少年的安全带来了隐患，地方政府必须加大特殊教育学校建设力度与进度。西部地区西藏、宁夏无危房（图3－40）。

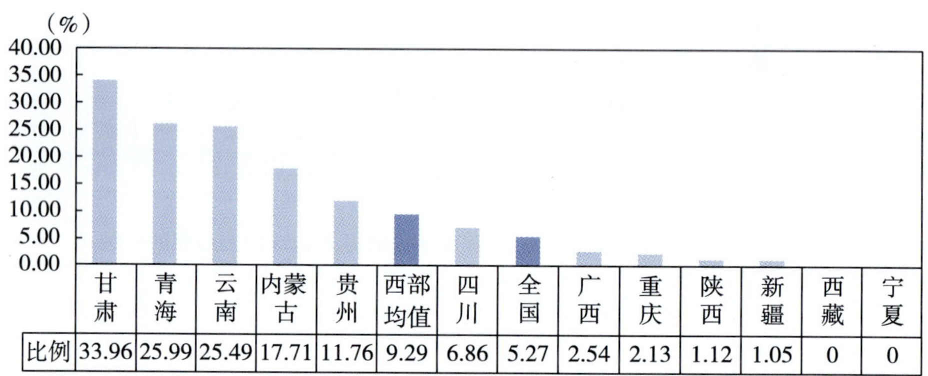

	甘肃	青海	云南	内蒙古	贵州	西部均值	四川	全国	广西	重庆	陕西	新疆	西藏	宁夏
比例	33.96	25.99	25.49	17.71	11.76	9.29	6.86	5.27	2.54	2.13	1.12	1.05	0	0

图3－40　2010年西部地区特殊教育学校危房面积占校舍面积的比例

三、地方特殊教育学校的教师队伍现状

（一）地方特殊教育学校教师数量状况

1. 地方特殊教育学校教师数量东、中、西部呈递减状态

（1）全国特殊教育学校专任教师数排序：山东、江苏、河南、河北、辽宁列前五位

从全国来看，平均每省（市）现有特殊教育专任教师1279人。其中，山东特殊教育学校专任教师数最多，达4486人；江苏特殊教育学校专任教师数为2988人，排第二位，河南特殊教育学校专任教师数为2874人，排第三位。特殊教育学校专任教师数较少的省份主要是西藏、海南、青海等地。总体而言，特殊教育学校较多的省份专任教师数也较多（图3－41）。

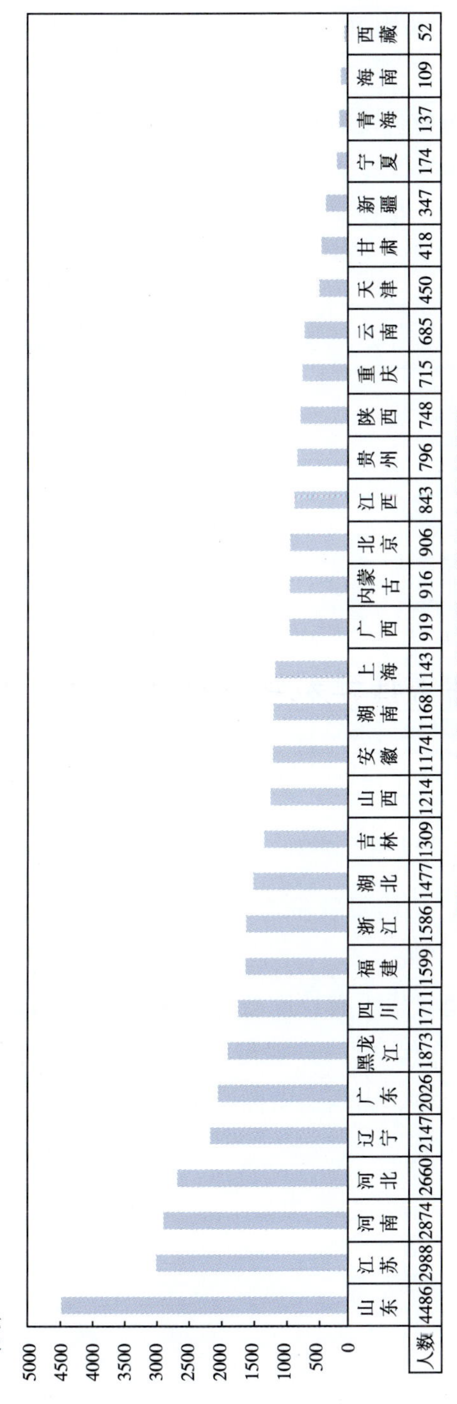

省份	山东	江苏	河南	河北	辽宁	广东	黑龙江	四川	福建	浙江	湖北	吉林	山西	安徽	湖南	上海	广西	内蒙古	北京	江西	贵州	陕西	重庆	云南	天津	甘肃	新疆	宁夏	青海	海南	西藏
人数	4486	2988	2874	2660	2147	2026	1873	1711	1599	1586	1477	1309	1214	1174	1168	1143	919	916	906	843	796	748	715	685	450	418	347	174	137	109	52

图3-41　2010年各省份特殊教育学校专任教师数

（2）东部地区：平均每省份现有特殊教育教职工 2314 人，专任教师 1827 人

东部地区平均每省份现有特殊教育教职工 2314 人，专任教师 1827 人。高于东部均值的省份有 5 个，分别是山东、江苏、河北、辽宁和广东；低于均值的省份有 6 个，依次是福建、浙江、上海、北京、天津和海南（图 3－42）。

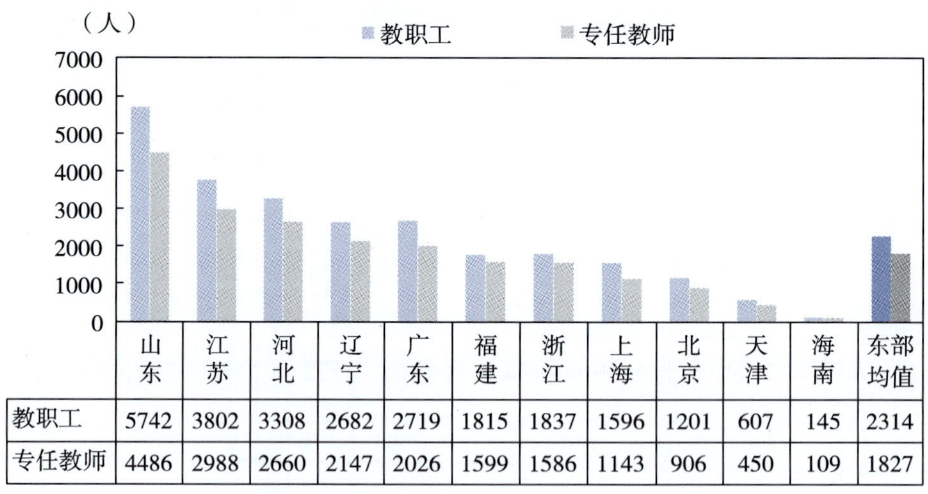

	山东	江苏	河北	辽宁	广东	福建	浙江	上海	北京	天津	海南	东部均值
教职工	5742	3802	3308	2682	2719	1815	1837	1596	1201	607	145	2314
专任教师	4486	2988	2660	2147	2026	1599	1586	1143	906	450	109	1827

图 3－42　2010 年东部地区特殊教育学校教职工及专任教师数

（3）中部地区：平均每省份现有特殊教育教职工 1817 人，专任教师 1492 人

中部地区平均每省份现有特殊教育教职工 1817 人，专任教师 1492 人。高于中部均值的省份有 2 个，分别是河南和黑龙江；低于均值的省份有 6 个，依次是湖北、吉林、山西、安徽、湖南和江西（图 3－43）。

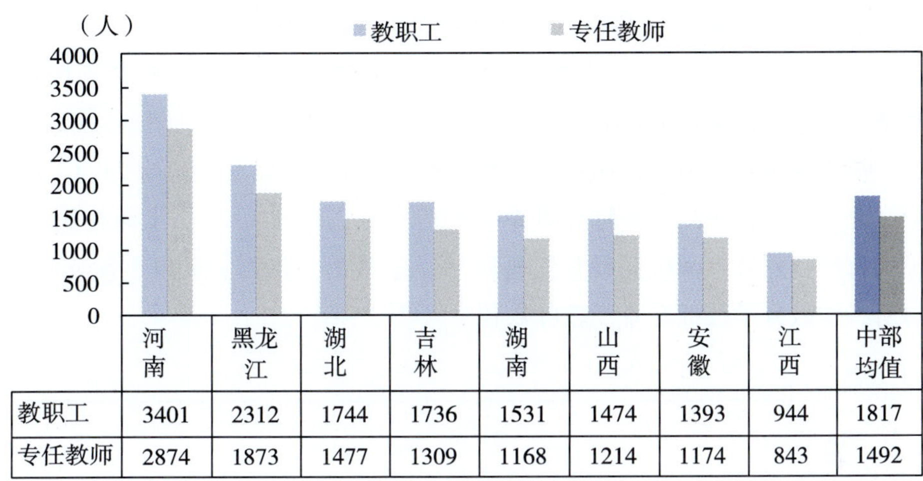

	河南	黑龙江	湖北	吉林	湖南	山西	安徽	江西	中部均值
教职工	3401	2312	1744	1736	1531	1474	1393	944	1817
专任教师	2874	1873	1477	1309	1168	1214	1174	843	1492

图 3－43　2010 年中部地区特殊教育学校教职工及专任教师数

（4）西部地区：平均每省份现有特殊教育教职工 772 人，专任教师 635 人

西部地区平均每省份现有特殊教育教职工 772 人，专任教师 635 人。高于西部均值的省份有 7 个，分别是四川、广西、内蒙古、贵州、陕西、重庆和云南；低于均值的省份有 5 个，依次是甘肃、新疆、宁夏、青海、西藏（图 3－44）。

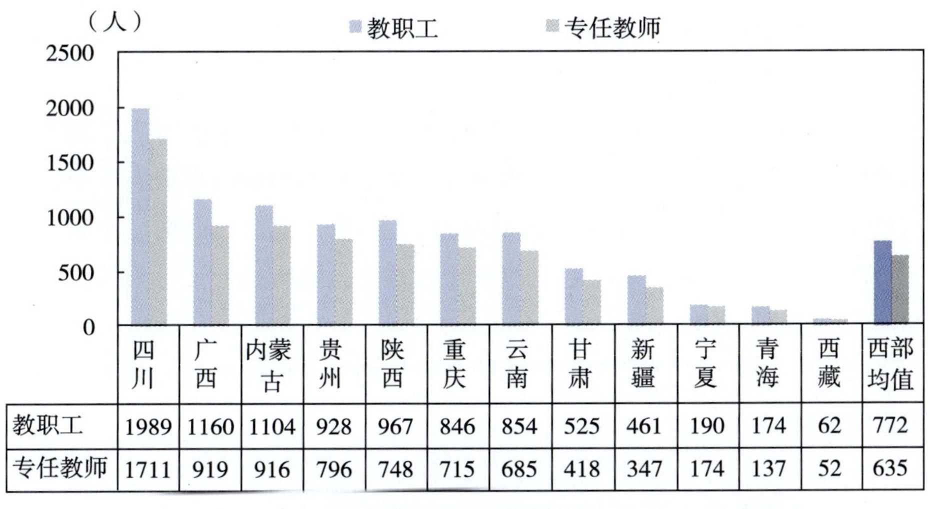

	四川	广西	内蒙古	贵州	陕西	重庆	云南	甘肃	新疆	宁夏	青海	西藏	西部均值
教职工	1989	1160	1104	928	967	846	854	525	461	190	174	62	772
专任教师	1711	919	916	796	748	715	685	418	347	174	137	52	635

图 3－44　2010 年西部地区特殊教育学校教职工及专任教师数

2. 名地区平均每所特殊教育学校拥有专任教师数

（1）全国平均每所特殊教育学校拥有专任教师数排序：北京、上海、海南、山东、内蒙古列前五位

从全国来看，平均每所特殊教育学校拥有专任教师数均值为 23 人。其中，北京最高，平均每所特殊教育学校拥有专任教师 43 人。上海排第二，平均每所特殊教育学校拥有专任教师 39 人。青海、江西、贵州等省份平均每所特殊教育学校拥有专任教师数较少（图 3－45）。

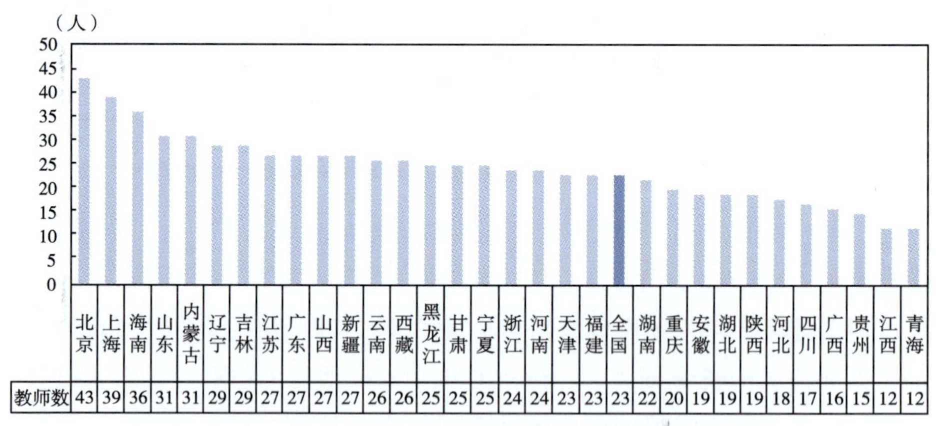

	北京	上海	海南	山东	内蒙古	辽宁	吉林	江苏	广东	山西	新疆	云南	西藏	黑龙江	甘肃	宁夏	浙江	河南	天津	福建	全国	湖南	重庆	安徽	湖北	陕西	河北	四川	广西	贵州	江西	青海
教师数	43	39	36	31	31	29	29	27	27	27	27	26	26	25	25	25	24	24	23	23	23	22	20	19	19	19	18	17	16	15	12	12

图 3－45　2010 年各省份平均每所特殊教育学校拥有专任教师数

（2）东部地区：平均每所特殊教育学校拥有专任教师数均值为 26 人，高于全国均值

东部地区平均每所特殊教育学校拥有专任教师数均值为 26 人，高于全国均值（全国均值为 23 人）。具体来看，高于东部均值的省市有 7 个，最高是北京（43 人，北京也是全国最高值），其次是上海、海南、山东、辽宁、江苏、广东；低于东部均值的省份有 4 个，依次是浙江、天津、福建和河北（图 3－46）。

（3）中部地区：平均每所特殊教育学校拥有专任教师数均值为 22 人，接近全国均值

中部地区平均每所特殊教育学校拥有专任教师数均值为 22 人，接近全国均值。具体来看，高于中部均值的省份有 5 个，最高是吉林（29），其

次是山西、黑龙江、河南和湖南；低于中部均值的省份有 3 个，依次是安徽、湖北和江西（图 3－46）。

（4）西部地区：平均每所特殊教育学校拥有专任教师数均值为 19 人，低于全国均值

西部地区平均每所特殊教育学校拥有专任教师数均值为 19 人，低于全国均值。具体来看，高于西部均值的省份有 8 个，最高是内蒙古，其次是新疆、云南、西藏、甘肃、宁夏、重庆和陕西；低于西部均值的省份有 4 个，依次是四川、广西、贵州和青海（图 3－46）。

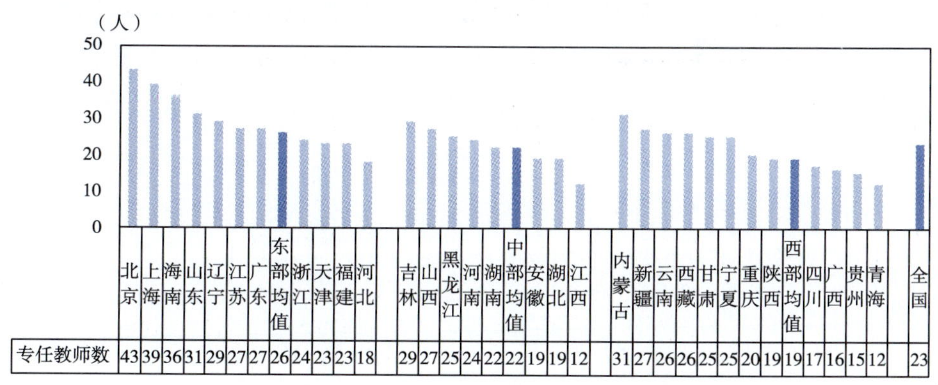

图 3－46　2010 年平均每所特殊教育学校拥有专任教师数地区分布

（二）地方特殊教育学校女教师和行政人员比例状况

1. 东部特殊教育学校女教师占教职工人数比例均值略高于中西部

（1）东部特殊教育学校女教师占教职工人数比例均值为 68.28%，略高于全国均值

特殊教育学校女教师占教职工人数比例全国均值为 67.67%，东部均值为 68.28%，东部均值高于全国均值 0.61 个百分点。具体来看，东部地区特殊教育学校女教师占教职工人数比例超过东部均值的省市有 7 个，其中河北最高（74.46%）；低于东部均值的省市有 4 个，其中山东最低（58.46%）（图 3－47）。

（2）中部特殊教育学校女教师占教职工人数比例均值为 66.76%，略

低于全国均值

特殊教育学校女教师占教职工人数比例中部均值为66.76%，略低于全国均值0.91个百分点。具体来看，中部地区特殊教育学校女教师占教职工人数比例超过中部均值的省份有4个，其中山西最高（72.93%）；低于中部均值的省份有4个，其中湖北最低（61.07%）（图3-47）。

（3）西部特殊教育学校女教师占教职工人数比例均值为67.49%，接近全国均值

特殊教育学校女教师占教职工人数比例西部均值为67.49%，接近全国均值。具体来看，西部地区特殊教育学校女教师占教职工人数比例超过西部均值的省份有5个，其中广西最高（76.64%），为全国最高值；低于西部均值的省市有7个，其中西藏最低（53.23%），为全国最低值（图3-47）。

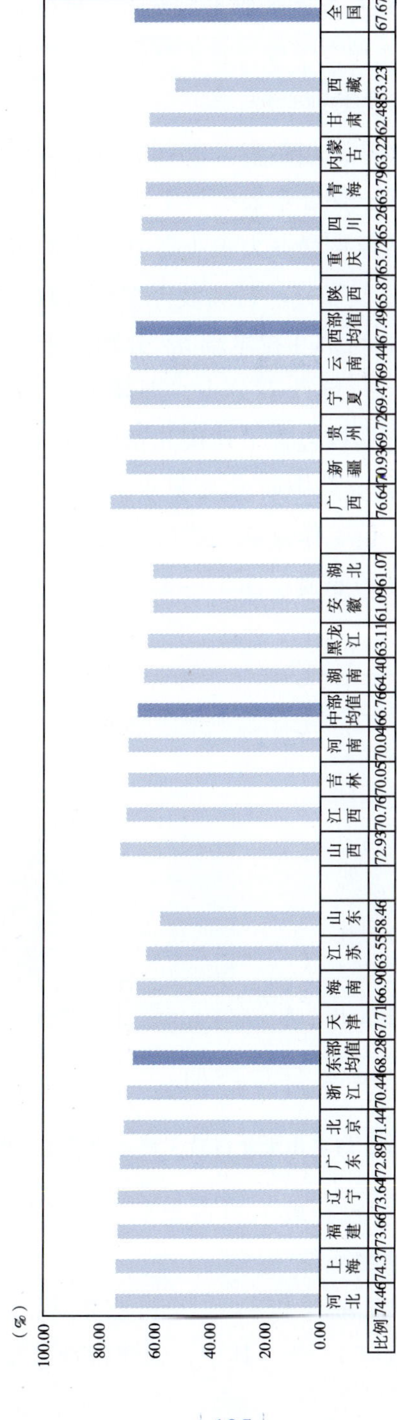

图3-47 2010年特殊教育学校女教师占教职工人数比例地区分布

2. 特殊教育学校行政人员占教职工人数比例均值东、中、西部递减

(1) 横向比较：特殊教育学校行政人员占教职工人数比例仅次于职业高中（校本部），高于其他类别学校

一般而言，中小学教职工包括专任教师、行政人员、教辅人员和工勤人员。各类人员各司其职，保证学校各类工作的正常运转。2010 年各类学校行政人员占教职工人数比例最高为职业高中（校本部），比例为 8.44%，比例最低为普通小学，占 3.72%。特殊教育学校行政人员占教职工人数比例达 7.05%，仅次于职业高中（校本部），分别高于职业初中、普通中学和普通小学 1.97、2.72、3.33 个百分点，即高出 2—3 个百分点。从实际情况来看，许多特殊教育学校包含了残疾儿童的小学与中学阶段，甚至包括了残疾人普通高中、职业高中阶段及职业中专阶段（例如北京盲校）。虽然在校残疾人数不多，但工作复杂，这可能是导致特殊教育学校行政人员占教职工人数比例较高的原因（图 3－48）。

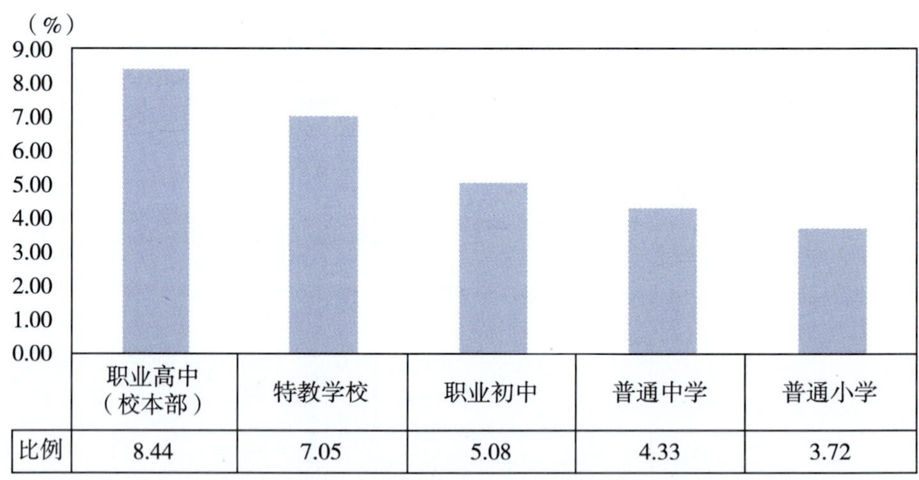

图 3－48　2010 年各类学校行政人员占教职工人数比例

(2) 全国特殊教育学校行政人员占教职工人数比例排序：天津、吉林、北京、辽宁、上海列前五位

从全国来看，特殊教育学校行政人员占教职工人数比例均值为 7.05%，高于均值的地区有 11 个，其中，天津特殊教育学校行政人员占教

职工人数比例均值最高，达14.66%，其次为吉林、北京、辽宁、上海等地（图3－49）。

（3）东部特殊教育学校行政人员占教职工人数比例均值为7.48%，略高于全国均值

东部特殊教育学校行政人员占教职工人数比例均值为7.48%，略高于全国均值。从地区内部来看，高于均值的省份有6个，天津排在东部地区及全国首位（14.66%），其次是北京、辽宁、上海、海南与河北；低于均值的省份有5个，福建（4.41%）与浙江（4.35%）接近，比例最低（图3－50）。

（4）中部特殊教育学校行政人员占教职工人数比例均值为6.77%，略低于全国均值

中部特殊教育学校行政人员占教职工人数比例均值为6.77%，略低于全国均值。从地区内部来看，高于均值的省份有3个，吉林最高（12.38%），排在全国第二位；低于均值的省份有5个，江西的比例最低（4.13%）（图3－50）。

（5）西部特殊教育学校行政人员占教职工人数比例均值为6.35%，略低于全国均值

西部特殊教育学校行政人员占教职工人数比例均值为6.35%，略低于全国均值。从地区内部来看，高于均值的省份有6个，陕西最高（10.34），排在全国第三位；低于均值的省份有6个，云南的比例最低（3.51%）（图3－50）。

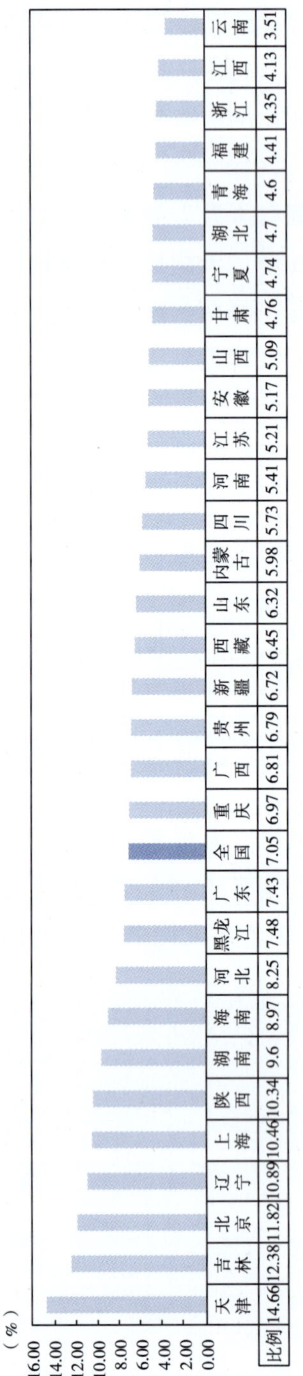

图3-49 2010年各省份特殊教育学校行政人员占教职工人数的比例

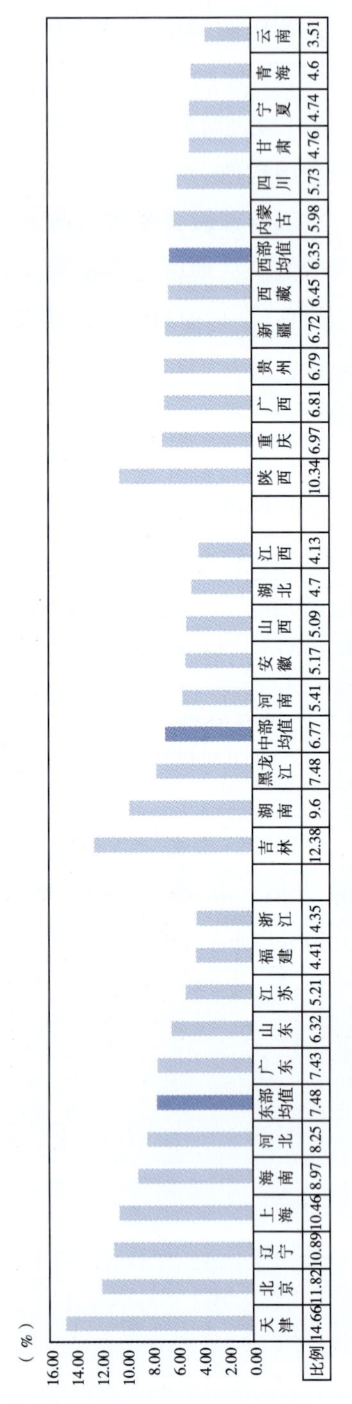

图3-50 2010年各地区特殊教育学校行政人员占教职工人数的比例

四、地方特殊教育学校的经费现状

（一）地方特殊教育学校国家财政性教育经费投入状况

1. 平均而言，2010 年各地区国家财政性教育经费之 0.46% 投入特殊教育学校

（1）特殊教育学校国家财政性教育经费收入占各地区教育经费收入之国家财政性教育经费的比例全国均值为 0.46%，中部均值高于全国均值，西部均值最低

全国教育经费来源包括国家财政性教育经费、民办学校中举办者投入、社会捐赠经费、事业收入及其他教育经费。其中，国家财政性教育经费包括公共财政预算教育经费、各级政府征收用于教育的税费、企业办学中的企业拨款、校办产业和社会服务收入用于教育的经费和其他属于国家财政性教育经费。

从全国来看，2010 年特殊教育学校国家财政性教育经费收入占各地区教育经费收入之国家财政性教育经费的比例全国均值是 0.46%，高于均值的地区有 12 个，列全国前五位的地区是上海、内蒙古、吉林、河北和江西，低于均值的地区有 19 个，海南最低（0.12%）。

从地区来看，2010 年特殊教育学校国家财政性教育经费收入占各地区教育经费收入之国家财政性教育经费的比例中部均值（0.52%）高于全国均值；东部均值（0.45%）和西部均值（0.40%）都低于全国均值（图 3－51）。

（%）

地区	上海	内蒙古	吉林	河北	江西	黑龙江	福建	湖北	江苏	重庆	河南	山东	全国	天津	辽宁	湖南
比例	0.72	0.68	0.68	0.64	0.64	0.60	0.54	0.54	0.53	0.51	0.50	0.49	0.46	0.46	0.46	0.43

地区	西藏	浙江	四川	贵州	山西	宁夏	云南	陕西	青海	安徽	广西	甘肃	北京	广东	新疆	海南
比例	0.43	0.41	0.41	0.41	0.40	0.39	0.38	0.38	0.38	0.36	0.31	0.31	0.30	0.30	0.26	0.12

图3-51　2010年各省份特殊教育学校教育经费收入之“国家财政性教育经费”占当地教育经费收入之“国家财政性教育经费”的比例①

① 比例由研究者计算: 特殊教育学校“国家财政性教育经费”收入占各地区教育经费收入之“国家财政性教育经费”的比例=该地区特殊教育学校教育经费收入之“国家财政性教育经费”/该地区各级各类教育机构教育经费收入之“国家财政性教育经费”×100%。图3-52计算方法与此相同。

（2）东部地区：特殊教育学校国家财政性教育经费收入占各地区教育经费收入之国家财政性教育经费的比例均值是0.45%，上海最高，占0.72%，海南最低，占0.12%

从东部地区来看，2010年特殊教育学校国家财政性教育经费收入占各地区教育经费收入之国家财政性教育经费的比例东部均值0.45%，高于东部均值与全国均值（0.46%）的地区有7个，其中，上海（0.72%）、河北（0.64%）、福建（0.54）列前三位；低于东部均值的地区有4个，北京、广东的占比均为0.30%，海南最低，占比0.12%。相较而言，上海、河北、福建、江苏等地特殊教育学校国家财政性教育经费投入较大；北京、广东与海南的特殊教育学校国家财政性教育经费收入有进一步提升的空间（图3－52）。

（3）中部地区：特殊教育学校国家财政性教育经费收入占各地区教育经费收入之国家财政性教育经费的比例均值是0.52%，吉林最高，占0.68%，安徽最低，占0.36%

从中部地区来看，2010年特殊教育学校国家财政性教育经费收入占各地区教育经费收入之国家财政性教育经费的比例中部均值0.52%，高于中部均值的地区有4个，其中，吉林、江西、黑龙江占比均超过0.60%，依次列前三位；低于均值的地区有4个，其中安徽（0.36%）、山西（0.40%）的占比较低。相较而言，吉林、江西、黑龙江的特殊教育学校国家财政性教育经费投入较大；安徽、山西与湖南的特殊教育学校国家财政性教育经费收入有进一步提升的空间（图3－52）。

（4）西部地区：特殊教育学校国家财政性教育经费收入占各地区教育经费收入之国家财政性教育经费的比例均值是0.40%，内蒙古最高，占0.68%，新疆最低，占0.26%

从西部地区来看，2010年特殊教育学校国家财政性教育经费收入占各地区教育经费收入之国家财政性教育经费的比例西部均值为0.40%，高于西部均值的地区有5个，其中，内蒙古、重庆占比均超过0.50%，依次列前两位；低于均值的地区有7个，其中广西（0.31%）、甘肃（0.31%）和新疆（0.26%）的占比较低。相较而言，内蒙古和重庆的特殊教育学校

(%)

	上海	河北	福建	江苏	山东	天津	辽宁	东部均值	浙江	北京	广东	海南
比例	0.72	0.64	0.54	0.53	0.49	0.46	0.46	0.45	0.41	0.30	0.30	0.12

	吉林	江西	黑龙江	湖北	中部均值	河南	湖南	山西	安徽
比例	0.68	0.64	0.60	0.54	0.52	0.50	0.43	0.40	0.36

	内蒙古	重庆	西藏	四川	贵州	西部均值	宁夏	云南	陕西	青海	广西	甘肃	新疆
比例	0.68	0.51	0.43	0.41	0.41	0.40	0.39	0.38	0.38	0.38	0.31	0.31	0.26

图3-52 2010年东中西部分地区特教学校教育经费收入之“国家财政性教育经费”占该地区教育经费收入之“国家财政性教育经费”的比例

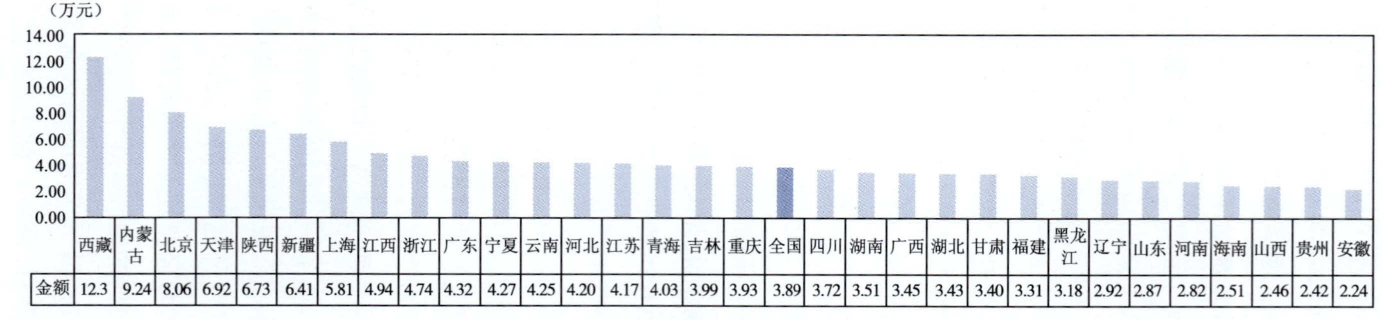

	西藏	内蒙古	北京	天津	陕西	新疆	上海	江西	浙江	广东	宁夏	云南	河北	江苏	青海	吉林	重庆	全国	四川	湖南	广西	湖北	甘肃	福建	黑龙江	辽宁	山东	河南	海南	山西	贵州	安徽
金额	12.3	9.24	8.06	6.92	6.73	6.41	5.81	4.94	4.74	4.32	4.27	4.25	4.20	4.17	4.03	3.99	3.93	3.89	3.72	3.51	3.45	3.43	3.40	3.31	3.18	2.92	2.87	2.82	2.51	2.46	2.42	2.24

图3-53 2010年各省份特殊教育学校生均教育经费支出

国家财政性教育经费投入较大；广西、甘肃和新疆的特殊教育学校国家财政性教育经费收入有进一步提升的空间（图3－52）。

2. 2010年特殊教育学校生均教育经费支出3.89万，西部最高，中部最低

（1）特殊教育学校生均教育经费支出不均，西部、东部、部高，中部凹陷，全国均值为3.89万

从全国来看，2010年特殊教育学校生均教育经费全国均值3.89万，高于全国均值的省份有17个，低于全国均值的省份有14个，生均教育经费5万以上的省份有7个，4个在西部，3个在东部。特殊教育学校生均教育经费全国最高的是西藏（12.33万），内蒙古（9.24万）排第二，北京（8.06万）排第三；特殊教育学校生均教育经费全国较低的省份是安徽（2.24万）、贵州（2.42万）、山西（2.46万）和海南（2.51万）（图3－53）。

（2）东部地区：特殊教育学校生均教育经费京津沪直辖市位列前三，地区均值4.53万

从地区来看，2010年东部特殊教育学校生均教育经费均值4.53万，高于全国均值（3.89万）。高于东部均值的地区有4个，高于全国均值的地区有7个，其中，北京（8.06万）、天津（6.92万）、上海（5.81万）列前三位。东部地区辽宁、山东、海南特殊教育学校生均教育经费相对较低（图3－54）。

（3）中部地区：特殊教育学校生均教育经费状况地区差异不太大，地区均值3.32万

从地区来看，2010年中部特殊教育学校生均教育经费均值3.32万，低于全国均值。高于中部均值的地区有4个，高于全国均值的地区有2个，其中，江西（4.94万）最高。中部地区河南、山西、安徽特殊教育学校生均教育经费相对较低（图3－54）。

（4）西部地区：特殊教育学校生均教育经费状况地区差异较大，地区均值5.35万

从地区来看，2010年西部特殊教育学校生均教育经费均值5.35万，高于全国均值。高于西部均值的地区有4个，高于全国均值的地区有8个，

其中，西藏（12.33万）最高，内蒙古（9.24万）排第二。西藏、内蒙古等地特殊教育学校生均教育经费较高，与近年特殊教育学校建设力度加大、基本建设支出比例较高有关系。西部地区广西、甘肃、贵州特殊教育学校生均教育经费相对较低（图3－54）。

（二）地方特殊教育学校经费支出结构状况

1.2010年全国特殊教育学校事业性经费支出占教育经费支出的八成多，西部基本建设支出所占比例最高

（1）就全国而言，特殊教育学校教育经费支出八成多用于事业性经费支出，基本建设支出不到两成

教育经费支出分为事业性经费支出和基本建设支出两部分。事业性经费支出分为“个人部分支出”和“公用部分支出”两部分。

“个人部分支出”包括“工资福利支出”和“对个人和家庭的补助”两部分；“公用部分支出”包括“商品和服务支出”和“其他资本性支出”两部分。

从全国来看，2010年特殊教育学校事业性经费支出与基本建设支出占教育经费支出的比例均值分别为84.02%和15.98%，也即特殊教育学校事业性经费支出在教育经费支出中占八成多，基本建设支出不到两成，从比例来看，特殊教育学校事业性经费支出与基本建设支出的比为5.3∶1。

北京、天津、辽宁、山东事业性经费支出为100%，2010年没有基本建设支出。从地区来看，相对而言，基本建设支出比例较大的地区集中于西部，其中，西藏基本建设支出比例占到79.97，接近八成（图3－55）。

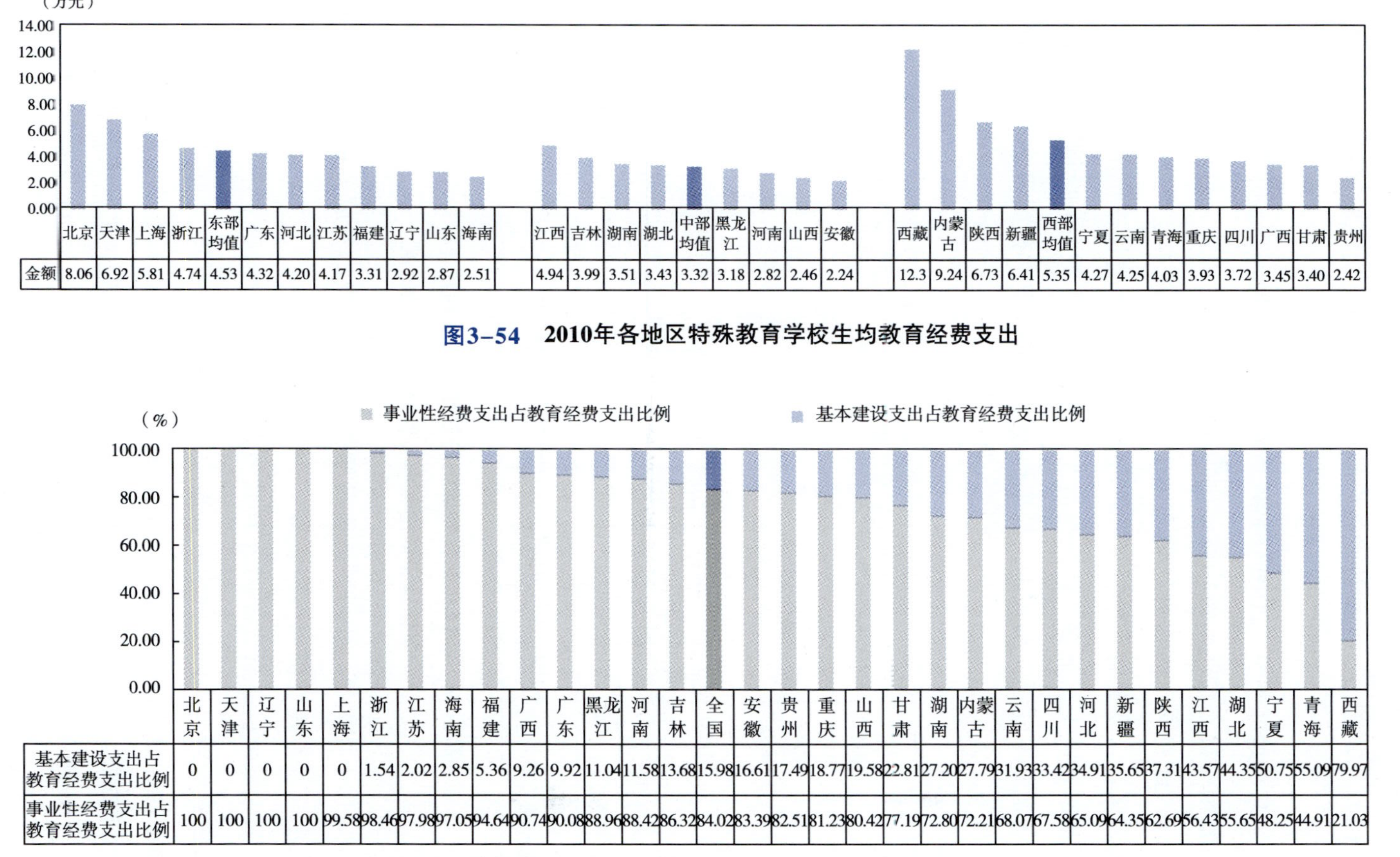

	北京	天津	上海	浙江	东部均值	广东	河北	江苏	福建	辽宁	山东	海南
金额	8.06	6.92	5.81	4.74	4.53	4.32	4.20	4.17	3.31	2.92	2.87	2.51

	江西	吉林	湖南	湖北	中部均值	黑龙江	河南	山西	安徽
金额	4.94	3.99	3.51	3.43	3.32	3.18	2.82	2.46	2.24

	西藏	内蒙古	陕西	新疆	西部均值	宁夏	云南	青海	重庆	四川	广西	甘肃	贵州
金额	12.3	9.24	6.73	6.41	5.35	4.27	4.25	4.03	3.93	3.72	3.45	3.40	2.42

图3-54　2010年各地区特殊教育学校生均教育经费支出

	北京	天津	辽宁	山东	上海	浙江	江苏	海南	福建	广西	广东	黑龙江	河南	吉林	全国	安徽
基本建设支出占教育经费支出比例	0	0	0	0	0	1.54	2.02	2.85	5.36	9.26	9.92	11.04	11.58	13.68	15.98	16.61
事业性经费支出占教育经费支出比例	100	100	100	100	99.58	98.46	97.98	97.05	94.64	90.74	90.08	88.96	88.42	86.32	84.02	83.39

	贵州	重庆	山西	甘肃	湖南	内蒙古	云南	四川	河北	新疆	陕西	江西	湖北	宁夏	青海	西藏
基本建设支出占教育经费支出比例	17.49	18.77	19.58	22.81	27.20	27.79	31.93	33.42	34.91	35.65	37.31	43.57	44.35	50.75	55.09	79.97
事业性经费支出占教育经费支出比例	82.51	81.23	80.42	77.19	72.80	72.21	68.07	67.58	65.09	64.35	62.69	56.43	55.65	48.25	44.91	21.03

图3-55　2010年各省份特殊教育学校生均教育经费支出中事业性经费支出和基本建设支出的比例

(2) 平均而言，东部特殊教育学校教育经费支出九成多用于事业性经费支出，基本建设支出不到一成

从东部地区来看，2010 年特殊教育学校事业性经费支出与基本建设支出占教育经费支出的比例均值分别为 95.33% 和 4.67%，也即特殊教育学校事业性经费支出在教育经费支出中占九成多，基本建设支出不到一成，从比例来看，特殊教育学校事业性经费支出与基本建设支出的比为 20：1。东部基本建设支出最多的地区是河北，占教育经费支出的比例为 34.91%，其余各地基本建设支出较少，与东部地区特殊教育学校建设基本成型有关系（图 3－56）。

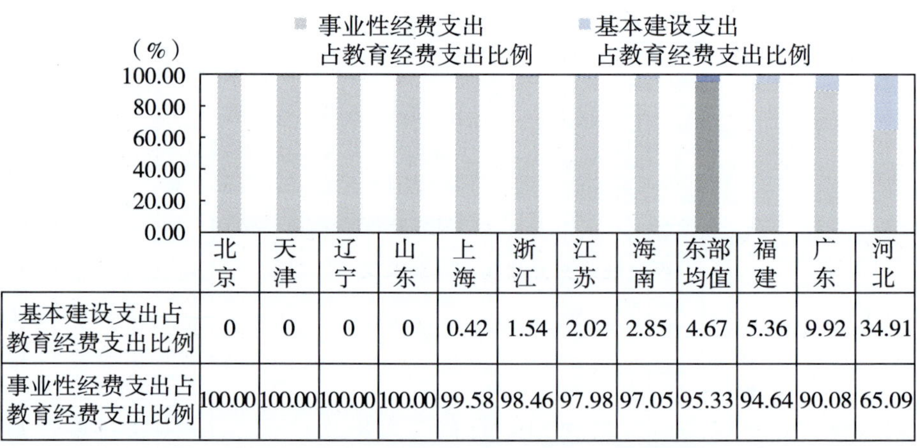

	北京	天津	辽宁	山东	上海	浙江	江苏	海南	东部均值	福建	广东	河北
基本建设支出占教育经费支出比例	0	0	0	0	0.42	1.54	2.02	2.85	4.67	5.36	9.92	34.91
事业性经费支出占教育经费支出比例	100.00	100.00	100.00	100.00	99.58	98.46	97.98	97.05	95.33	94.64	90.08	65.09

图 3－56　2010 年东部地区特殊教育学校生均教育经费支出中基本建设支出和事业性经费支出的比例

(3) 平均而言，中部特殊教育学校教育经费支出七成多用于事业性经费支出，基本建设支出占两成多

从中部地区来看，2010 年特殊教育学校事业性经费支出与基本建设支出占教育经费支出的比例均值分别为 74.77% 和 25.23%，也即特殊教育学校事业性经费支出在教育经费支出中占七成多，基本建设支出占两成多，从比例来看，特殊教育学校事业性经费支出与基本建设支出的比值为 3：1。中部基本建设支出最多的地区是湖北（44.35%）和江西

(43.57%)，其余各地基本建设支出在11.04%至27.20%之间。相较而言，中部多数地区均有一定比例的基本建设支出，但比例不太大。这也说明，中部地区特殊教育学校建设正在进行中，但力度还不明显（图3－57）。

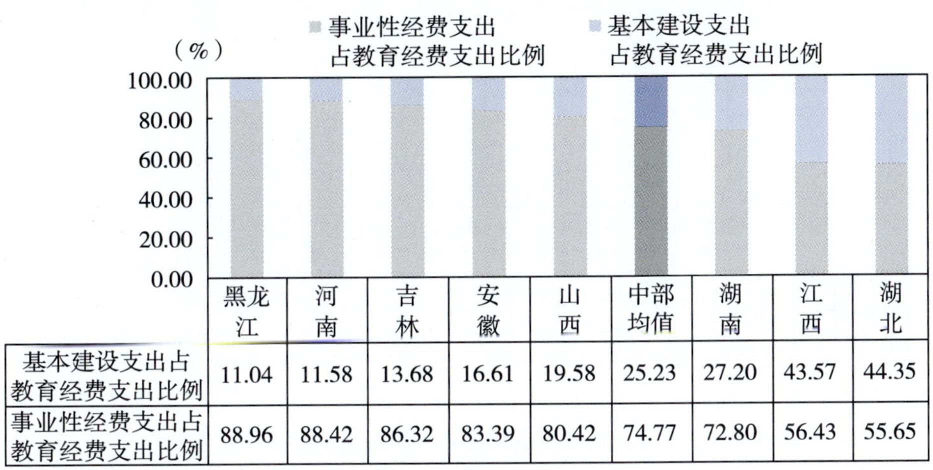

	黑龙江	河南	吉林	安徽	山西	中部均值	湖南	江西	湖北
基本建设支出占教育经费支出比例	11.04	11.58	13.68	16.61	19.58	25.23	27.20	43.57	44.35
事业性经费支出占教育经费支出比例	88.96	88.42	86.32	83.39	80.42	74.77	72.80	56.43	55.65

图3－57　2010年中部地区特殊教育学校生均教育经费支出中事业性经费支出和基本建设支出的比例

（4）平均而言，西部特殊教育学校教育经费支出六成用于事业性经费支出，基本建设支出占四成

从西部地区来看，2010年特殊教育学校事业性经费支出与基本建设支出占教育经费支出的比例均值分别为59.00%和41.00%，也即特殊教育学校事业性经费支出在教育经费支出中占六成，基本建设支出占四成，从比例来看，特殊教育学校事业性经费支出与基本建设支出的比为6∶4。西部基本建设支出最多的地区是西藏（79.97%）、青海（55.09%）与宁夏(50.75%)，其余各地基本建设支出在9.26%—37.31%之间。相较而言，西部多数地区均有一定比例的基本建设支出，且多在两成至五成之间。这说明，西部地区特殊教育学校建设力度较大（图3－58）。

2. 2010年全国特殊教育学校事业性经费支出中个人部分与公用部分六四分成，西部公用部分支出占比最高

（1）全国而言，特殊教育学校“事业性经费支出”中近六成用于个人

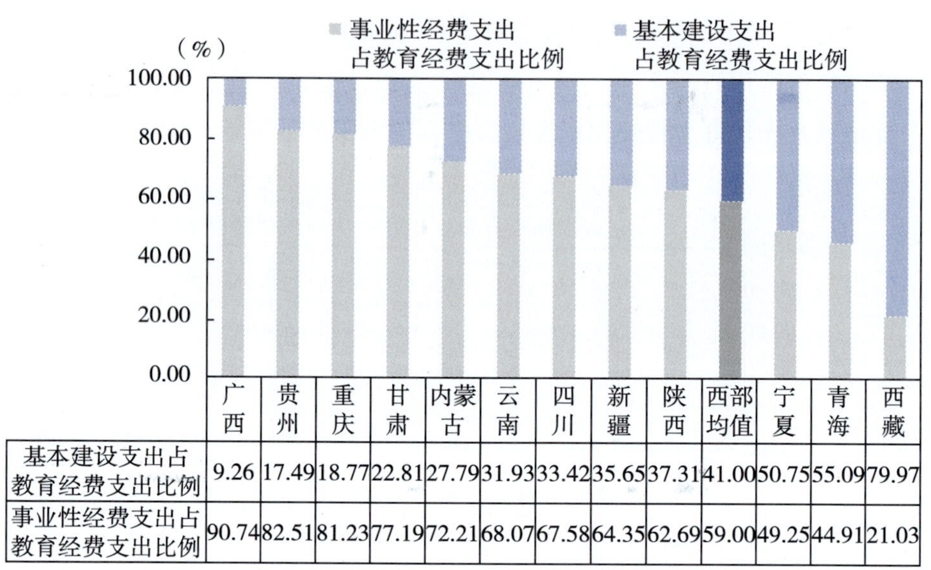

	广西	贵州	重庆	甘肃	内蒙古	云南	四川	新疆	陕西	西部均值	宁夏	青海	西藏
基本建设支出占教育经费支出比例	9.26	17.49	18.77	22.81	27.79	31.93	33.42	35.65	37.31	41.00	50.75	55.09	79.97
事业性经费支出占教育经费支出比例	90.74	82.51	81.23	77.19	72.21	68.07	67.58	64.35	62.69	59.00	49.25	44.91	21.03

图 3－58　2010 年西部地区特殊教育学校生均教育经费支出中事业性经费支出和基本建设支出的比例

部分支出，公用部分支出占四成

从全国来看，2010 年特殊教育学校“事业性经费支出”中个人部分与公用部分支出的比例分别为 58.75% 和 41.24%，即“事业性经费支出”中个人部分支出接近六成，公用部分支出占四成，从比例来看，特殊教育学校“事业性经费支出”中个人部分与公用部分支出的比约为 1.4∶1。

特殊教育学校“事业性经费支出”中个人部分支出最大的地区是西藏（84.67%），其次是宁夏和青海；特殊教育学校“事业性经费支出”中公用部分支出最大的地区是江西（66.39%），其次是内蒙古和重庆。“事业性经费支出”中公用部分支出超过 50% 的地区有 9 个，7 个在西部，2 个在中部。可以说，许多西部地区特殊教育学校公用部分支出开支过大（图 3－59）。

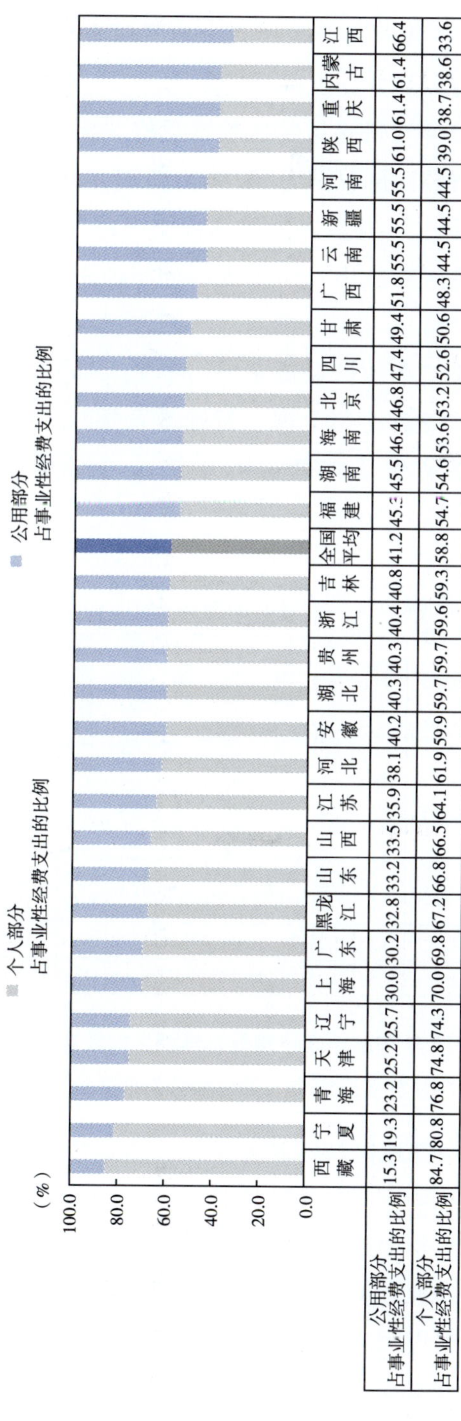

	西藏	宁夏	青海	天津	辽宁	上海	广东	黑龙江	山东	山西	江苏	河北	安徽	湖北	贵州	浙江	吉林	全国平均	福建	湖南	海南	北京	四川	甘肃	广西	云南	新疆	河南	陕西	重庆	内蒙古	江西
公用部分占事业性经费支出的比例	15.3	19.3	23.2	25.2	25.7	30.0	30.2	32.8	33.2	33.5	35.9	38.1	40.2	40.3	40.3	40.4	40.8	41.2	45.3	45.5	46.4	46.8	47.4	49.4	51.8	55.5	55.5	55.5	61.0	61.4	61.4	66.4
个人部分占事业性经费支出的比例	84.7	80.8	76.8	74.8	74.3	70.0	69.8	67.2	66.8	66.5	64.1	61.9	59.9	59.7	59.7	59.6	59.3	58.8	54.7	54.6	53.6	53.2	52.6	50.6	48.3	44.5	44.5	44.5	39.0	38.7	38.6	33.6

图3-59　2010年各省份特殊教育学校生均教育经费支出之“事业性经费支出”中个人部分与公用部分支出的比例

（2）平均而言，东部地区特殊教育学校“事业性经费支出”中个人部分支出占六成多，公用部分支出占三成多

从地区来看，2010 年东部地区特殊教育学校“事业性经费支出”中个人部分与公用部分支出的比例分别为 64.06% 和 35.94%，即“事业性经费支出”中个人部分支出占六成多，公用部分支出占三成多，从比例来看，特殊教育学校“事业性经费支出”中个人部分与公用部分支出的比大约为 1.8∶1。

东部特殊教育学校“事业性经费支出”中个人部分支出最大的省份是天津（74.82%），其次是辽宁与上海；特殊教育学校“事业性经费支出”中公用部分支出最大的省份是北京（46.84%），其次是海南和福建（图 3－60）。

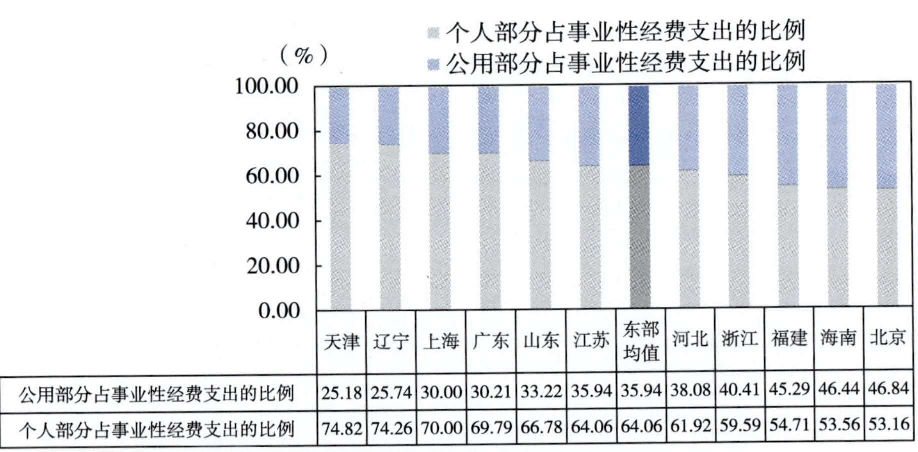

	天津	辽宁	上海	广东	山东	江苏	东部均值	河北	浙江	福建	海南	北京
公用部分占事业性经费支出的比例	25.18	25.74	30.00	30.21	33.22	35.94	35.94	38.08	40.41	45.29	46.44	46.84
个人部分占事业性经费支出的比例	74.82	74.26	70.00	69.79	66.78	64.06	64.06	61.92	59.59	54.71	53.56	53.16

图 3－60　2010 年东部地区特殊教育学校生均教育经费支出之事业性经费支出中个人部分和公用部分的比例

（3）平均而言，中部地区特殊教育学校“事业性经费支出”中个人部分支出占五成多，公用部分支出占四成多

从地区来看，2010 年中部地区特殊教育学校“事业性经费支出”中个人部分与公用部分支出的比例分别为 55.15% 和 44.85%，即“事业性经费支出”中个人部分支出占五成多，公用部分支出占四成多，从比例来看，特殊教育学校“事业性经费支出”中个人部分与公用部分支出的比大约

为1.2∶1。

中部特殊教育学校“事业性经费支出”中个人部分支出最大的省份是黑龙江（67.24%），其次是山西与安徽；特殊教育学校“事业性经费支出”中公用部分支出最大的省份是江西（66.39%），其次是河南、湖南。江西与河南的“事业性经费支出”中公用部分支出均超过了一半，公用部分开支过大（图3－61）。

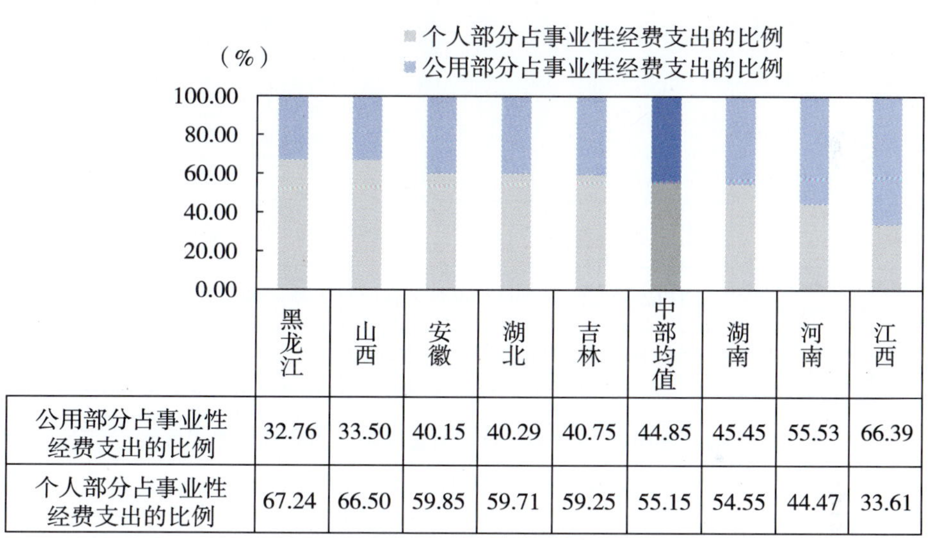

	黑龙江	山西	安徽	湖北	吉林	中部均值	湖南	河南	江西
公用部分占事业性经费支出的比例	32.76	33.50	40.15	40.29	40.75	44.85	45.45	55.53	66.39
个人部分占事业性经费支出的比例	67.24	66.50	59.85	59.71	59.25	55.15	54.55	44.47	33.61

图3－61　2010年中部地区特殊教育学校生均教育经费支出之事业性经费支出中个人部分和公用部分的比例

（4）平均而言，西部地区特殊教育学校“事业性经费支出”中个人部分与公用部分支出各占一半

从地区来看，2010年西部地区特殊教育学校“事业性经费支出”中个人部分与公用部分支出的比例分别为50.73%和49.27%，即“事业性经费支出”中个人部分支出与公用部分支出各占一半，从比例来看，特殊教育学校“事业性经费支出”中个人部分与公用部分支出的比接近1∶1。

西部特殊教育学校“事业性经费支出”中个人部分支出最大的省份是西藏（84.67%），其次是宁夏与青海；特殊教育学校“事业性经费支出”中公用部分支出最大的省份是内蒙古（61.42%），其次是重庆、陕西等。

西部 7 个地区特殊教育学校“事业性经费支出”中公用部分支出接近或超过了一半，公用部分开支过大（图 3－62）。

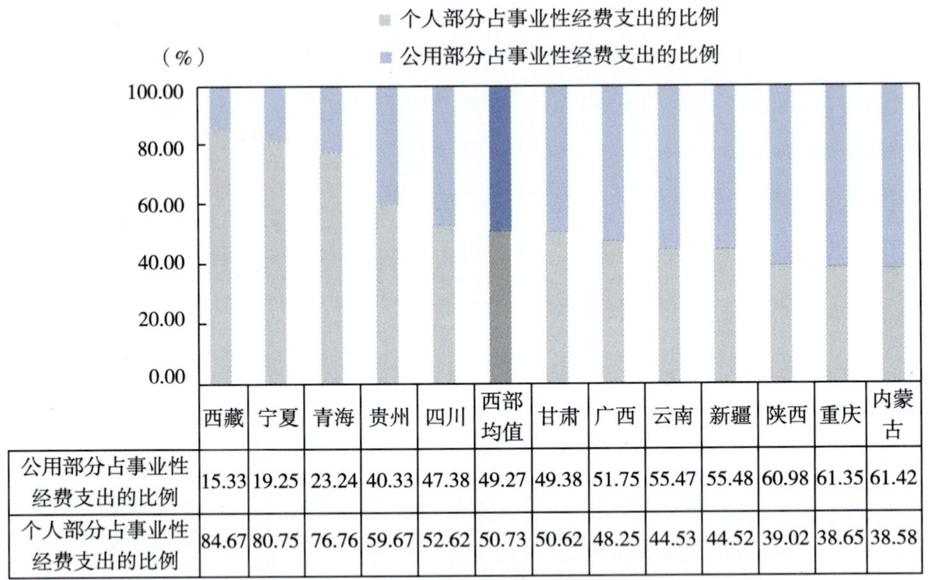

	西藏	宁夏	青海	贵州	四川	西部均值	甘肃	广西	云南	新疆	陕西	重庆	内蒙古
公用部分占事业性经费支出的比例	15.33	19.25	23.24	40.33	47.38	49.27	49.38	51.75	55.47	55.48	60.98	61.35	61.42
个人部分占事业性经费支出的比例	84.67	80.75	76.76	59.67	52.62	50.73	50.62	48.25	44.53	44.52	39.02	38.65	38.58

图 3－62　2010 年西部地区特殊教育学校生均教育经费支出之事业性经费支出中个人部分和公用部分的比例

第四章

地方特殊教育发展模式和经验

残疾人教育是政府义不容辞的一项基本职责，国际社会不仅就此早已达成共识，而且出台了一系列国际公约对残疾人的各项权利进行保护。我们国家的特殊教育尽管起步晚、基础薄、任务重，但21世纪以来，特殊教育也进入了新的历史发展阶段，取得了令人瞩目的发展和进步，残疾人受教育权利得到了进一步的保障，特殊教育机构逐渐健全，特殊教育体系不断完善，残疾人教育质量显著提高。目前，我国特殊教育已经基本形成了“以特殊教育学校为骨干、以普通学校随班就读和附设特殊教育班为主体、以其他教育形式（重度及极重度多重残疾儿童少年送教上门）为补充”的“三位一体”特殊教育办学思路和模式。

各级地方政府在我国特殊教育发展中有着举足轻重的地位和作用，在残疾人教育体系建设、特殊教育经费保障机制、特殊教育师资队伍建设等方方面面都取得了显著的成就，也同时积累了很多宝贵的经验，为促进中国特殊教育事业的发展作出了很大的贡献。如何更好地完善政府在残疾人教育方面的职能，促进各个地区特殊教育事业的健康发展，满足残疾人日益呈现多样化的教育需求，许多地方政府采取了有效的措施和做法，为更好地发展特殊教育提供了有益的借鉴和参考。

一、政府主导构建特殊教育基本公共服务体系

（一）整体规划完善特殊教育发展的机制①

上海的特殊教育在全国具有非常重要的地位，特殊教育发展非常有特点。上海政府提出“为了每一个学生的终身发展”的教育理念，把残疾儿童的发展放在突出位置，制定了“优先发展特殊教育、优化配置特殊教育资源、创设优良成长环境”和实施“医教结合、按需施教、开发潜能、人人有所发展”的新一轮特殊教育发展目标。

1. 提供学前到高等教育的全程服务

以特殊教育学校为骨干，以特殊教育班和随班就读为主体，以送教上门为补充，从学前教育到高等教育互相衔接、普通教育与特殊教育互相融合的特殊教育体系已经建立，基本满足了所有残疾学生的入学需求。

积极发展残疾人义务教育。对义务教育阶段的残疾儿童采取分类安置的方式，将重度残疾学生安置在特殊教育学校就读，将轻度、中度残疾学生安置在普通学校随班就读，极重度残疾儿童安排送教上门，使不同残疾程度和不同残疾类型的残疾学生都有机会接受义务教育。

在积极发展义务教育的基础上，加快发展残疾人职业技术教育和高中阶段教育。根据视力残疾、听力残疾、智力残疾等各类学生的不同需求和发展可能，采取举办专门的特殊教育职业学校、在普通职业学校举办特殊教育班、在普通学校随班就读等多种方式，为残疾学生提供适合的职业教育和高中教育，为使听力残疾随班就读学生能够继续进入普通高中就读，实施听力残疾学生参加中考免英语听力考试的特殊政策。

拓展残疾学生接受高等教育渠道，为听力残疾、视力残疾学生接受高

① 根据2010年12月教育部在上海全国随班就读支持保障体系建设和管理工作经验交流会议上的发言和上海市教育委员会基础教育处提供的汇报材料（2012）总结提炼。

等教育创造条件。上海市政府提供优惠政策和部分资金支持鼓励上海的一些部属、市属高等院校为上海本地区的听力残疾、视力残疾学生通过举办专门的特殊教育班或融合教育形式提供大专或本科教育，促进残疾学生的高等教育发展；支持一些高等院校举办成人业余职业培训班，为盲、聋、肢体等残障人士就业、继续深造、提高自身素质积极创造条件；鼓励远程教育集团创办开放大学残疾人教育学院，加强对残疾人的学历、非学历教育，初步构建残疾人终身教育体系。

重视残疾儿童学前教育。上海市逐步开展对0—6岁残疾儿童的早期筛查、早期干预工作。对3岁以上的残疾儿童以普通幼儿园特殊教育班、随班就读、特殊教育学校学前班三种教育形式实施早期特殊教育。

2. 改革创新推动“特殊教育与医学的有机结合”

随着《中华人民共和国义务教育法》的实施，各类特殊学校内重度残疾、多重残疾的学生越来越多，单纯的学科教育很难满足残疾学生的教育需求。上海市政府在10个区县开展“推进医教结合，提高特殊教育水平”的国家教育体制改革试点项目，重点在五个方面进行探索和实践：一是建立教育、卫生、残联等相关部门分工合作的长效机制，整合教育、医疗等资源，推动医教结合可持续发展；二是不断完善医教有机整合的特殊教育支持保障体系，通过建立市、区县、学校三级服务网络、课程开发、教育评估工具开发、优化配置校内外资源、加强教育工作者与医务工作者的合作等措施，确保医教结合工作有序进行；三是针对学前教育、义务教育、高中阶段教育各个学段的特殊教育学校、特殊教育班、随班就读、送教上门等不同安置方式，以及盲、聋、弱智、脑瘫、孤独症等不同类别残疾学生的不同需求，实施个性化、有针对性的教育、康复和保健服务；四是开展医教结合专业队伍建设，完善康复教师、巡回指导教师、资源教师、指导医生等队伍建设；五是建设特殊教育公共服务平台，成立上海市特殊教育资源中心，与卫生、残联等部门共建上海市特殊教育信息通报系统，整合教育、卫生、残联等各部门信息，通过网络平台，实现残疾儿童从发现、随访、诊断、安置、就读直至毕业的全员、全程跟踪服务；同时，开展特殊教育资源库建设，开发适合医教结合需要的文字、图像、视频等资源，为特殊教育工作者提供服务。

3. 完善随班就读支持保障体系

上海残疾学生在普通学校随班就读的比例保持在45%左右，随班就读工作是全市特殊教育事业发展的重要组成部分。首先，政策上保障所有残疾学生享受相同待遇。上海制定的《上海市特殊教育三年行动计划（2009—2011年）》对推进残疾儿童随班就读工作有明确的规划，残疾儿童无论是在特殊教育学校就读还是在普通学校就读，都享有基本相同的待遇。无论是学前教育、义务教育还是高中教育的残疾学生，也无论是在特殊教育学校就读还是在普通学校就读都享受免费教育，并且根据家庭情况给予生活补助，切实保障了各类残疾学生特别是在普通学校就读的残疾学生接受教育的权利。其次，建立健全随班就读管理网络①。建立市、区县、学校随班就读三级管理网络，市、区县教育行政部门都有专职或兼职特殊教育专干，负责对随班就读工作的行政管理。再次，完善随班就读业务支持体系。依托盲校、聋校建立视障、听障教育指导中心，负责全市的视力残疾和听力残疾随班就读学生的指导与服务。每个区县建立一个特殊教育指导中心，负责本地区随班就读工作的管理、指导和服务。普通学校根据随班就读学生的教育需要设立资源教室。完善区县巡回指导教师和普通学校资源教师队伍，各区县选择具有普通教育或特殊教育教学经验丰富的教师，根据实际情况采用区县统一配置、以学区为单位配置、学校配置等多种方法配备了专职或兼职巡回指导教师或资源教师。教研部门设立专职或兼职特殊教育教研员，负责随班就读教研工作。普通学校有专人负责随班就读工作。教育行政、教研和专业服务机构形成合力，共同为随班就读学生提供全方位的教育服务。最后，规范随班就读工作的管理。对区县特殊教育指导中心提出场地、设施设备配置、经费投入、人员配备等方面的基本要求，进一步明确管理、指导、研究、培训、服务五大功能。确定随班就读学生检测、申请、审核、安置工作流程。由各区县教育行政部门牵头，医学、康复、心理、特殊教育专家、教师与家长代表共同参与，根据

① 倪闽景．努力构建保障体系，积极推进融合教育［J］．现代特殊教育，2011（1）：7－9.

鉴定结果及学生的实际表现，对残疾儿童的发展状况进行评估，提出安置与个别化教育建议。研究制定普通学校随班就读工作职责、特殊教育康复指导中心工作职责、特殊教育学校随班就读工作职责、随班就读教师工作职责、巡回指导教师工作职责等，使随班就读各项工作有章可循，形成各部门分工负责、有序合作的良好局面。各区县每年给特殊教育指导中心安排一定的工作经费，用于开展随班就读工作。市民政局、市残联每年各投入100万元用于各区县随班就读学生康复服务。

4. 提升特殊教育教师的专业化水平

第一，率先实施特殊教育教师的“双证”制度，即特殊教育学校的教师与普通学校的教师一样必须具有大专以上学历，取得国家规定的教师资格证书。对于非特殊教育专业毕业的教师，必须修完特殊教育岗位证书规定的科目，经考核合格取得特殊教育岗位证书后，才能从事特殊教育教师工作。第二，实施“按需”增加特殊教师岗位的政策，在全国首次将巡回指导教师、普通学校专任特殊教育教师、学前特殊教育教师、专职康复教师、校医的配备纳入特殊教育教师配备标准。第三，对特殊教育教师职称评定进行改革，研究制定了专门的特殊教育教师职称评定系列，使得评定标准和要求符合特殊教育的专业特点，成为促进教师专业发展的催化剂。第四，建设上海市特殊教育资源库提供专业支持。特殊教育资源库通过收集文献资料、制作教育教学康复案例、课堂实录、教育教学康复设施设备等各类文字、图像、视频等资料，为各级各类特殊教育学校与康复机构、随班就读普通学校、特殊教育学校教师、随班就读教师、残疾学生及家长提供教育与康复专业服务。第五，通过华东师范大学学前教育与特殊教育师资培训中心组织专职康复教师、巡回指导教师、资源教师等培训班，开展形式多样的专题培训，有效提高教师的专业服务能力。第六，建立名师培养基地，由特级教师担任基地主持人，选择特殊教育领域的优秀中青年教师作为名师后备人才加以培养，加强特殊教育骨干教师队伍建设。

5. 优化特殊教育办学条件

根据不同类别残疾学生的实际需求，采取新建、迁建、改建等方式对所有特殊教育学校进行新一轮建设，按照各类特殊教育教学与康复设施设备装备标准配备必需的教学与康复设施设备。对学前特殊教育点、普通学校资源教室进行设施设备的配置，为残疾学生创设良好的学习与生活环境。鼓励特殊教育指导中心的各种设施设备免费借给随班就读普通学校，解决随班就读学生对康复设施设备的需求。根据课程内容为普通学校的资源教室提供丰富的教具学具、多媒体设备、生活技能训练、康复训练等多种设施设备，满足随班就读学生多样化的学习与康复需求。改善特殊教育办学的软件环境，出台新政策使聋校、辅读学校教职工与学生比提高为1∶2.4，规定残疾学生人数在200人以下的特殊教育学校按200人核编，有随班就读学生的普通学校配备1名专职特殊教育教师，随班就读学生5名以上的，适当增加专职特殊教育教师配备人数；区县特殊教育指导中心配备不少于3名专职巡回指导教师；学前特殊教育班每班配备3名专任教师；特殊教育学校设立医务室，配备1名校医；特殊教育学校设置专职康复教师岗位。

（二）高水平推进特殊教育整体协调均衡发展①

江苏是我国东部地区经济最为发达、教育最为昌盛的省份之一，也是特殊教育发展的先进地区之一，目前全省已基本形成了从残疾儿童学前教育、义务教育、残疾人高级中等教育到高等教育的特殊教育体系，建成并正在逐步完善高等特殊教育师资培养培训机构，构建了省、市、县特殊教育教育科研网络，初步形成了“以随班就读和特殊教育班为主体、以特殊教育学校为骨干、以示范学校为龙头”的特殊教育发展格局。秉持“教育好一个残疾儿童和培养一名优秀学生同样光荣”，注重在教育投入、条件改善和教育政策等方面实施倾斜，推动全省特殊教育与普通教育同步、协调、优质发展。

1. 实施“一票否决”制度

省教育厅加强整体规划，注重统筹推进全省的特殊教育发展，把特殊

---

① 根据江苏省教育厅2010年提交教育部特殊教育处的特殊教育工作汇报和江苏省教育厅基础教育处提供的特殊教育汇报材料（2012）总结提炼。

教育发展情况作为省教育现代化先进县创建和义务教育均衡发展先进县评选的重要指标，在评估验收中实行“一票否决”制度。并以特殊教育示范学校为龙头，使本地区的特殊教育学校为全省特殊教育发展发挥示范及辐射作用。

2. 积极提供残疾学生免费教育

从省级财政设立的特殊教育专项补助费中划出专款补助特殊教育学校公用经费，在特殊教育学校和特殊教育班就读的义务教育阶段学生全部免收杂费和课（簿）本费、作业本费等；出台高中阶段残疾学生免收学费政策；实施优先安排残疾学生和残疾人家庭子女的政策，实施随班就读的残疾学生和残疾人子女优先享受“两免一补”等资助政策。各地还积极实施“助残帮困”工程，通过设立特殊教育基金等形式，帮助困难家庭的残疾学生就学，一些地方已实现了义务教育阶段残疾学生接受全免费教育。省教育厅出台政策保障残疾儿童免费接受学前教育，积极推进孤残儿童接受普惠性学前教育，探索建立学前教育扶困资助制度，帮助家庭经济困难儿童、孤儿和残疾儿童接受普惠性学前教育，明确规定幼儿园不得以各种理由拒收有能力随班入园的残疾幼儿。

3. 实施特殊教育学校合格建设工程

省财政设立专项资金，在全省组织实施“特殊教育合格学校建设工程”，使全省 109 所特殊教育学校达到或基本达到合格特殊教育学校标准。特殊教育学校合格建设工程有三项主要任务：基础设施达标、配齐通用教育教学基本设备和配置特殊教育专用设备。为全省特殊教育学校配置盲、聋哑、弱智教育教学的专用设备，目的在于通过硬件条件的改善，为实施特殊教育新课程提供物质条件保证。特殊教育学校合格建设工程的实施，为实现特殊教育与普通教育均衡发展、建立教育公平打下了坚实基础。

4. 改善特殊教育学校办学条件

江苏坚持以政府投入为主渠道，优先解决特殊教育学校的建设问题，将特殊教育学校建设纳入省教育厅实施的义务教育阶段“改造薄弱学校工程”“三新一亮工程”“六有工程”“校校通工程”“四项配套工程”等一系列工程，使全省特殊教育学校办学条件得到了一定程度的改善。实现了特殊教育学校全覆盖，全省所有30万以上人口的县（区）均已建立特殊教育学校，残疾儿童少年有学上、上好学和特殊教育发展又好又快的良好局面正在逐步实现。通过激励和支持各地创建特殊教育现代化示范学校，促进地方政府加大对特殊教育的投入，极大地改善了一批特殊教育学校的办学条件。特殊教育学校办学条件的改善，既为残疾儿童少年接受教育提供了良好的环境，也稳定了特殊教育学校师资队伍。

5. 提高特殊教育教师的专业化水平

依托南京特殊教育学院建立了江苏省特殊教育师资培训中心，承担全省特殊教育学校师资的培养和培训任务。根据《全省特殊教育学校非特殊教育专业毕业在职教师系统培训方案》，结合新课程实施，对全省45周岁以下的非特殊教育专业毕业的在职特殊教师进行全员系统培训。通过举办全省特殊教育学校青年教师教学基本功大赛，评选全省特殊教育学科带头人，组织全省优秀特殊教育教师、校长、行政人员等组成的特殊教育培训团，到国外进行为期一个月培训等，提高特殊教育教师的岗位吸引力，促进特殊教育教师的专业化发展。

6. 完善随班就读支持保障体系

建立省特殊教育资源中心，分别在南京市盲人学校、南京市聋人学校和常州市光华学校建立了江苏省盲童教育、聋童教育和弱智儿童教育资源中心，承担全省残疾儿童随班就读工作师资培训、巡回辅导、咨询服务等工作。扩大随班就读实验面，在每个地级市都设立了一个实验县，使每个地区都形成有建立随班就读支持保障体系的示范点，为大面积开展建立随班就读支持保障体系做好准备。安排随班就读实验专项经费，省教育厅为每个省级实验县安排了一定的实验经费，鼓励各地开展随班就读支持保障体系实验工作。举办全省随班就读工作培训班，举办全省各市及实验县教育行政部门特殊教育干部、教研员和部分随班就读点管理人员的培训班，每年举办一期盲童随班就读教师培训班。注重随班就读教育教学研究，委托省特殊教育专业委员会、省教研室组织有关随班就读教育教学论文评比、随班就读教育教学研讨、课堂教学观摩等活动，提高随班就读的质量。组织人员对全省所有实验县的实验工作进行检查，督促各地认真开展随班就读的实验工作。

7. 重视教科研工作

教育教学质量的提高，离不开教科研的引导，重视教科研工作，是特殊教育发展的有力支撑。首先，构建了全省特殊教育教科研体系，在省教育科学研究院设立了学前与特殊教育研究所，省和各市（县）教研室均配备了专或兼职特殊教育教研员；省和各市普遍成立了特殊教育专业委员会，各特殊教育学校大都设立了教科室。其次，积极倡导特殊教育学校开展课题研究，承担了教育部交办的《全国聋教育课程改革方案》和《全国聋教育课程标准》的研制任务，在全省聋校中组织了数十次新课程方案及标准研讨活动，促进全省聋校教师队伍科研水平的提高。再次，加强特殊教育教科研活动，每年委托省特殊教育专业委员会组织全省盲、聋、弱智学校开展专题研讨和教研活动，已形成制度。

（三）政策倾斜促进特殊教育与普通教育协调发展①

北京作为全国的政治文化和国际交流中心，特殊教育的发展作为政府义不容辞的职责，与普通教育一同规划、一同部署、一同要求、一同检查，促进特殊教育与普通教育协调发展。北京市政府按照“特事特办”原则，将实施残疾人义务教育作为特殊教育优质、均衡、特色发展的重要内容，通过政策倾斜和经费投入，为残疾学生提供公平的教育机会，充分保障残疾学生受教育的权利。

1. 推行基础教育阶段残疾学生免费教育

在全市陆续实行“三免两补”政策，对有本市户籍、在公办特殊教育学校就读的义务教育阶段和高中阶段残疾学生免杂费、免教科书费、免住宿生的住宿费，每人每年给予300元助学补助，住宿生每人每月发放160元伙食补助。对有本市户籍、在公办普通中小学随班就读的义务教育阶段残疾学生免杂费、免教科书费、免城乡低保家庭住宿生的住宿费，每人每

① 根据北京市教育委员会2010年提交教育部特殊教育处的特殊教育工作汇报和北京市特殊教育研究中心提供资料（2012）总结提炼。

年给予300元助学补助，城乡低保家庭住宿生每人每月发放160元伙食补助。

2. 大力改善特殊教育学校办学条件

市财政加大经费投入，新建或改造8所特殊教育学校，改善了特殊学校办学环境。从2012年开始预计三年，每年投入一个亿为特殊教育学校配备教育和康复训练设施设备，将特殊教育学校信息化纳入到全市中小学教育信息化建设整体规划中，与普通学校统筹考虑。优先为特殊教育学校建设校园网、配备计算机，目前已经为所有特殊教育学校配备了计算机教室。

3. 保障残疾学生享有参加普通教育考试的权利

为残疾学生参加普通考试扫清障碍，在实施基础教育阶段听力残疾学生在统一考试中免外语听力测试、低视力和盲人初中毕业生与普通学生同步参加中考、低视力高中毕业生与普通高中学生同步参加高考的基础上，又进一步实现了盲人高中毕业生与普通高中生同步参加高考的特殊政策。

4. 多种措施推动随班就读的健康发展

第一，保障随班就读学生与特殊教育学校学生享有基本相同待遇。无论是条件比较好的人大附小、中关村小学还是条件比较差的海淀区山后学校，都必须依法接收本校服务范围内经检测符合规定的残疾儿童少年随班就读，不得加以拒绝，在普通学校随班就读的学生享有与特殊教育学校残疾学生相同的公用经费定额中综合定额每生每年4500元标准。第二，探索建立随班就读行政管理和教学支持保障的两线工作机制。行政上，北京市教育委员会基础处有特殊教育干部负责包括随班就读在内的残疾儿童少年的教育管理工作，在各县（区）级教育行政机构有兼职的特殊教育行政人员，做到随班就读有人管。在市级层面上，设立了北京市特殊教育（含随班就读）管理中心，挂靠在北京特殊教育学院，承担全市随班就读工作的专项督导、年度检查、师资培训等工作，为随班就读工作提供业务指导和技术支持保障。各个县区级也相应在特殊教育学校设立相应机构，协助当地教育部门负责特殊教育包括随班就读管理工作。在教学支持保障上，在中心校或残疾儿童较多的学校设立了相应的资源教室或区域共享资源中心，对周边其他随班就读学校或本校随班就读提供咨询、指导等工作。第三，专项投入建立市示范性资源教室100个，区县和随班就读学校建设资源教室138个。对承担随班就读工作的班主任教师、资源教室/资源中心的教师等给予一定的特殊教育岗位补助。第四，建立和健全以教育行政部门和教研室（特殊教育中心或特殊教育学校）管理和教研两个指导网络，成立市、区县两级听障、视障、智障随班就读和资源教室教研组，定期开展随班就读师资培训、教学指导与教研活动，并开展北京市随班就读优秀学校评选和北京市随班就读评优课活动，促进随班就读工作的全面开展。第五，积极开展学前儿童特殊教育示范基地工作，各区县在继续办好特殊教育幼儿园和特殊教育学前班的基础上，选定1—2所办园条件较好、师资力量较强的市立幼儿园或示范园，承担残疾幼儿随园就读的试点任务，先后有18所普通幼儿园接纳残疾幼儿入园学习。

5. 保障重度和多重残疾儿童少年接受义务教育的权利

对全市0—18岁残疾儿童少年入学状况普查的基础上，了解义务教育阶段重度和多重残疾儿童少年的基数，制订《北京市残疾儿童送教上门评估方案》，对义务教育阶段符合送教上门条件的残疾儿童少年开展送教上门服务工作，为全市重度和多重残疾儿童少年平等接受义务教育提供可靠保障。

（四）顶层设计构建城市和农村随班就读工作的模式①

浙江杭州市在推进教育的均衡发展中，高度关注特殊需要儿童教育，坚持以满足儿童特殊需要为宗旨，以促进残疾儿童少年发展为根本，在抓好特殊教育学校建设的同时，以资源教室工作为抓手，积极推进随班就读工作深入开展，形成了以随班就读为主体、特殊教育学校为骨干、资源教室为抓手的特殊教育格局，扩大了特殊教育服务对象；形成了“零拒绝、全覆盖、多模块、支持性”的城市随班就读工作模式和“适宜性安置、协

① 根据2010年12月教育部在上海全国随班就读支持保障体系建设和管理工作经验交流会议上的发言和浙江省智障教育资源中心提供材料（2012）总结提炼。

同化运作、多平台支持、个性化培育”的农村随班就读模式，为特殊儿童提供了适宜性教育，更好地满足了学生的特殊教育需求，为残疾儿童少年接受优质教育创造了良好的条件。

1. 健全组织领导，为随班就读工作提供有力保障

杭州市把特殊教育学校建设、随班就读工作开展情况列入政府考核目标，完善随班就读辅读班和资源教室布局，为随班就读工作的开展提供经费、人员等方面的保障。杭州市教育系统以建设品质之城的高度，重视随班就读工作，努力改善特殊需要学生的学习品质。市及区县（市）教育局均形成了由分管随班就读工作的局领导、基础教育处（科）室具体负责特殊教育的管理构架，组建了特殊教育中心开展具体业务指导，形成了建教育局—特殊教育中心—学校层三级管理网络。学校领导均重视随班就读工作，确保随班就读资源教室有固定的场地和开展随班就读的优秀资源教师团队；建立以校（园）长为组长的随班就读工作领导小组或资源教室工作领导小组，每学期定期召开随班就读或资源教室专题工作会议；形成了系统的随班就读工作管理制度，将随班就读工作纳入教师工作考核。

2. 以资源教室工作为抓手，推进随班就读工作的开展

“资源教室”被认为是提高残疾儿童随班就读质量的重要措施之一，国家教育部将资源教室的建设纳入特殊教育的规划。杭州从2005年在上城区与萧山区率先开展城区与农村的资源教室工作试点，出台杭州市合格资源教室评估细则，连续三年开展市合格资源教室验收评估，连续三年召开随班就读工作现场会，2010年已经完成《杭州市示范性资源教室评估标准》，正在启动杭州市示范性资源教室评估工作。

3. 依托市智力障碍教育资源中心，加强随班就读和资源教室工作的指导和管理

杭州市成立了杭州市智力障碍教育资源中心，依托市智力障碍教育资源中心深入推进随班就读工作。依托市智力障碍教育资源中心开展随班就读师资培训，连续三年举办杭州市资源教师培训班，聘请专家学者组建杭州随班就读工作顾问团；通过专家讲座、同行交流、组织考察等多种形式的培训，在全市培养了200位资源教师，形成了“专家学者—特殊教育专

业教师—资源教师”三部分人员组成的专业梯队；依托市智力障碍教育资源中心组建业务指导网络，形成了“杭州市智障教育资源中心—各区县（市）特殊教育中心（资源中心）—首席资源教师”三级业务指导网络；依托市智力障碍教育资源中心开展随班就读课题研究；依托市智力障碍教育资源中心开展资源教室绩效评估；连续三年开展杭州市合格资源教室评估工作，通过评估，有80个资源教室被评为杭州市合格资源教室，计划通过2012年的评估，将使全市的合格资源教室达到100个。2013年将开始进行示范性资源教室的评估，通过此项工作，切实加强了全市随班就读资源教师队伍的建设，有力地保障了资源教室工作的持续深入发展。

4. 提供支持保障构建城市和农村随班就读工作的模式

根据城市地区和农村地区的基本情况，在多年研究和实践的基础上，创建了“零拒绝、全覆盖、多模块、支持性”的城市随班就读工作模式和“适宜性安置、协同化运作、多平台支持、个性化培育”的农村随班就读模式。

（1）“零拒绝、全覆盖、多模块、支持性”的城市随班就读工作模式

依托上城区特殊教育资源中心，本着“一个也不能少”的原则，探索在区特殊教育资源中心指导下的普通学校支持性资源教室的管理机制、运作机制、运作方法、实施策略等，逐步建构“零拒绝、全覆盖、多模块、支持性”的城市随班就读工作模式。

零拒绝：“一个也不放弃”，中、重度智力障碍学生可在特殊教育学校学习，轻度智力障碍学生、重听学生和低视力学生可在普通学校随班就读，对于极重度和多重残疾儿童则“送教上门”。

全覆盖：实现幼儿园、小学、初中纵向各学段全覆盖，上城区实现了区域全覆盖，轻中重度智力障碍学生全覆盖，资源教室支持服务对象涵盖智力障碍、学习障碍、情绪障碍、言语和语言障碍、多动症、孤独症等特殊需要学生。

多模块：针对不同类型的特殊学生建立不同的干预工作模块，以提高干预效率和效果，建立了智力障碍学生、学习障碍学生和情绪行为问题学生等多种类型特殊学生的干预工作模块。

支持性：构建区域性随班就读支持保障体系，建立健全随班就读政策支持体系；以区特殊教育资源中心为龙头，整合区域资源，培育资源教师团队；建构特殊教育需要学生支持系统，逐步形成专业支持体系；营造氛围，优化环境，建立环境支持体系。

（2）“适宜性安置、协同化运作、多平台支持、个性化培育”的农村随班就读模式

萧山区坚持以政策制度为保障，以部门协调为基础，完善随班就读保障体系；以布局调整为契机，促进区域学段均衡发展；以主题研究为手段，提升专业化师资队伍；以潜能开发为基点，实现生本化特长发展，形成了“适宜性安置、协同化运作、多平台支持、个性化培育”的农村随班就读模式。

适宜性安置：按照就近入学、适宜安置的原则，实施区建特殊教育学校、片设辅读班、镇建资源教室、校随班就读的四级教育安置方式，针对孩子的缺陷状况和发展需要，给予适宜的教育安置和人文关怀，让不同年龄段的特殊孩子在融合与无障碍的氛围中“进得来”“留得住”“学得好”。

协同化运作：积极发挥教育局教育科行政指导、特殊教育中心业务统筹、教师进修学校干训师训、教研室课程教学指导、幼教办学前辅导五位一体的协同管理合力，深化推进资源教室建设和学校共同体的教育与研究，采用“两头延伸、有序推进”的方式，实现幼儿学前康复、义务教育学能补救、高中职业技术教育之间的平衡发展。

多平台支持：完善提升随班就读支持保障体系，积极拓展特殊教育多元化活动平台和载体。健全了特殊教育经费保障、常规调研、年度考核、评估验收的制度支持体系；形成了年度特殊教育工作会议、教研组长论坛、课堂教学展示、学生技能比武等10大类教师培养和学生发展支持体系；实现了资源教室的科学建设、镇街覆盖、校本管理、梯度发展和区域共享的环境支持体系。

个性化培育：以资源教室为抓手，规范运作流程，优化课程设置，为特殊学生提供有效的个别化知识补救、技能开发和缺陷补偿；同时充分结

合地域经济文化特点，进行个性化培育，如开辟鞋艺制作、苗木种植、雨伞加工等社会适应性劳动训练和实践，为特殊学生习得一技之长和将来参与社会自食其力打下良好的基础，出现了“新靖江模式”“留课不留级”“多元化教学”“《轻度智力落后儿童随班就读课程学习指南》的设计与区域推进”等特殊教育品牌。

二、政府与民间机构合作推进随班就读发展[①]

残疾儿童少年随班就读虽然在我国有了长足的发展，但仍然面临许多的挑战，特别是对于经济落后或欠发达地区更是如此。内蒙古残疾儿童教育的经验告诉我们，即使经济落后或欠发达，但只要改革创新，利用现有的教育资源，积极与其他机构密切合作，也同样可以为残疾儿童提供良好的教育服务。

内蒙古自治区位于中国北部边疆，以农、牧业为主，经济欠发达。在“十五”期间，自治区为了解决残疾儿童入学问题，积极与民间机构（北京金钥匙视障教育研究中心）合作，实施了以视障儿童少年随班就读为主要内容的“金钥匙工程”，并以“金钥匙工程”为特殊教育的切入点和抓手，积极开展残疾儿童少年随班就读保障体系的建设，有力地推动了全区整个特殊教育事业的发展。[②]

（一）政府承担责任主体，民间机构辅助支持

为残疾儿童提供义务教育是政府义不容辞的责任，加强领导是政府与民间机构合作成功的保障。政府是举办特殊教育的责任主体，民间机构是外来的帮助者、支持者，政府不能把自己的职责全盘推给民间机构。离开了政府的领导，在目前国情下，民间机构将事倍功半、举步维艰。为推动

---

① 引自内蒙古自治区教育委员会2010年提交教育部特殊教育处的特殊教育工作汇报。

② 邓猛，朱志勇，钟经华．金钥匙视障教育理论与实际［M］．北京：北京科学出版社，2008：45.

“金钥匙工程”的实施，内蒙古自治区成立了“金钥匙工程”领导小组，负责统筹领导全区视障教育工作，制定规划和实施方案，协调有关部门解决实施过程中出现的问题。领导小组在教育厅基础教育处设办公室。为加强领导，各盟市教委及各旗县、乡（苏木、镇）层层建立了“金钥匙工程”领导小组。

政府与民间机构有着共同的价值理念，有着互补的职能。政府代表广大人民群众的利益，负责宏观决策与调控。搞好当地特殊儿童教育政府是主角，民间机构是配角。政府要发挥管理体系、组织机构的优势，用行政的力量将与民间机构共同商定的工作方案、措施推进下去。政府作出决定，并予以实施，将特殊教育完全纳入现有公立教育体系。从试点到推广都由政府决定，由教育局定计划、发文件。民间机构可以带来外地的经验、国际化视野，发挥自己在经验、技术、理念、资金等方面的优势，帮助培训教师、提供学习资料、咨询服务、总结经验等，协助政府推进残疾儿童教育的发展。

（二）政府出台有效政策，民间机构提供部分经费和技术支持

在与民间机构的合作过程中，尽管民间机构支持特殊教育一般会有一定经费的支持，但是政府必须承担政府的相应职责，提供适当财政经费，确保当地视障儿童与普通儿童一样享有受教育的权利和机会。自治区政府保证“金钥匙工程”的实施，每年划拨专项特殊教育经费。为了鼓励教师更好地为随班就读的残疾儿童少年服务，促进残疾儿童少年随班就读工作的健康发展，教育厅与人事厅、财政厅联合出台了《关于残疾儿童少年随班就读辅导教师待遇问题的通知》，明确规定：“辅导教师在辅导期间，可按月享受本人基本工资 15% 的特殊教育补贴费。”在评职、评优等方面都给予优先，充分调动了广大随班就读辅导教师从事残疾学生教育的积极性。此外，自治区政府还争取到了“中西部盲童入学项目”“扶残助学项目”“彩票公益金助学项目”“香港那打素基金会助学项目”等项目的大力支持，统筹安排，整合他们的技术优势和资金优势，有效地控制了残疾学生因家庭困难而导致的辍学，使残疾学生能够进得来、留得住，接受完

整、较高质量的义务教育。

民间机构除了提供一定额度的经费支持以外，主要还是协助政府做好技术支持引领等工作，包括选拔教师、培训教师、提供学习资料、咨询服务、评估检查等。对于教师的选定，通常是政府和民间机构制定好要求和标准，不仅学历上符合《中华人民共和国教师法》的规定，还要求必须具有良好的职业道德和一定的教育教学经验，身体健康，由学校和学区推荐，旗县教育行政部门审批，报盟市教育行政部门备案。确定辅导教师后，首次培训一般由“金钥匙中心”主导，并邀请培训专家，后续培训可以根据情况，以盟市或旗县为单位，自主聘请国内外特殊教育专家对辅导教师、旗县（市区）巡回指导教师、特殊教育干部和特殊教育学校校长进行培训。辅导教师培训后，参加旗县教育行政部门组织考试，合格后发给特殊教育培训结业证书，可以从事随班就读的辅导教师工作。辅导教师要具备一定的教育视障儿童的基本技能，确保盲童开学前学会盲文，也要对随班就读学生制订个别教育计划，建立详细的教学档案，所有这些工作经学校审定后作为辅导教师和随班就读生所在班级教师的考核依据。

（三）合理规划布局，建立随班就读的支持保障体系

把残疾儿童放进普通班级，将教育的责任完全推给辅导教师，对教师是不堪承受之重，势必会造成“随班混读”“随班就座”等现象。自治区政府根据自治区的具体情况，合理规划布局，在非政府机构特殊教育专业人士的建议下，首先委托在区级特殊教育学校建立自治区级特殊教育资源中心，然后根据残疾学生的分布情况，在内蒙古的东部、中部和西部地区各建立了一个区域级的特殊教育资源中心，再在盟市建立12个盟市级特殊教育研究指导中心，并为这些资源/指导中心配备人员和所需便宜且实用的设施设备。所有这些中心都建立了三类残疾儿童少年数据库，对所属旗县随班就读工作进行业务指导，这些中心在残疾儿童少年随班就读保障体系中发挥了积极的作用。在各个资源中心的指导下，每个旗县教研室设一名专职或兼职特殊教育教研员作为巡回指导教师，在旗县教育局的领导下，负责随班就读巡回指导工作。每个乡镇（苏木）设指导教师，对各教

学点的村级辅导教师、残疾学生提供支持和指导。

各个资源中心的专业设备由政府和民间合作提供。教育厅下发文件针对资源中心的分布、名称、所在地和服务范围，资源中心的性质、人员配备和职责作出明文规定。文件强调，资源中心是对有关盟市特殊教育进行业务指导，为特殊教育师资培训、教学研究、资源供应等有关方面提供服务的机构。其职责是：配合各盟市对旗县特殊教育管理干部、巡回指导教师、辅导教师进行上岗培训、考试及发证工作；掌握服务范围内视障生、各级教师和管理干部的基本情况；组织巡回指导、教学评估等工作；配合盟市教育行政部门组织开展视障教育师资继续教育工作，负责资源供应，按照教学进度，为服务范围内盲生制作各种凸线图片，根据需要为低视生供应大字印刷品、助视器，为盲生翻译盲文教材、有声读物，提供盲文字板、盲杖等学具的咨询或代购服务。

（四）利用已有特殊教育资源，发挥当地特殊教育学校的骨干作用

特殊教育学校有丰富的办学经验、雄厚的师资力量、充足的特殊教育设备。与民间机构合作开展随班就读工作，必须要充分挖掘本地特殊教育学校的潜能，将特殊教育学校从封闭的校园中释放出来，充分利用特殊教育学校宝贵的师资力量，把全区、全盟的特殊教育儿童都纳入自己的教育范围。首先，将自治区资源中心建在盲校（盲聋合校）内，充分利用盲校的人力、物力资源，资源中心与盲校分工合作，为随班就读工作发挥更大作用。自治区内的特殊教育学校可以根据需要协助教育行政部门实施随班就读工作的专项教育督导、年度检查、师资培训等工作。也可以对全省随班就读学生实行随班就读点和省资源中心双学籍管理。其次，特殊教育学校可以负责接收那些不能够随班就读的残疾程度较重或多重残疾儿童入学，或为高年级残疾学生开办职业教育以便获取一技之长，为进入社会打好基础。

（五）以“金钥匙工程”为契机和抓手，促进特殊教育事业的整体发展

“金钥匙工程”实施初期，主要是为了扩大视障儿童（盲童）的教育

机会。自治区政府以此为契机，本着“三类残疾儿童教育并重”“三条渠道（特殊教育学校、特殊教育班、随班就读）并举”的原则，在狠抓视障儿童接受教育的同时，带动听力和智力残疾儿童少年的教育，使三类残疾儿童少年教育得到均衡发展。同时，采取特殊教育、职业教育和学前教育相结合，提高了三类残疾儿童少年的入学率和教育质量，使残疾学生能够进得来、留得住，接受完整、较高质量的义务教育。

不断扩大随班就读规模，保障残疾儿童随班就读教育质量是我国特殊教育发展相当长时间内的重要任务之一，以教育行政部门为主导、普通学校为主体、特殊教育学校为支撑，构建完善的随班就读工作机制和科学的支持保障体系，随班就读工作才能健康发展。

三、创新特殊教育学校办学模式

（一）以职教中心为依托，辐射全区成年残疾人职业康复

智力障碍人士是残疾人的重要组成部分，开展社区康复，提供有效的支持服务，利于使成年智力障碍人士获得生存发展空间和生存的能力，也利于保障其享受康复服务的权利，进一步提高他们的生活质量。做好成年智力障碍人士的社区康复训练，不仅可以改变他们本人和其家庭的命运，也会对促进社会文明进步作出贡献。据调查，在中国很多社区居住、生活的成年智力障碍人士中，仅有很少一部分人是曾在培智学校或在其他机构接受过培训，大部分都没上过学，没有经过任何培训，他们基本上闲散在家或社区。如果长期缺乏相关的训练，智力障碍人士的能力易于退化，很难融入到社区生活中。如何利用特殊教育学校的资源为社区内的智力障碍人士开展职业康复培训，提高社区内成年智力障碍人士的综合能力和生活质量，北京市宣武区培智中心学校职业教育部①的做法为我们提供了有意

① 根据北京市宣武区培智中心学校提供材料（2012）总结提炼。

义的思考。

北京市宣武区残联依托北京市宣武区培智中心学校挂牌成立了宣武区成年智障康复训练指导中心，主要任务就是以学校的职业教育中心为依托，对全区内的成年智力障碍人士提供康复训练服务和康复工作指导。面向社区，立足社区，不断探索和拓展康复服务与指导功能。

1. 多方合作，职责明确，为成年智力障碍人士社区康复创造条件

成年智障康复训练指导中心成立以来，宣武区残联、社区相关部门和中心多方合作，共同组织开展了对成年智力障碍人士的康复指导服务。其中，各方职能划分比较明确。区残联统筹安排，整体布置成年智力障碍人士的社区康复工作，并起协调作用；社区负责成年智力障碍人士的确定，以及康复工作的具体落实；中心主要负责康复服务的技术指导，并开展现场培训。

为了确保中心职能的落实，中心依托培智中心学校的职教部，成立了社区成年智力障碍人士康复工作小组，制定了社区康复工作原则、工作内容、管理方式和工作流程等。康复小组由中心负责人、专职康复教师、专业教师、社工组成。中心领导主要负责整个康复工作的组织协调、领导监督和保障落实工作；专职康复教师承担计划制订、康复训练、效果评估与跟踪训练等工作；专业教师参与康复训练和相关评估工作；社工主要负责开展中心与社区、残联之间的联系和沟通等工作。只有通过多方合作，共同研究确定社区智力障碍人士康复工作的切入点、训练内容、形式和方法，并及时进行沟通，成年智力障碍人士的社区康复工作才能顺利进行。

2. 资源共享，探索成年智力障碍人士社区康复的途径

充分利用培智中心学校职教部的资源，为成年智力障碍人士的社区康复工作提供保障。利用职教部专业人员的技术资源和职教部的专业教室（如家居教室、烹饪教室、手工编织教室等）和康复训练器械场地、设备资源等，直接帮助社区为成年智力障碍人士提供良好的训练环境。此外，也为社区的各个康复站提供指导服务，将中心功能辐射到社区的各个康复站。

长期以来，人们不能用看待正常人的眼光来对待成年智障人士，而实

际上，智力障碍人士同样应该承担一部分家庭和社会的责任。因此，基本的生活能力、职业能力和社会适应能力等方面的训练，对于智力障碍人士立足于社会具有重要的意义。围绕这些内容，中心坚持对社区成年智力障碍人士开展了多种多样的训练。

（1）成立固定的社区成年智力障碍人士康复班级集中训练

中心的一名专职康复教师和社区康复训练员共同承担班主任工作，负责日常管理，训练通识性职业技能和生活自理技能。根据成年智力障碍人士的实际能力、需求和生活环境，选择以吃、穿、洗漱、清洁、礼仪等方面的内容作为训练的重点。训练中既考虑集体又照顾个别差异。如在讲“擦拭”技能时，康复教师集中让学员认识擦拭所用的工具，并将技能分解，根据每个成年智力障碍人士的实际情况，分别采用不同的支持方式，由教师、训练员和家长指导训练，使其掌握这个技能，并将这个技能运用到家庭生活中去。

（2）根据社区成年智力障碍人士的职业能力现状分散训练

主要做法是，在对成年智障的职业技能培训中，根据成年智力障碍人士的职业能力现状将其安置到职教部不同的专业进行技能训练。例如，根据成年智力障碍人士的能力现状及兴趣，将其分到职教部的各专业班，由专业教师负责培训，指导他们学习手工编织、珠艺、烹饪等技能。分散训练更能体现个性化的社区康复，同时，由于他们在不同的专业，经常会接触到不同的教师和同伴，他们与人沟通的能力和适应环境的能力都会有所提高。

（3）为成年智力障碍人士开展社区和家庭训练

成年智力障碍人士最终还要回归社区，所以许多培训内容需要回到社区，回到他真实的生活中去进行训练和应用。因此，中心将训练延伸到了社区，安排康复指导教师到社区开展直接培训，并为社区训练员和家长做示范。首先，康复教师要与社区成年智力障碍人士的生活环境结合，在社区现场，指导成年智力障碍人士认识自己所在社区的地理环境、认识和使用社区内的服务机构、公共设施，开展相应的康复训练。例如，指导其到附近医院学习看病程序、到邮局、银行学习相关技能；指导其认识附近的车站、公厕，使用街边的健身器材等。其次，鉴于有些成年智力障碍人士经过培训可以在社区内找到相应的工作岗位，因此，康复教师还要结合具体情况，立足社区，为他们开展工作能力的培训。例如，开展清扫楼道卫生和配送服务培训。在配送服务培训中，要指导他们把每天的工作内容列表，每做完一项就打“√”做标记；要训练他们记清服务对象的姓名、楼座、楼层、门牌号和联系电话；知道按时间要求服务上门，发送宣传材料等。在这个过程中，社区训练员和家长都要参加，其中社区训练员还要负责检查和落实。通过这些深入社区的培训，可以进一步提高社区成年智力障碍人士的社区生活能力和就业能力。

（4）为社区成年智力障碍人士开展丰富的社会实践活动

社区的成年智力障碍人士平时很少有机会参与集体活动，为此，中心安排他们在训练时要参加职教部的升旗和早操等活动，这样有利于培养其规则意识、集体意识；当职教部有重大活动时，如开展宣武区特奥运动会等，都会让他们在康复教师的指导下积极参与，在活动中提高其社会交往和参与活动的能力。此外，残联、社区和中心还专门为社区成年智力障碍人士联合组织相关活动。成年智力障碍人士走入社会活动中，走进大自然，在活动中，中心的教师结合乘车、入住酒店、才艺比赛、就寝、采摘等内容，开展现场康复训练，并设立了评估标准和评估表，由康复教师、训练员、家长在活动中就生活自理、认知能力、沟通能力、休闲娱乐等领域对社区成年智力障碍人士进行生态评估。通过实践活动，增强了成年智力障碍人士适应社会的能力，增进了全体工作人员对他们的了解，也促进了康复训练工作的进一步开展。

（5）加强培训示范，提高社区训练员和家长的康复指导能力

开展社区康复工作，采取以社区为单位建立康复站，是对社区成年智力障碍人士进行康复的有效途径。但是社区现有的专职和兼职的康复指导人员以及家长，缺乏专业培训，对智力障碍人士康复目标、方法，尤其是对康复对象的认知特点、学习技能的方式了解很少，难以制订有针对性的训练计划。因此，对社区训练员和家长进行培训示范，也是成年智障康复中心的重要功能之一。通过培训和示范，可以提高社区训练员和家长的康

复指导能力。

——举办讲座。为社区内负责智障康复工作的训练员以及家长进行康复技能培训的主要内容包括：功能评定、训练计划的制订、训练技术、训练档案和评估标准的使用等知识。例如，中心在区残联和社区的协助下，曾举办了康复技能培训的讲座。该讲座由中心有经验的专业教师担任主讲教师。通过讲授和现场操作的培训形式，向社区训练员和家长介绍了常用的几种操作技能培训方法。在操作技能训练中，使用最多的方法是“工作分析法”，专业教师就以“冲泡方便面”为例，进行现场任务分解训练，使训练员和家长学会了这种方法。

对于社区康复训练员和家长开办讲座，首先是通俗易懂，将有些理念、理论用实例讲解或者贯串在整个讲座里，这样便于接受；其次，讲座围绕训练员工作中的困难点，并通过讲座帮助他们找到训练的切入点；再次，每次讲座的内容都有重点，一次解决一个问题，并且做到讲和现场操作结合，使其很好地参与到讲座中来，现场指导解决问题效果更好。

——现场培训。这里所说的现场培训主要是指专职康复教师或专业教师在对成年智力障碍人士进行康复训练的同时，请社区训练员和部分家长参与，使其在康复培训现场学习康复训练的技能。

对社区训练员和家长进行现场培训。第一，在现场培训之前，中心的康复教师根据成年智力障碍人士的现状，结合家长需求，为成年智障人士制定出比较具体、有针对性的培训目标，并请训练员和家长一起参与，制订长、短期的训练计划。训练员和家长了解训练的目标和计划，利于提高训练效果。第二，现场培训有示范性和指导性。在进行技能训练时，教师将技能进行分解，并加强技能的示范。现场学习相关技能后，训练员和家长参加到辅导成年智力障碍人士学习技能的过程中，与此同时，康复教师或专业教师进行现场巡视和指导。为了保证训练效果，对于一些重点和难点技能，提前培训训练员和家长，不能完全依赖于现场培训。

——社区应用。在中心训练的时间有限，智力障碍人士回到社区和家庭之后，在社区人员和家长的指导下继续巩固和应用所学技能，保证社区康复的效果。同时，回到社区，开展康复培训实践也是社区训练员和家长应用所学康复指导技能的重要途径。因此，在中心训练结束后，中心的康复教师或专业教师要给训练员和家长安排社区实践任务，即回到社区和家庭的训练任务。这些任务可以是指导智力障碍人士巩固所学技能，也可以是教授新的技能。例如，智力障碍人士学习了叠上衣的技能之后，回到社区要强化训练，同时，训练员和家长用任务分析法把叠裤子的技能进行分解，然后指导智障人士学习叠裤子的技能。此外，即在中心训练结束后，康复教师或专业教师设计简洁的训练评估记录表（一般采用表格符号记录法为宜），指导训练员和家长进行康复训练记录与评估。通过训练记录评估表，便于教师了解成年智力障碍人士在社区和家庭的康复训练的情况。

（二）以社区融合教育为基础，促进残疾学生的全面发展①

特殊教育学校采取的是寄宿制的封闭教育形式，教学大多是根据教育部特殊教育学校课程大纲规定的内容在学校校园内的课堂上实施，即使课堂教学效果明显，但对于许多残疾学生来说，特别是弱智学生在实际的社区生活中仍然不一定会应用。随着残疾儿童年龄的增长，学校毕业后回归社会已是无法回避的现实。然而根据调查显示，由于特殊教育学校在教育方面的不足，很多残疾学生在完成义务教育后，很难参与社区生活，只能留守家中，被隔离于正常的社会生活之外。宁波达敏学校是一所培智学校，坚持“一切为了智障孩子的生存发展，提高他们的生活质量”的教育理念，以“生活自理、适应社会、自食其力、提高生活质量”为培养目标，以“培养品德、传授知识、锻炼能力、康复身心”为主要任务，创建了“社会大课堂，生活活教材，公民是教师”的社区融合教学模式，成功地实现了课堂教学的社区化。学校的最大办学特色是突破课堂，让孩子走出校园，走向社会②。以智障孩子未来社区中的生活为核心，开发和有效利用社区资源，使学校真正融入社会，实现了学校、社区的良性互动。

1. 成立“特殊教育协作理事会”，汇聚社区资源的支持

特殊教育协作理事会是由一些社会仁人志士以及各企事业单位组成的

---

① 根据2011年教育部专家组调研结果总结提炼。

② 教育部基础教育二司．“基础教育课程改革”工作简报（内部资料）．2012（7）：2.

协作组织，其主要目的是要发挥各理事单位和理事成员在社区中的作用，帮助特殊教育学校开发使用社区的资源，协助特殊教育学校的残疾儿童完成在社区学习生活的任务，形成残疾儿童的社会支持系统。当残疾儿童进入到一定年龄阶段，就需要开始考虑孩子将来该怎么办，从学校回到社会能否适应，可以做些什么，能否自己照顾好自己。学校需要以儿童所处的社区和生活环境为重要考虑因素，联系和依靠与残疾儿童相关的人员及公共机构，如家庭、医院和社区及其他社会性机构联手合作，为残疾儿童的进一步发展和顺利进入社会打好基础。特殊教育协作理事会的作用在于吸收社区内各种组织、各方人士协作参与特殊教育学校的社区教育教学，使社区中齐备的设施和环境可以成为残疾学生教育教学的自然课堂，为残疾儿童在社区学习提供无障碍通道，为特殊需要儿童今后的社区使用、社区工作、社区参与、社区安全搭建支持性平台。

2. 突破封闭的课堂，使社区内资源成为学习的课堂

培智学校的教学大多跟普通学校一样，班级集体课堂教学，对于弱智学生来说，尽管教师费力不少，通常学生的学习效果不理想。一些培智学校也意识到弱智学生在课堂上不能学会所有未来生活需要的知识和技能，于是期望政府加大投入力度，使弱智学校里应有尽有，具有小型社会职能。不过，即便政府能够有大笔资金投入，但也缺少生活意义和现实性，未必能够解决弱智儿童回归社会后很难融入社会的问题。利用社区资源一举两得，既节省了大量的经费投入，又使得弱智学生能够在完全真实的社区环境内学习技能。首先，以学生个体发展为中心，在评估的基础上为残疾学生制订个体化未来发展计划，以确定残疾儿童需要学习的技能及所需要的自然生活场所。其次，利用特殊教育协作理事会在社区内的地位和关系，协调社区内各个潜在的能够为残疾儿童提供学习的生活场所，如社区内的马路、公园、超市、饭店、宾馆、医院等，都可以成为残疾学生学习生活技能的教学场地。再次，根据需要遴选这些生活场景的工作人员成为教学活动的辅助教师，向学生介绍有关知识。返回学校后，教师再与学生一起复习所学习的知识和技能。这样自然环境下的教学，既满足了学生个体差异的教育需求，适应了残疾学生未来生存发展的需要，也减轻了政府

的社会负担，而且增加了社区对残疾学生的理解和接纳。把孩子带到社区不仅仅是活动，更是上课学习，对智障孩子的教育而言是非常大的变化。

3. 科研引领，探索校内内容与校外活动内容相互衔接的模式

关注残疾儿童的生存教育，以“生存质量”为核心的教育导向越来越被国际社会所接受，以“生活”为教学活动的核心，解决生活中的实际问题，增进社区生活，促进社区参与，提供支持性服务，提升生活品质，已经成为中重度残疾儿童教育的一种发展趋势。

校园内的课程内容要遵循国家培智学校课程教育大纲的要求，注重发展性课程和功能性课程的有机结合，评估学生在各个发展领域（如认知、语言、动作、社会化技能等）的水平的基础上，进行有针对性的教学，促进学生在各领域的发展。对于重度和极重度的残疾学生来说，应该加大功能性课程内容，从学生的实际生活出发，直接教授生活中所需的技能。校园内学习的知识和技能需要在社区内的活动中得到加强和应用，社区活动中学生的表现又为学校的课堂教学提供进一步的教学内容，两者互相渗透、互相衔接、互相支撑。

在集体教育的背景下，需要关注每一个个体的个别教育需求。注重“学校+社会+家庭”之间的密切配合。家长对孩子的教育有很重要的作用，能起到事半功倍的效果。特别是走读的孩子，要发挥家庭教育的阵地作用。

4. 大胆创新，构建社区融合课堂教学模式

以智障学生“生活”为核心，学校教学与社区教学相结合，最终实现智障学生“生活自理，社会适应，自食其力”是社区融合教育的主要目标。“社区就是课堂，生活就是教材，公民就是教师”是社区课堂教学的核心内容①。

“社区即课堂”。学校所在社区内的大多公共场所都可以是智障学生学习的场所，都可以开展学生的教学、训练。因为这些地方是学生未来独立

---

① 刘佳芬，陆雪萍，田芳．培智学校社区课堂教学模式的构建与探索［J］．中国特殊教育，2011（6）：24－26.

需要经常去的地方，残疾学生如何安全、独立购物、看病等对学生来说非常重要，因此在这些自然真实环境下习得的知识和技能对学生最有价值、最有用。首先对社区内基本场所进行分析，如社区内居委会、超市、农贸市场、快餐店、休闲场所、体育活动区、社区医院、娱乐处、交通道路、公交车等都是残疾学生未来常常需要去的地方。其次对这些基本场所的环境和功能进行分析，如社区居委会将来可以为残疾学生融入社会生活提供就业、生存服务等，而超市则是学生认识物品、购买物品以及运用人民币的地方。再次对残疾学生现状进行评估，包括能力水平、长处、缺点、未来愿望（将来生活、可能的工作）等进行分析，以便设计情境和活动内容更具有针对性。

“生活活教材”。“生活即教育”，教育为生活所必需，同时生活又为教育提供了具体的内容，那么最好的教育应该是在生活中学习，向生活学习。智障学生的学习内容应该首先考虑实用性，从学校生活到家庭生活、从个人生活到社会生活所需要的基本知识和技能都应该是他们需要掌握的，这样才能逐步提升智障学生未来在社会中的生活质量。

“公民似教师”。社区是课堂，生活是教材，那么社区成员自然而然就成为了学校的编外教师。从学校在编的教师到社会各界编外的教师，为智障学生的教学提供了强有力的师资队伍，使得智障学生的社会学习与生活更有保障，融入社会成为现实；同时也为智障学生未来实习建立了良好的人脉基础，并为学生就业提供了潜在的可能。

（三）以残疾学生需求为中心，突出特殊教育学校办学特色

我国特殊教育学校已经有了100多年的历史，积累了许多宝贵的经验，也形成了许多固定的教学模式和训练方式。这些经验、教学模式和训练方式对我国特殊教育的发展，对接受学校教育的残疾孩子的潜能开发和缺陷补偿、知识的掌握及各种能力的形成、综合素质的提高等都起到了无可置疑的作用。但随着《中华人民共和国义务教育法》和《中华人民共和国残疾人保障法》的实施，特殊教育学校的接收对象发生了很大的变化，残疾程度较重的学生有些甚至是多重残疾学生像重度脑瘫、孤独症等越来越成

为特殊教育学校的主要教育对象，这些残疾学生不仅需要学习适当的文化知识，更需要医疗康复的支持和辅助，能够站起来、能够走路、能够利用自己的肌张力拿住东西、握住笔对他们来说比日复一日地重复学习相同内容的文化知识更加重要。如何综合运用教育和医学康复等多种科学理论、技术与手段，对这些重度、多重残疾学生进行教育与康复，有效地促进残疾孩子身心更好地发展，不仅是我国特殊教育学校面临的挑战，也早已经成为国际特殊教育共同面临的难题。黑龙江省哈尔滨市燎原学校以“能生存、会生活”为办学目标，通过医教相结合的方式培养智力障碍学生，尽管需要继续实践完善发展，但却是特殊教育学校有益的创新尝试①。

1. 学校领导和所有教师达成共识

首先是让教师体验成就感。通过对学生测量评估、教育训练和发展情况的影像、文字等记录的分析比较，让教师们看到学生在接受“医教结合”模式训练前后的显著变化。当教师们看到通过自己的努力，学生获得了点滴进步（如能够拿出文具、收书包等），自己也减轻不少负担并获得专业上的更快发展时，教师们感觉付出的劳动和努力有效果，乐意学习提高自己，接受“医教结合”理念，增强了行动的积极性和自觉性。

其次是创造机会让部分教师外出学习和接受专业培训。教师掌握了国内有关言语、语言康复、肢体康复训练等基本理论和技术，教师对智障儿童训练就会更加科学，训练也会更有效、更具针对性。

再次是利用每周三集体备课的时间进行“教我一招”“每周欣赏”的讲座或交流，同时经常针对在实践中遇到的难题进行研讨，校长、部门负责人和教师共同参与，让教师们在交流研讨中逐步了解和掌握一些与智障学生身心发展有紧密关系的医学康复知识与康复治疗的手段方法。

最后是鼓励大家将学到的知识和方法手段运用到实践中，从小处着手，摸索并积累一些解决和应对学生个体问题比较有用的、有效的小手段与小办法，收到效果后再在同类问题群的学生中尝试，如此循环往复，也激励了教师们的不断参与和创造。

---

① 张联驰．多头并举，共同推进“医教结合”［J］．现代特殊教育，2011（3）：6－12.

2. 以评估为基础，制订个别化的教育方案

传统的特殊教育主要是遵循国家特殊教育的教学大纲采取集体教学的方式进行，有些残疾儿童根本无法跟上班级内教学进度，特别是中重度残疾儿童几乎无法学习国家规定的学科课程，校园内无所事事、学无所得的残疾儿童并不少见，说明特殊教育学校集体式的教学不能满足残疾儿童个体需求。应该以残疾儿童需求为中心，在对残疾学生进行综合评估的基础上，为其制订适合其需要的个别化的教育方案，满足其个体教育需要。

首先，为每一个学生建立档案。制定了个别训练目标和计划后，要将他们的表现、训练内容等用影像、文字和图表等及时记录在册，以便加强有效的评估，提高教学效果。

其次，不同学段的残疾学生医疗康复的内容不同。从学前幼儿教育到小学三年级，即从学生 3 岁（或 2 岁半）到 10 岁之前，是以早期干预、医疗康复为主，教育为辅，形式上多为个体干预。对于学生 10—16 岁这个阶段，则以文化教育和活动康复为主，主要进行集体活动背景下的大干预，不再过多地进行个体康复干预，而只兼顾那些确有需要的部分学生的个别训练。对于 17—20 岁这个阶段，我们以职业教育和生活康复为主。由于学前到低年级阶段是学生身心康复和发展的关键期，同时也受目前学校师资条件的限制，所以我们的重中之重是抓这一关键期。抓住这个关键，可以事半功倍。

3. 创造条件，提供适宜的教育和康复服务

特殊教育学校开展“医教结合”工作，要以学生的终身发展为前提，以实现智障学生个体发展的最佳状态为目的，以医疗的手段和教育方式为载体，在尊重个体差异、面向个体需求的基础上实施。学校应在新理念的指导下，积极努力创设一定的条件，拥有“几间房、几件物、几个人”就可以开始尝试开展简单的医疗康复与教育相结合的服务。

——几间房，是指一定的训练场地。例如，至少要有 1 间使用面积在 80 平方米以上的训练室（用以进行集体训练或运动能力训练）、3 间面积在 10 平方米左右的个别训练室（用以进行个别训练），再加上对学牛平时上课用的普通教室的合理有效使用，便可以满足“医教结合”办学模式的

空间需求。

——几件物，是指进行康复评估用的几件基本设备和评价量表。因为评估是训练和干预过程的重要环节与决定因素，医疗手段或教育方法选取是否得当、干预过程是否合理、效果是否凸显，都是在初评、过程评、效果评中体现的，评估是否科学合理直接影响到康复的效果。所以，评估设备的选定和量表使用需严谨、科学。至于选择哪方面的评估设备和量表，要依据学校所开展或擅长的康复项目而定。

——几个人，是至关重要的一环。特殊校育学校教师需要引进懂得康复医疗的专业骨干人士，引领和指导培训特殊教师的工作。特殊教育学校大部分教师是学教育出身的，若要求他们在短时间内同时掌握医疗康复的手段恐怕有难度，也不太现实。因此，如果没有专业人士的指导，一旦教师产生畏难情绪，将不利于医学康复与教育的有机结合。因此，在初始阶段需要选择3—5 名有能力、有热情、有韧性的教师，与康复专业人士一起形成康复工作团队，采取集中培训和自学相结合的形式逐渐成长。然后，再逐渐拓展到特殊教育学校的所有教师。这种由简到繁、由易到难的推广，既可以降低工作难度，又可以避免大的转向引起大的波动，也不会由于操作不当对残疾儿童有误伤，更能够为每名学生提供符合个体需求的完善的教育与医疗康复服务。

第五章

中国与部分国家特殊教育比较

从国际视野审视我国特殊教育发展水平，有助于分析我国特殊教育在发展过程中取得的重要进步，也有助于厘清我国特殊教育现存的问题，从而提出有针对性的建议。各个国家经济文化发展水平不同、教育体制不同，对残疾人以及特殊教育的认识也不同，这些差异使得不同国家实施的特殊教育政策各有不同、对特殊教育所取得的成就评价也各不相同。本章将对影响各国特殊教育发展的重要指标进行比较，希冀为我国未来特殊教育改革和发展提供参考信息。

一、特殊教育对象的比较

特殊教育对象的界定，不仅间接地反映出国家对特殊教育的认识和态度，也直接影响了国家对特殊儿童采取教育的方式，以及对特殊教育的经费投入。一般而言，国家会以法律条文的形式，明确规定本国特殊教育的对象类别是什么。目前，各个国家对特殊教育对象的界定各有不同，根据其特点，大致可以分为两种类型。

（一）强调“特殊教育需要”型

典型代表是英国。根据英国《特殊教育需要者教育法》（Education for

Persons with Special Education Needs Act，2004）规定，如果一个儿童有学习困难、需要为其量身定做特殊教育支持，该儿童在法律上就被定义为有特殊教育需要。学习困难是指与大多数同龄者相比，儿童在学业上有显著的较严重的困难；或者是指儿童的残障阻止或妨碍他们使用教育设施，而这些教育设施是地方教育局提供给所辖区域内其同龄儿童的一般设施。除了明显的学习困难儿童，有特殊教育需要的儿童还包括了肢体残疾的儿童、聋童或盲童等；以及那些学习困难表现得并不明显的儿童，诸如学习迟缓的儿童和情绪障碍的儿童。很多在校儿童在其受教育过程中的一些阶段可能都需要特殊教育的帮助。

强调特殊教育对象指“特殊教育需要”的学生，在特殊教育实施的过程可以体现一个显著优点，即它有利于消除“标签”的负面影响，有利于引导人们不再将关注点聚焦于学生有什么类型的残疾或问题，而是强调学生需要获得什么样的教育支持。

（二）分类日趋细致型

和我国一样，一些国家在特殊教育发展初期阶段，基本上以盲、聋、智力落后儿童少年为主要的特殊教育对象。随着对“什么是残疾”“什么是学习需要”的认识的加深，这些国家对特殊教育对象的分类也越来越细致。

比如，美国的特殊教育对象为 12 类残疾人。美国《残疾人教育法》（Individuals with Disabilities Education Act，IDEA，2004）规定，特殊教育的对象包括 12 类，即智力残疾、听力残疾（包括聋）、言语或语言残疾、视力残疾（包括盲）、重度情绪障碍（也称情绪障碍）、肢体残疾、孤独症、创伤性脑损伤，其他健康残疾，以及特殊学习障碍。

日本的特殊教育对象为 10 类残疾人。2007 年日本出台的《学校教育法》修正案将“特殊教育”更改为“特别支援教育”，并将其对象界定为除原来的视觉障碍、听觉障碍、智能障碍、肢体障碍、身体病弱、语言障碍、情绪障碍七大类儿童外，又将就读于一般学校普通班的学习障碍、多动症、自闭症等儿童纳入范围。

（三）分析与比较

与上述国家比较，我国对特殊教育对象的界定呈现出两个特点。第一，与美国、日本一样，我们对特殊教育对象的界定也体现出分类越来越细致的特点。新中国成立初期，我国出台的与特殊教育相关的法规中，未明确说明哪些儿童少年是特殊教育对象，但可以从中判断出当时的特殊教育对象主要是盲和聋两类。比如 1957 年，政府颁布了《中华人民共和国教育部关于办好盲童学校、聋哑学校的几点指示》《全日制聋哑学校教学计划（草案）》和《全日制盲童学校教学计划（草案）》等。1990 年颁布的《中华人民共和国残疾人保障法》指出，残疾人包括视力残疾、听力残疾、言语残疾、肢体残疾、智力残疾、精神残疾、多重残疾和其他残疾的人。特殊教育的对象指的是这部法律中规定的残疾人士。第二，目前我国对特殊教育对象仅限于残疾儿童青少年，未将天才或超常儿童青少年纳入特殊教育范畴。

二、特殊教育对象安置形式的比较

特殊教育对象的安置形式主要分为两类，即特殊教育学校安置和融合教育安置两种。从特殊教育历史看，特殊教育学校安置形式出现在 18 世纪，蓬勃发展于 19 世纪上半叶。但到了 20 世纪 60 年代，欧洲一些国家和美国的学者对将残疾学生安置于特殊教育学校产生了质疑，他们认为特殊教育学校是“隔离式”的教育环境，不利于残疾学生融入社会，而且将残疾学生安置在特殊教育学校，违背了残疾学生的教育选择权。于是，“回归主流”（让残疾学生回归到普通学校中学习）运动出现，这一运动促使欧洲国家、美国，乃至全世界的特殊教育发生了很大的变化，最显见的特点是残疾学生越来越多地就读于普通学校，特殊教育学校数量日趋减少。到了 90 年代，人们又提出了“融合教育”或“全纳教育”思想，认为教育应该是尊重学生选择权利、不断减少排斥、帮助学生潜能尽可能得到发展的过程。在融合教育的思潮下，各个国家特殊教育对象安置形式呈现以下不同特点。

（一）以融合教育安置为主

推行融合教育的典型国家之一是英国。英国《特殊教育需要鉴定与评估实施章程》（1994）表明了对地方教育当局和学校成功实施融合教育的期望。该章程提供了详细的教育服务模式，以促进融合教育实践的发展。这个模式有益于决定如何为每个有特殊教育需要的儿童提供最好的特殊教育服务，尤其是为普通学校中有特殊教育需要的儿童。并提出对于特殊学生的歧视行为将被视为违法行为。《特殊教育需要鉴定与评估实施章程》（2001 年修订版）进一步提出，享有特殊教育需要的儿童有更大权利在普通学校接受教育。《特殊教育需要者教育法》（2004）确保了有特殊教育需要的学生能够享受相应的学习权利，帮助他们在离校时具有相应的必要技能，帮助学生家长开展教育。大规模减少特殊教育学校，这是确保英国实施全纳教育的重要举措之一。英国有些地区，如伦敦市纽汉姆区为了开展融合教育，保留了一所特殊教育学校。特殊教育学校的缩减，也促使英国大量的特殊儿童进入融合学校就读①。

（二）以“融合教育＋特殊教育学校”安置为主

以美国为典型代表。美国《残疾人教育法》规定，在鉴定以后，公共机构在考虑残疾儿童（包括学前儿童）的教育安置时，应确保以下几点：①安置决定必须由专门的小组作出，其成员包括家长，其他了解儿童的人，了解评估程序、安置程序的专家；②必须与最少受限制环境的规定相一致；③儿童的安置必须每年度确定一次，以儿童的个别化教育计划为基础，安置地点尽可能靠近儿童的家；④儿童一般在普通学校接受教育，除非其个别化教育计划要求其他的安排；⑤在考虑儿童最少受限制环境时应考虑那些可能对儿童构成潜在威胁的因素；⑥不能仅仅因为需要调整残疾

① 张会亮．国际全纳教育研究的进展及启示［J］．现代特殊教育，2007（11）：41－43.

儿童的教育课程而将其从普通班级调出。

在法律的推动下，美国特殊儿童的总体安置格局是普通学校（班级）和特殊教育学校（班级）并存，其中在普通学校（班级）就读的比例最高。

（三）以“特殊教育学校＋普通学校附设特殊教育班＋融合教育”安置为主

以日本为典型代表。日本《学校教育法》规定，由省一级的都道府县为障碍儿童设立特别支援学校，每个县设1—2所特别支援学校，学校还需为因路途遥远而难以走读上学的障碍儿童提供宿舍。日本依法设立的特殊儿童安置形式有以下四种：①特别支援学校。由原来的盲校、聋校、养护学校转变而来。各特别支援学校中设有幼稚部（1—3年）、小学部（6年）、中学部（3年）。小、中学部还设有多重障碍班级。②在普通的小学、初中、高中内设置特殊教育班级，即特殊支援学级。③通级。日本从1993年开始对轻度障碍儿童提供通级教育，即障碍儿童的大部分课程随普通儿童一起学习，再根据每人的障碍状况每周接受1—3课时的指导，如果再加上各学科教师的补充指导，障碍儿童每周要接受大约8小时的特别指导。④访问教育。对于重病和多种残疾不能自理的学生，学校定期上门或到医院提供巡回辅导，一般每周三天，每天两小时。另外，学校还在适当时间把孩子接回学校，由教师、家长用轮椅推着他们参加各种活动和学习。

对不同学校的班级学生人数，日本文部省也有明确规定，目前实施的班级班额标准是2006年5月1日开始实施的小班标准。即特别支援学校（小学部和初中部）编班标准为6人，特别支援班级编班标准为8人①。

（四）分析与比较

上述国家的特殊教育安置形式，主要涉及特殊教育学校和融合教育这

① 钱丽霞．部分国家的全纳教育实施政策［J］．现代特殊教育，2009（4）：16－18.

两类，只是比例有区别，有的更注重发展融合教育，有的目前更依赖特殊教育学校。但是，从世界特殊教育发展趋势看，特殊教育水平越高的国家越注重开展融合教育。

我国《残疾人教育条例》（1994 年）规定，适龄残疾儿童少年可以根据条件，通过在普通学校随班就读，在普通学校、儿童福利机构或者其他机构附设的残疾儿童少年特殊教育班就读，或在残疾儿童少年特殊教育学校就读的方式接受义务教育。《残疾人教育条例》对于残疾幼儿的学前教育机构也作了规定，有残疾幼儿教育机构、普通幼儿教育机构、残疾儿童福利机构、残疾儿童康复机构和普通小学的学前班和残疾儿童少年特殊教育学校的学前班。目前，我国在校残疾学生中有 55% 左右的残疾儿童青少年就读于普通学校，其余的残疾儿童青少年，大部分就读于特殊教育学校，少部分就读于普通学校内的附设特殊教育班，这说明我国残疾学生的教育安置形式形成了“以特殊教育学校为骨干，以大量随班就读和附设特殊教育班为主体”的格局。可以说，我国特殊教育安置形式与世界发达国家的格局相似。

三、特殊教育经费资助对象和内容比较

特殊教育经费的投入和使用直接决定了一个国家特殊教育的发展水平。由于各国对特殊教育对象的界定不一样、经济发展不同、对特殊教育的重视程度不一样，造成经费投入的数量也千差万别，因此对经费投入的总量或分量进行比较可能会产生偏颇的结果。为此，本报告拟将对特殊教育经费的资助对象和内容进行比较，从中也可以看出不同政府对特殊教育的支持力度。

（一）美国：为 0—21 岁残疾儿童青少年提供四方面资助

美国的教育实行地方分权，地方和学区有权征收教育税办学，教育财政独立是美国学区制的一大特色。90% 的特殊教育经费来自州和地方财

政，仅有少部分来自联邦补助。90%的经费中，州和地方约各占一半；在有些地区，州约占40%，地方约占25%，私人捐助约占27%。美国联邦政府通过法令和财政拨款，从宏观上管理特殊教育，国会关于特殊教育的法令中大多有向州提供补助经费的条款。法律中还规定了补助款各州可用50%，另外50%交给地方教育当局。一般有几百万美元的拨款。该法令还规定，联邦拨款供专项专用，不得与州教育费混用①。

《所有残疾儿童教育法》（Education for All Handicapped Children Act, 1975）提出要为所有3—18岁残疾儿童少年提供资助，而后在修改法令的过程中，将18岁延长至21岁。2004年的《残疾人教育法》，还提出联邦政府要为出生至2岁阶段身心障碍婴儿与幼儿的早期干预方案制订提供资助。

此外，由于《残疾人教育法》将特殊教育定义为“特殊教育是为满足障碍学生的特殊需求，经过特别设计，且不需要家长付费的教学方式。它既包括在教室、家庭、医院、机构以及其他场所中进行的教学，也包括体育课的教学”，这就要求美国特殊教育资助范畴几乎要涵盖儿童接受教育的所有方面。

总体而言，可以把美国特殊教育经费的资助内容分成如下四类：一是残疾儿童少年评估和个别化教育计划。学校必须对每一个有可能符合法令规定的残障类型的儿童作一项全面的个人评估。二是学校根据个别化教育计划，为残疾儿童提供保证其接受特殊教育并从中获益所有可能需要的任何相关服务和辅助技术。相关服务包括特殊的交通工具、咨询、物理治疗等。辅助技术是指像助视器、增强性沟通装置和使用计算机所需的特殊装备等装置和服务。三是为残疾儿童少年提供指导或支持性服务。具体来说，就是为在家、学校、医院或其他养护机构中的残疾儿童少年提供各种适合他们发展需要的教育教学。比如通过改造校舍环境，为接受肢体损伤学生的学校提供支持。四是培养为残疾儿童少年提供教育服务的教师，包

① 谢敬仁，钱丽霞，杨希洁，等. 国外特殊教育经费投入和使用及其对我国特殊教育发展的启示［J］. 2009（6）：32－39.

括普教教师、特殊教育教师、学校管理者和其他辅助人员。还为残疾儿童少年的家长提供相关咨询和培训。

（二）英国：重点为特殊教育需要学生提供学习及生活所需的资助①

如前所述，英国特殊教育对象不只是“残疾儿童少年”，而是范畴更宽泛的“特殊需要学生”，包括逃学学生、行为偏差学生、吸毒或酗酒学生等各类处境不利的学生。英国特殊教育经费以联邦政府投入为主。英国政府设立具有专门用途的基金用于发展融合教育。目前英国政府的资助主要来自于两大基金，即“标准基金”（Standards Fund）和“学校创始基金”（School Access Initiative Fund）。“标准基金”主要用于为英国学校开展融合教育提供资助。“学校创始基金”主要用于帮助地方教育当局提高普通学校接收有特殊教育需要的学生的能力。除此之外，校外活动基金（Out of School Hour Activities Fund）和额外教育奖励（Additional Education Reward）也发挥了重要作用。校外活动基金旨在帮助所有不同背景和能力的儿童与青少年，尤其是那些处境不利儿童获得提高，额外教育奖励则是为学生参与校外活动准备的基金。各项基金都有自己特定资助的范围。

① 标准基金。标准基金按用途可分为特殊教育需要标准基金和社会全纳标准基金。特殊教育需要标准基金主要用于：促进普通学校中有特殊教育需要的学生的全纳教育，发展特殊学校与普通学校之间的联系；资助有情绪与行为问题的儿童；开展言语与语言治疗；与家长进行合作；对特殊教育需要的协调人、教师、辅助人员和管理人员进行培训等。

社会全纳标准基金又分为学生保留补助金和地方教育当局创始基金。学生保留补助金主要用于培训专业人员处理学生的行为与情绪行为，预防和早期干预学生的情绪与社会发展，加强家庭与学校的联系，为有情绪和行为问题的儿童制订调控计划，鼓励家长和社区注意学生的逃学问题，为那些被学校排斥的有叛逆倾向和分裂意识的学生提供短期的教学与辅导

---

① 谢敬仁，钱丽霞，杨希洁，等．国外特殊教育经费投入和使用及其对我国特殊教育发展的启示［J］．2009（6）：32－39.

等。地方教育当局创始基金主要用于促进小学德育与早期干预，包括促进家庭联络，改善父母的教育技巧、促进相关人员与学校的合作等。

② 学校创始基金。目的是帮助学生更好地适应幼儿园、小学、中学的学习环境，更顺利地从一个学段过渡到另一个学段。它改善学校的物理环境。例如，改良位置、坡道、扶手、电梯以及疏散设施等；提高学习国家课程的机会，例如：配备专家和信息技术交流设备；提高学校各项设施的接收能力，例如为身体残疾学生如厕提供方便，为有听力损伤的学生设置医疗室等。

③ 校外活动基金。这一基金优先资助那些处于不利处境的学生或是低成就水平的学校和地区。通过资助这些学校和地区开展校外学习活动，包括艺术、运动、研究、家庭作业俱乐部以及志愿者行动等，鼓励并提高学生的学习欲望，帮助他们建立自尊，达到更高的成就标准。

④ 额外教育奖励。该奖励也是为学生校外活动准备的基金。基金每年资助所有类型的校外活动，如上学前、午饭时间、放学后、周末和假期的校外活动。这笔资金直接拨给学校，学校可以决定如何使用。

从英国特殊教育资助的内容可以看出，它不仅为特殊需要学生提供相关的医疗和教育服务，还资助其参与社区生活、享受自己的休闲生活等。

（三）日本：对各类残疾儿童的学习及相关人员培训进行资助

日本《义务教育费国库负担法》规定，所有公立中小学编内教职人员的人头费（包括工资和相关福利保障费用）以及学生人头补助费和特殊补助费的50%由国库直接负担（国立学校则100%由国库负担）；同时日本《义务教育诸学校设施费国库负担法》规定义务教育各学校计划内新增建筑、新增基本设施费用的1/2和危险建筑翻建改建费用的1/3也由国家财政直接负担。其余部分则由各公立学校的设置机构——都道府县（相当于我国的各省和直辖市）及市町村（相当于我国的区、县）级财政分担①。特殊教育也是如此。

① 作者不详．日本的义务教育经费国库负担制度［J］．教书育人．2006（6）：53－54

由于日本实施了特殊支援教育实践，所以文部省非常重视建设从学前到高中阶段的支援教育系统。从 2007 年开始，日本的特殊教育经费主要用于如下项目：特别支援教育的支持项目，包括综合推进特别支援教育、特别支援学校教师专业化素质提升、特别支援学校的指导等；支持民间组织开展相应支援教育技术的研究项目，包括各种残疾类别儿童的教育教学研究、教材开发等；特别支援教育就学奖励费用项目，包括学生的图书费、伙食费、交通费、住宿费、休学旅行费、学习用具费等；发展障碍信息中心建设项目，主要收集各种与残疾儿童教育相关的资讯并提供支持；特别支援教育设施设备补助费项目，包括改善学校教学环境的建设工程、用于开展教育和支持学生学习的设备等。从这些项目资助的内容可以看出，日本特殊教育经费不仅用于各类残疾儿童少年的教育，还包括相关家长、教师和研究人员；不仅支持学校提高教育教学的硬件条件，也非常重视提高特别支援教育的软件条件，比如重视开展相关研究、提高教师素质等。①

（四）分析与比较

从上述资料中，我们可以总结出国外特殊教育经费投入和使用趋势的几个特点：一是特殊教育经费使用有明确的法律依据和担保；二是政府对特殊教育经费的拨款额度日益增大；三是尽管各国的特殊教育经费投入和管理体系各有不同，但是对国家、州或省、地方等不同层次的政府职责均有明确规定，对学校以及个人所拥有的权限也有规定；四是特殊教育经费的资助主体日渐从“特殊教育学校”转到“残疾儿童少年”，这意味着在全球全纳教育改革的大潮下，特殊教育经费的资助会日益转到“普通学校”中，即绝大部分的特殊教育经费是为将来全纳学校的特殊需要学生提供资助；五是特殊教育经费的资助范畴是以残疾儿童少年的“特殊需要”为依据进行设立，比如学生需要评估、需要得到特殊教育教学设备支持、需要获得交通补助和有营养的食物等；六是重视对特殊教育经费使用的

---

① 日本文部科学省．实施事业［EB/OL］.［2013－01－31］. http：//www. mext. go. jp/a_menu/shotou/tokubetu/main/006. htm.

监督。

从立法看，我国有关特殊教育经费的法律条例主要体现在：1994 年《中华人民共和国残疾人教育条例》提到“各级人民政府应当加强对残疾人教育事业的领导，统筹规划和发展残疾人教育事业，逐步增加残疾人教育经费，改善办学条件”，“对经济困难的残疾学生，应当酌情减免学费和其他费用”，“从事残疾人教育的教师、职工根据国家有关规定享受残疾人教育津贴及其他待遇”，“残疾人教育经费由各级人民政府负责筹措，予以保证，并随着教育事业费的增加而逐步增加。县级以上各级人民政府可以根据需要，设立专项补助款，用于发展残疾人教育。地方各级人民政府用于义务教育的财政拨款和征收的教育费附加，应当有一定比例用于发展残疾儿童、少年义务教育”，“国家鼓励社会力量举办残疾人教育机构或者捐资助学”。1994 年《关于开展残疾儿童少年随班就读工作的试行办法》提到，“各级教育行政部门应逐步增加对残疾儿童少年随班就读的经费投入，并在教师编制、教师工作量计算、教具、学具和图书资料等方面照顾随班就读工作的需要”，“地方各级教育行政部门和学校应当根据实际情况，制订奖励和补贴的办法”。2006 年修订的《中华人民共和国义务教育法》提到，“对于中国的残疾儿童少年来说，特殊教育学校（班）学生人均公用经费标准应当高于普通学校学生人均公用经费标准”，“特殊教育教师享有特殊岗位补助津贴”。此外，2006 年修订的《中国残疾人保障法》提到，“各级人民政府对接受义务教育的残疾学生、贫困残疾人家庭的学生提供免费教科书，并给予寄宿生活费等费用补助；对接受义务教育以外其他教育的残疾学生、贫困残疾人家庭的学生按照国家有关规定给予资助”。

从以上条款看，我们所能明确的是，特殊教育资助对象是残疾儿童少年及其教师，资助内容主要是减免学生学费，增加教师的补助。比照第一部分的国际趋势，会发现几个问题：第一，我国的特殊教育政策法令和拨款是分离的，那么国家颁布的特殊教育法令对各级人民政府对特殊教育的资金投入是否有约束？第二，我国特殊教育资助的额度是多少？标准如何？已经用于特殊教育发展的经费，有没有经费投入效益比的评估、监督机制？第三，特殊教育资助的对象和范畴是否符合我国特殊教育发展情况？值得注意的是，我国特殊教育格局是以“随班就读为主体”，这意味着大部分的残疾儿童少年是在随班就读学校中就读。那么，这部分儿童是否得到了相应资助？我们对教师、家长以及相关人员的资助是否不足，甚至根本没有提到议程上？这些都值得我们思考。此外，还要考虑我们的资助内容。应当说，这几年残疾儿童少年获得政府资助的内容越来越丰富了。“两免一补”直接惠及广大残疾儿童少年，例如北京提出到2010年，除了实行义务教育阶段残疾儿童少年“两免一补”政策外，还要对所有在校（包括普通学校和特殊学校）就读的高中学生实行“两免一补”政策。但是，如果按照学生的需要来考虑资助内容，那么“两免一补”所资助内容远没有满足残疾学生的需求。

四、特殊教育师资培训和任职资格比较

高水平的特殊教育师资是保障高质量特殊教育的重要条件。特殊教育师资水平，可以间接地从教师所经历的培训历程及其任职资格这一指标进行判断。由于不同国家教师培训和任职资格都有非常相似的特点，因此本部分不再以国别的形式进行分节论述，而是以师资培训和任职资格的特点进行分节论述。

（一）多途径、终身化培训方式

美国特殊教育师资培养有三个特点：一是注重教师培训的连续性。教师专业发展生涯分成职前、入职、职后三个阶段，而不同阶段的教师有不同的专业背景和发展需求，因此针对其所制定的发展要求、提供的发展环境也有所不同，培训项目侧重点也不同。二是注重特殊教师培养的标准化。美国教师培养有两种途径：一个是教育学院或教育系培养师资的传统途径，另一个是替代性培养途径，即培养那些来自于其他专业或行业但有志于教书的人。但无论教师出于何种培养形式，他们都需要达到一定的标准。美国几类重要的教师资格证，以及几个重要组织颁布的教师标准中，

都注重从教师掌握的学科知识和教育教学知识、教师自身秉持的教学信念、教师所具备的实际教学能力三个方面对教师提出要求。三是注重教师专业发展的制度化。美国教师资格证体系比较完善，门类众多，教师在职前、入职、职后三个阶段都要申请相应的资格证。在申请这些资格证的过程中，教师为了达到要求，就必须提升自己的专业知识和技能。这使得教师专业发展不再是倡导性的精神事物，而是成为制度，促使教师自己产生专业发展的需求。

英国并没有专门的师范院校，他们主要依靠普通的大学和院校来培养教师。英国的新教师培训模式针对不同需要的人有不同的培训方案，主要有三种模式。第一种是学科专业学习与教育专业训练同时进行的“4+0”模式。它以“教育学士学位”课程为代表，主要培养小学教师。第二种是学科专业学习与教育专业训练先后进行的“3+1”模式，即先获得学科专业的学士学位，再接受一年的教育专业训练。它以研究生教育证书课程为代表，还包括以学校为中心的初级教师培训课程，主要培养中学教师。目前，这一课程越来越受到英国政府的推崇，已成为教师培训模式的主体。第三种是职业基础教育。这种方式主要针对那些有志于进入教师领域任职的已工作人士。英国主要是通过高级学位如特殊教育的硕士和博士学位来培养特殊教育的专业人才。

新加坡规定特殊教育师资在进入特殊教育机构任职前要进行特别的培训。许多教师就业于私立特殊教育机构，也隶属于特殊教育协会。1984年以前，新加坡特殊教育师资一般是接受正规学校教育，或者到国外接受培训，或者接受特殊教育协会安排的训练。1984年，教育学院（现为新加坡国立教育学院）颁布第一个特殊教育师资培训计划。1991年，新加坡为在职教师设计了培训课程，要求具有较高教育水平才能获得特殊教育文凭（the Diploma in Special Education，DISE）。目前，新加坡特殊教育证书的获得有以上两种途径。两种培训计划都要求个人至少花费两年时间，具有在特殊教育机构工作实践的经验，才能达到证书要求的最低课程水平。新加坡特殊教育师资培训计划旨在培养教师具备有效的从事特殊教育的知识、态度和技能。特殊教育师资培训计划包括模块课程和教学实习两大块。模块课程包括：①理解不同的残疾人；②有效的教与学的原理；③评价方法；④干预策略；⑤课程开发；⑥信息技术应用。教学实习包括两次。目前，新加坡国立教育学院还没有设置特殊教育硕士学位，因此，特殊教育教师以及校长等领导人员中具备本科学历者，一般是通过普通大学的进一步学习，选择特殊教育领域作论文研究，获得教育学硕士或者心理学硕士学位。教师在获得特殊教育证书（文凭）之后，也可以到国外大学进修获得特殊教育专业学士和硕士学位，这种途径可以说是目前新加坡特殊教育师资获得专业资格的一种方式。新加坡国立教育学院还发起了一项“学习支持协调者计划”（the Learning Support Coordinators Program），主要目的在于为普通小学随班就读残疾儿童教育工作者达成优秀提供进一步培训。教师通过培训完成计划则可以获得一种学习支持协调者在职文凭。

（二）要求获得双证，从知识、技能、信念三方面制定标准

美国的教育制度是分权制，所以教师的任职资格并不是由联邦政府来制定并强制实施的。目前，美国对特殊教育教师任职资格规定最新、最为系统、全面，并具影响力的，是美国特殊儿童委员会（The Council for Exceptional Children，CEC）于2003年修订的《每个特殊教育者必须知道什么——为特殊教育工作者制定的道德规范、标准和指导》。它对各领域特殊教育教师都应掌握的核心性知识、技能进行了详细说明。这些核心知识、技能包括以下十个方面：①特殊教育学基础：包括哲学基础、历史观、理论原理、相关政策法规，以及在学校与社会环境中对待有特殊需要的学生等。②学习者的发展特征：了解普通学生和特殊学生的发展规律与特点，以及两者在发展过程中的相同点和不同点。③个体学习差异：了解特定环境对个体的学习和生命历程的影响。④教学策略：掌握有效且恰当的教学策略以满足特殊学生的需要。⑤学习环境与社会互动：为特殊学生创造积极的学习环境，促进文化交流，有良好的情绪体验和社会互动。⑥语言：了解典型及非典型语言发展、特定环境对特殊学生语言使用的影响。⑦教学计划：根据个体能力、需要、学习环境以及文化语言等综合因素，制订恰当的长期与短期计划。⑧评估：利用多种评估信息进行决策，

利用评估结果来帮助确定特殊儿童的需要，从而实行个性化教学项目，在学习过程中调整教学策略。⑨职业道德实践：特殊教育教师在不同环境、在儿童的不同发展阶段中扮演多重身份，在实践过程中他们应考虑到法律、专业素养和道德问题。⑩合作：特殊教育教师应经常保持与家庭、其他教育者、相关服务提供者、社区机构等人员的有效合作。

英国特殊教育教师实行双证制度。特殊教育教师要同时拥有普通教育教师资格证书和特殊教育教师资格证书。教师必须先具有普通教育教师资格，从事教育事业一到两年后，才能接受特殊教育专业训练。

新加坡特殊教育教师要获得资格证书，首先要求特殊教育师资接受一些基本课程训练。证书水平包括三种普通教育水平，其中“O”水平证书代表高水平学校证书。现在，除了普通教育水平证书以外，新教师训练计划还提出了特别的要求，包括获得普通教育证书后大学两年的训练，并有两项“A”水平。

日本中小学教师的许可证分为普通资格证、特别资格证、临时资格证三种。不论是在国立学校、公立学校还是在私立学校任教的教师都必须持有教师许可证。如果要成为幼儿园、小学、中学、高等学校、盲聋养护学校等特别支援学校的教师，必须获得各学校有关的教师资格证书。日本在《教师任职资格法》中对盲校、聋校及各类养护学校教师作了具体规定：除了必须有盲学校、聋学校或养护学校的教师资格证书外尚需取得小、中、高或幼稚园的普通学校的教师任职资格证书。也就是说，要求在所谓普通教师资格证书即“基础任职资格证书”的基础上，还需要有特殊教育教师资格证。

（三）分析与比较

上述国家特殊教育师资的培养方式呈现出三个明显的特点。

一是通过多渠道的形式培养教师。主要的渠道包括两个：一是传统的高等院校培养方式，二是通过其他途径培养有志于特殊教育教师职业的人掌握相关技能。相比之下，我国目前特殊教育师资培养渠道显得单一，基本上依靠中等或高等师范院校培养而得，其他行业或其他非师范专业的人想成为特殊教育教师是比较困难的。

二是要求从业教师获得教师资格证。教师资格证实际上起两个作用：一是确保从业教师的专业水平，二是为想成为特殊教育教师的其他行业或非师范专业的人士提供了执业资格，有助于吸纳更多的优秀人才进入特殊教育教师队伍。我国目前没有实施特殊教育教师资格证制度，只要能够进入特殊教育学校教书，就被认为有执业资格。这在一定程度上不利于提高特殊教育教师队伍的整体素质。

三是重视对教师整个职业生涯阶段进行系统化培训。教师职业生涯不仅包括职前、在职两个阶段，还有一个重要的转折期，即刚入职阶段的培训。与此相比，我国目前的特殊教育教师职业培训，更偏重于职前培训，在职培训和刚入职培训尽管各地均有实践，但并未形成明确的规章制度。

我国目前特殊教育师资培养主要依赖于师范院校培养单一方式。根据《“十一五”期间中西部地区特殊教育学校规划（2008—2010 年）》的指示，我国将“重点建设 190 所左右独立设置的综合性或单一性特殊教育学校”，其中新增 65 所左右特殊教育学校，改扩建 125 所左右现有特殊教育学校。无论是新建还是改扩建，都涉及需要更多特殊教育教师的问题。我国目前还有 12.65 万适龄残疾儿童未入学。按照我国目前在读残疾学生中，约 35% 的人就读于特殊教育学校，那么这 12.65 万人中，约有 4.4 万残疾学生就读于特殊教育学校。按照目前 1∶4 的师生比计算，就需要新增 1 万名特殊教育教师。这只是假设，我们还需要考虑到未入学的适龄残疾儿童，有很多是中重度或多重残疾学生，这意味着需要更多的教师看护。此外，随着随班就读水平的提高，普通学校也将需要吸纳特殊教育教师担任资源教师或其他专任教师。所有这些，都说明我国亟需大量的特殊教育教师。目前，我国培养特殊教育学生的高等和专科院校不到 30 所，每年毕业生总量有限，势必难以满足数量的需要。这也提示我国应该着手考虑是否要借鉴其他国家和地区的做法，采用其他途径培养特殊教育师资，考虑采取“宽进严出”，即一方面师资培训途径多样化，同时设立严格的教师准入标准，切实提高教师队伍的数量和质量。

第六章

特殊教育发展面临的挑战与政策建议

中国是世界人口大国，残疾人的数量众多，满足如此庞大的残疾人群体教育需求对世界上任何一个政府来说都是巨大的挑战。尽管中国特殊教育取得了令人瞩目的成就，但由于起步晚、起点低、基础薄、欠账多，仍然存在着发展不平衡、体系不完善、保障机制不健全、残疾儿童义务教育入学率低、教育质量不高等大量亟须解决的困难和问题。和发达国家特殊教育相比，与我国普通儿童教育相比仍有较大差距，是各级各类教育中的“短板”，远不能满足广大残疾人对教育的需求。残疾儿童的教育关系到我国全面普及九年义务教育目标的实现，关系到我国义务教育均衡发展，关系到我国履行《残疾人权利公约》的国际地位和国际影响，也关系到教育公平、社会和谐的良好社会氛围，是一项非常重要且十分艰巨、复杂的重要任务。

一、特殊教育发展面临的突出问题

（一）特殊教育财政经费投入总量不足，地区差异大，投入结构不均衡

特殊教育学校财政性教育经费投入不断增长，体现了政府和社会对特

殊教育的重视与支持。特殊教育学校财政性教育经费投入由 2001 年的 13.25 亿元增长到 2010 年的 65.44 亿元，净增 52.19 亿元。特殊教育学校国家财政预算内教育经费的增长则体现政府对特殊教育支持力度，由 2001 年的 9.66 亿元增长到 2010 年的 59.97 亿元，净增 50.31 亿元，增幅非常显著。但残疾儿童由于其特殊的教育需求，相对于普通儿童来说，班额小、寄宿生多、教师需求量大、所需教学辅助设备花费大，教育成本相对较高，因此特殊教育财政性经费投入与特殊教育事业发展需求相比仍然有较大差距。

首先，各级政府对特殊教育投入总量不足。根据本报告前面第二章的分析结果表明，国家财政性对特殊教育学校教育经费投入占国家财政性教育经费的比例全国均值仅为 0.46%，所占份额偏低。特殊教育生均预算内经费与普通教育生均预算内经费相比增幅不高。根据对 2005 年与 2010 年两年国家财政预算内教育经费投入分析（本报告第二章），特殊教育学校国家财政预算内教育经费支出增幅 161%，普通小学财政预算内教育经费支出增幅 170%，因此特殊教育学校国家财政预算内教育经费支出增幅还有待提高。此外，根据 2010 年特殊教育专家对特殊教育学校生均经费标准调查表明，特殊教育学校由于学生数少、教育成本相对较高，相当一些数量的特殊教育学校正常运行遇到困难，亟须各级政府加大对特殊教育学校的财政支持。

其次，特殊教育财政投入地区差异大。从国家特殊教育学校生均教育经费来看，2010 年全国均值 3.89 万元，但各地财政投入不均衡，东西部相对较高，中部凹陷。生均教育经费全国最高的是西藏自治区，达到 12.33 万元，最低的是安徽省，仅为 2.24 万元。从各省设立的特殊教育专项经费投入来看，东部地区的省级特殊教育专项经费最高的达 6600 万，而西部地区有些省根本没有设立省级特殊教育专项经费。从生均公用教育经费标准来看，有些省/自治区/直辖市残疾学生生均公用经费标准是同级普通学生生均公用经费标准的 10 倍，也有些省/自治区/直辖市残疾学生生均公用经费标准与同级普通学生生均公用经费标准基本相同，两者差距很大。

再次，特殊教育财政投入结构不均衡。我国目前有60%的残疾学生就读于普通学校，但特殊教育财政投入几乎全部用于特殊教育学校的发展，普通学校从事于残疾学生教育的教师和残疾学生很少能够得到特殊教育经费的支持。根据2006年分别对选取一片、二片、三片部分地区随班就读学校调研结果表明①，无论是哪一片地区的随班就读学校，随班就读工作经费都非常短缺，有高达16.05%的随班就读学校从来都没有接受过特殊教育拨款，有38.46%的随班就读学校偶尔收到很少量的专项经费。因此，随班就读学校亟须各级政府给予财政支持。

总之而言，特殊教育财政投入总量增加显著，但特殊教育财政投入与特殊教育事业发展需求相比仍显不足，各地区特殊教育财政投入存在较大差异。随着中央政府对西部特殊教育的大力支持，尽管从总体上看，西部特殊教育的发展仍然滞后，但中部经济发展相对落后的“夹心”地区，特殊教育财政投入增速比较缓慢，有些地区甚至落后于西部地区。因此，在加大对西部地区特殊教育财政投入的同时，也要适当地对中部落后地区特殊教育发展加大国家财政的支持力度。

（二）地区特殊教育发展不平衡，保障中西部残疾儿童义务教育任务艰巨

近年来，在全国普通中小学校、中小学生数量大幅减少的情况下，残疾儿童少年在校生人数却逐年增长，体现了各级政府对残疾儿童义务教育的重视。但从总体发展上讲，残疾儿童少年的义务教育普及率仍然相对不高，地区之间发展不平衡，不同残疾类别的残疾儿童少年义务教育差异也相对较大。

首先，残疾儿童少年的义务教育普及率不高。从特殊教育发展的角度看，残疾儿童义务教育发展变化显著，截至2011年，我国在校残疾学生总数为近40万人②，残疾儿童少年义务教育入学率为72.1%③，但与我国普

① 王洙，杨希洁，张冲．残疾儿童随班就读影响因素的调查［J］．中国特殊教育，2006（5）：5-13.

② 数据来源于教育部发展规划司《中国教育事业发展统计简况2011》（内部资料）。

③ 数据来源于2011年度《中国残疾人状况及小康进程监测报告》。

通小学99.27%、初中97%的入学率相比，适龄残疾儿童少年的义务教育入学率仍然较低。偏远贫困地区残疾儿童少年受教育的机会不仅远远低于大城市地区的残疾儿童少年，也非常明显地低于本地区普通儿童少年。

其次，地区之间发展不平衡。东部地区残疾儿童少年义务教育普及水平相对比较高，特别是江苏、上海、北京等地区残疾儿童少年的义务教育发展较快，但东部地区的个别省份残疾儿童少年义务教育总体普及程度也不高，与其经济发展不相匹配。中西部地区残疾学生在校人数逐年增加，但由于底子薄、基础差，发展相对缓慢，特别是乡镇、农村偏僻地区残疾儿童在校人数增加较慢且有逐步下降的趋势（本报告第三章各省分析）。《中国残疾人事业统计年鉴2012》数据显示，全国发现未入学学龄残疾儿童少年人数2011年为12.65万人，其中82%集中在中部、西部地区，尽管比2003年的30.65万人降低很多，但义务教育普及任务仍然很艰巨。

再次，不同残疾类别的残疾儿童教育存在较大差异。智力、听力和视力三类残疾儿童的义务教育解决相对比较好，特别是智力残疾学生占在校残疾学生总人数的六成左右，主要是我国三类特殊教育学校发挥了巨大作用。但三类残疾儿童中的重度、极重度和三类残疾以外的其他残疾类别的儿童，如孤独症、重度肢残、脑瘫、多重残疾儿童等义务教育的机会相对较少。

由此可见，基本普及残疾儿童少年义务教育的任务还十分艰巨。大城市地区面对的是三类残疾以外的其他类别残疾儿童以及三类残疾儿童中残疾程度比较重的残疾儿童入学问题，而农村及乡镇地区则应该努力扩大所有残疾儿童少年接受义务教育的机会，提高残疾儿童少年义务教育普及水平。

（三）特殊教育学校地区分布不均，县镇学校办学条件相对较差

特殊教育学校总数增长迅速，但特殊教育学校的发展地区之间存在较大差异，表现在东中西部之间、城市（城区）和农村（乡村）之间的发展不均衡。从对全国各省特殊教育学校分布（本报告第二和第三章）的统计分析结果看，东部地区特殊教育学校相对较多，河北、山东和江苏等特殊

教育学校数量上增加较快，基本都超过百所特殊教育学校。中部地区特殊教育学校地区之间发展差异较大，有些省份比如河南特殊教育学校相对较多，总数超过百所，而有些省份特殊教育学校则相对比较少，每 122 万人口才拥有一所特殊教育学校。尽管自国家实施中西部地区特殊教育学校建设工程以来，西部特殊教育学校发展迅速，但由于西部地区底子薄、历史欠账太多，特殊教育学校仍然相对偏少，个别省份每 289 万人口才拥有一所特殊教育学校，因此仍然需要进一步加大对特殊教育学校的建设。

中西部地区特殊教育学校数量仍然不足。国家实施中西部地区特殊教育学校建设以来，新建和改扩建特殊教育学校约 1182 所，显著缓解了中西部地区特殊教育资源的匮乏，但仍然存在 30 万人口以上还没有一所特殊教育学校的地区，这些地区的特殊教育资源非常匮乏。如果没有特殊教育学校作为本地区的残疾儿童教育基地或资源中心，不仅中、重度的残疾儿童少年没有地方上学，而且在普通学校就读的轻、中度残疾儿童少年和随班就读教师也不会得到任何来自特殊教育专业人员的支持和帮助，随班就读的残疾儿童教育质量很难得到保障。长此以往，这个地区的残疾儿童少年义务教育则无法真正得以实施。

特殊教育学校办学条件还有很大的提升空间。从全国 2010 年特殊教育学校的调查数据来看，尽管国家近几年重点在中西部地区实施“合格特殊教育学校工程”取得了显著成效，但仍然有很长的路要走。中西部地区的县镇或农村地区特殊教育学校存在着一定数量面积的危房，给残疾儿童少年的生命安全带来隐患，亟须加大财政投入力度尽快解决。此外，有一定比例的特殊教育学校办学条件比较差，无论是学校校舍条件还是设备设施等都还有待进一步改善。特别是一些县、乡镇级的寄宿制特殊教育学校，食堂、澡堂条件等很差，十多个残疾学生挤住一间宿舍的现象很普遍。即使是城市地区的特殊教育学校，随着学校内重度残疾儿童或多重残疾儿童人数越来越多，特殊教育学校的设施、设备等办学条件也有待进一步提高，以便能够为残疾儿童提供有针对性的教育。

（四）随班就读教学质量欠佳，在普通学校就读人数有缓慢下降的趋势

2011 年残疾学生在校人数为 39.87 万人，其中 22.19 万人在普通学校就读（附设普通学校特殊教育班和随班就读），占在校残疾学生总数的 55%（见本报告第二章分析）。但由于残疾儿童在普通学校就读的工作机制体制不健全、教育教学支持保障体系不完善、财政经费投入不到位等各种原因，残疾儿童少年在普通学校“随班就座”或“随班混读”现象比较普遍，教育教学质量很难得到保障。

2001—2011 年，特殊教育学校在校学生人数稳步增长，但在普通学校就读的残疾学生人数并没有稳步增长。2001 年残疾学生在普通学校就读的比例最高，达到了近 70%，随后出现上下波动，甚至有逐渐缓慢减少的趋势。从近三年（2009 年、2010 年和 2011 年）在普通学校就读的残疾学生人数看，有逐年缓慢下降的趋势（63%、61%、55%）应该给予特别重视和关注。究其原因：一来由于近几年特殊教育学校数量增加比较快，分流了一些原本在普通学校就读的残疾学生，二来由于国家财政对残疾学生在普通学校就读支持力度不够，从而使在普通学校就读的残疾学生流失或辍学随年级增高而增多。此外，近几年我们国家在农村或乡镇实施“撤点并校”的政策，而每一所普通学校的撤销都延长了上学的路途，间接给就近入学的残疾儿童在普通学校就读带来了不便和困难。

（五）特殊教育师资数量不足，待遇不高，专业化程度不强，稳定性较差

从总体上看，特殊教育教师队伍不断壮大，2011 年特殊教育学校的教职工人数已经突破了 5 万人，为残疾儿童受教育权利的实现提供了师资保障。随着残疾儿童少年在普通学校就读人数的增加，在普通学校从事残疾儿童教育教学的随班就读教师人数也在不断增加。尽管如此，特殊教育教师的总体数量与特殊教育事业发展需要相比仍然严重不足。据 2011 年对特

殊教育学校校长的调查结果表明①，在所调查的特殊教育学校中，虽然学年度新增教师1142人，但仍有75.6%的学校的教职工总量无法满足日常教育教学需要，导致有些学校不能开足国家颁布的特殊教育学校义务教育课程设置方案中的课程。此外，全国特殊教育学校共有1142名代课教师（见本报告第二章），大约占全体教职工总数的2.2%，说明现有特殊教育学校体制内的教职工总量不足。《中国残疾人事业统计年鉴2011》数据显示，全国至少仍有12.65万名学龄残疾儿童未入学，如果其中44%（2011年在校残疾学生总数中有44%的学生是在特殊教育学校就读）未来就读于特殊教育学校，则特殊教育学校将新增约5.56万名残疾学生，按2012年实施的《特殊教育学校建设标准》中“学校教职工人数按照盲校、聋校师生比1∶3.5，培智学校师生比1∶2”的标准计算，至少也需要新增1.58万名教师（按1∶3.5师生比计算），这些新增特殊教育教师如何解决需要及早做好准备。此外，未入学的学龄残疾儿童也将有很大比例去普通学校就读，将需要很大数量同时具有特殊教育和普通教育专业素质的特殊教育教师，包括随班就读班主任教师、普通学校资源教室的资源教师、为随班就读学校提供帮助和支持的巡回指导教师等。

特殊教育教师待遇相对不高。特殊教育教师比普通学校教师特性突出，他们面对的是残疾学生，需要付出比其他教师更多的爱心、责任心和耐心，需要承担更多的任务和压力，特别是农村经济落后地区，校舍和校园环境等学校硬件设施相对较差，特殊教育教师需要承担的任务更重，付出更多，而工资待遇却普遍偏低。国家制定的15%特殊教育教师特殊岗位补助津贴标准50多年未调整。国家在实施绩效工资改革以后，特殊教育教师的总体收入并未提高，相当一部分特殊教育教师的工资收入反而减少了，使得特殊教育教师的岗位更加缺乏吸引力，很难吸引优秀高校毕业生到特殊教育学校任教。在普通学校从事残疾儿童随班就读的教师则极少能够得到特殊教师岗位津贴或特殊教育专项补助，付出与报酬不相匹配。

① 王雁，王志强，朱楠，等．全国特殊教育学校教职工队伍结构及需求情况调查［J］．中国特殊教育，2012（11）：3－8.

特殊教育教师专业化程度不高，特殊教育学校师资结构不合理。随着特殊教育事业的发展，特殊教育教师学历不断提升，2010年专科以上特殊教育教师占九成（见本报告第二章），但特殊教育学校有特殊教育专业背景的教师比例偏低，从特殊教育学校新增教师的途径来看，调入教师1875人，录用毕业生1038人，分别占当年新增教师的49%、27%。无论是调入教师还是录用的毕业生，大多都没有特殊教育专业背景，也很少有接受过特殊教育的系统培训，如果未来所在学校不提供相应的特殊教育知识和技能在职培训，将很难为残疾儿童提供高质量的教育教学工作。在特殊教育学校，由于编制的限制和职称评审等各种原因，学校无法引进所亟须的特殊专业教师，如康复类专业技术人才、心理健康专业人才等。根据调查，全国平均1.8所特殊教育学校才拥有一名专职康复教师，4.9所特殊教育学校才拥有一名专职心理健康教师[①]，此种现状无法适应各地特殊教育学校所招收学生残疾程度逐渐加重、残疾种类逐渐增多、办学方向不断向学前延伸的发展趋势。艺体学科教师也相当短缺，有些特殊教育学校已经无法开设相应的学科课程，影响了学校正常教学工作的开展。

此外，特殊教育学校教师队伍每年变动相对较大。数据显示，2010年全国特殊教育学校新增教师占上年教师总数的10.05%，但"流失"（调出或自然减员）的教师人数比例则也达到了5.50%（见本报告第二章），因此特殊教育教师队伍稳定性欠佳。

（六）残疾儿童学前、高中教育整体发展滞后且各地区发展不均衡

虽然特殊教育确立了以保障普及义务教育为目标的教育方针，但是作为一个教育体系，不同阶段的教育之间存在紧密联系。如果片面强调义务教育普及而忽视其他层次教育的发展，会导致义务教育的普及难以保障。2009年国务院转发的《关于进一步加快特殊教育事业发展的意见》指出，要"全面提高残疾儿童少年义务教育普及水平"和"不断完善残疾人教育

① 王雁，王志强，朱楠，等．全国特殊教育学校教职工队伍结构及需求情况调查［J］．中国特殊教育，2012（11）：3－8.

体系”。“全面提高”和“完善体系”是作为两个目标同时提出的，体现了残疾儿童少年义务教育内涵的变化和特殊教育科学发展的新要求。然而，根据对2010年在校残疾学生人数的统计分析（见本报告第二章），全国各阶段残疾儿童在校学生小学占了七成，初中占两成多，学前和高中阶段人数很少。相对而言，东部地区的江苏、上海等残疾儿童少年学前和高中以后教育均发展较快，而中西部地区发展则非常缓慢，有些地区学前教育、高中以上教育等还未引起政府的重视。总体来看，残疾儿童学前、高中教育发展严重滞后。

一个完整的特殊教育培养体系包括从学前教育、小学教育、初中教育、高中教育到大学/研究生/博士教育。残疾儿童义务教育发展迅速的同时，特殊教育应该向下延伸到学龄前教育，向上拓展到高中以上的教育。但我们国家由于残疾儿童学前教育没有被纳入义务教育范畴，因此发展非常缓慢。对于残疾儿童来说，学前教育非常重要。许多研究结论都表明，残疾儿童的学前教育可以减少其成年后社会的补助和津贴，可以使其日后在学校里得到较高的成就测验分数，可以使其毕业离校后在社会上较少表现出懈怠和违反法律的行为，还可以减少次生类残疾的发生。许多国家和地区都适时开展了残疾儿童的学前公共教育，因此我们国家亟须高度重视残疾儿童学前教育的发展。高中教育是残疾儿童提升自身生活能力和进入大学学习非常重要的阶段，如果残疾学生不能接受高中教育，就意味着这些残疾人群体可能失去高等教育的机会，从而影响残疾人在社会的生存与发展，也将可能造成整个群体的教育程度和社会地位降低。

二、特殊教育发展的政策建议

特殊教育是衡量国家教育水平和文明程度的天然尺度，是残疾人生存权和发展权的重要体现和保障，也是我们国家教育发展战略与构建和谐社会的重要组成部分。国际社会对残疾儿童少年的教育日益关注和重视，联合国大会2006年通过的《残疾人权利公约》是国际社会在21世纪通过的第一个综合性人权公约，旨在国际范围内保障全球6.5亿残疾人的基本权利和自由，鼓励各个国家努力消除对残疾人的歧视和障碍。中国政府是上述国际公约的签约国，承诺将确保残疾人享有受教育的权利。尽管中国特殊教育发展取得了令人瞩目的成就（见本报告第一章），但与我们国家其他各级各类教育事业相比，与国际社会的期望和国外发达国家特殊教育发展相比，特殊教育的发展还明显滞后。面对日益发展的中国经济、日益提升的中国国际地位和国内残疾儿童日益多样化的特殊教育需求，中国应该加快特殊教育的发展。政策建议如下。

（一）加快建立国家残疾儿童数据库的步伐

到目前为止，中国还没有建立完善的残疾人数据库，残疾儿童人口信息不准确，为国家有效制定残疾儿童教育发展规划带来了不利的影响。因此，应该借鉴发达国家（或地区）的做法，政府各级职能部门各司其职，紧密合作，实施残疾人通报制度，建立口径一致的国家残疾人数据库。

首先，逐步研究制定“国家级残疾儿童评估和鉴定标准”。国家应该立法规范残疾人筛查、鉴定、评估和审核程序，明确各个程序的行政管理部门、技术指导部门、具体实施部门。残疾儿童的评估和鉴定是一项系统的、科学的工作，需要大量的有针对性的评估工具，目前国内缺少残疾儿童的评估工具，政府和相关管理部门应当鼓励和扶持专业队伍，研究具有科学性、可操作性的评估手段及工具，弥补这一空白。国家相关部门应该联合成立残疾人检测中心，以便准确筛查、鉴定残疾人，摸清残疾人底数。

其次，实施残疾儿童通报制度。国务院2010年转发的《中国残疾人事业“十二五”发展纲要》指出，要“建设残疾人人口综合数据管理系统，实现与社会保障和公共服务管理信息平台的数据交换和资源共享，为残疾人享有社会保障和服务提供身份认证和基础信息，为残疾人事业发展提供客观真实的基础数据”。为了实现残疾人人口综合数据的建立，国家应该立法建立可疑残疾儿童的通报制度，即要求学校、家庭、医院及相应的其他机构等一旦发现疑似（新生儿、孤残儿童）残疾儿童都有责任和义务通报给专门机构。只有这样，各级政府相关部门才能全面、迅速地掌握残疾儿童的人数、残疾类别等信息，以利于制定有效的特殊教育发展规划，为残疾儿童提供更为适当的教育。

（二）加大国家财政对特殊教育的投入力度

《中华人民共和国义务教育法》和《中华人民共和国残疾人保障法》都明确规定，残疾儿童与普通儿童一样享有受教育权，国家和政府对残疾儿童实施免费的义务教育。尽管我国特殊教育投入的绝对数量逐年增长，但与特殊教育事业发展需要相比仍然有很大的不足。特别是经济欠发达地区，由于当地教育财政困难，特殊教育经费投入有限，县镇级且规模比较小的特殊教育学校难以维持正常运转。即使是发达地区的特殊教育学校，随着《中华人民共和国义务教育法》的贯彻实施，在校残疾学生中残疾程度比较重或多重残疾学生越来越多，生均所需的教育经费、生师比、设备设施等也都需要大幅度增加投入，以便满足残疾学生的正常教育需求。

首先，加大国家财政预算特殊教育经费投入。2011 年国家财政性特殊教育学校的教育经费仅占国家财政性教育经费的 0.46%，还有很大的提升空间。中国台湾在编制特殊教育经费预算时规定，不得低于当年度教育经费预算的 4.5%（地方各级教育行政部门则不得低于当年度教育经费预算的 5%）用于发展残疾儿童的教育。欧美许多发达国家实施对残疾学生全部免费的义务教育，即为了接受义务教育所需要的所有费用全部由政府承担，不仅免除残疾学生的学费、杂费、教材/课本费等，而且免除残疾学生的住宿费、伙食费、交通费、学习辅助用品、用具、器材费等，残疾学生所需经费由中央和地方各级政府按比例分担。由此可见，我们国家为了全面实施残疾学生免费义务教育，还需要加大对特殊教育经费的投入力度。

其次，调整国家财政特殊教育经费投入结构。2011 年，我国残疾儿童随班就读在校学生人数为 22.18 万人，占在校残疾学生总数 55%（见本报告第一章）。从数量上说，残疾儿童随班就读已经成为我国特殊教育的主要教育形式。根据发达国家特殊教育发展经验，未来我国残疾儿童少年随班就读人数还会大幅度增加。欧洲国家意大利在 2005—2006 学年有153169 名残疾儿童少年在普通班级就读，占在校残疾学生总数的 99.3%，只有 1031 名儿童少年在特殊教育学校或普通学校附设的特殊班级就读，只占在校残疾学生总数的 0.7%①。“全面推进随班就读工作，不断提高教育质量”② 仍将是特殊教育今后发展的主要工作任务，因此国家应该调整特殊教育经费投入结构，加大国家教育财政对残疾儿童随班就读的经费支持，以保障残疾儿童在普通学校就读的教育教学质量。可以借鉴西方发达国家特殊教育财政投入经验，实施特殊教育常规经费和专项经费并存的机制，即不仅实施残疾儿童生均经费标准常规拨款制度，而且也根据残疾儿童个体教育所需提供专项特殊教育经费申请机制，以便保障所有残疾儿童（即使残疾程度较重）都能够得到高质量的教育服务。此外，规定残疾学生的财政教育经费随人头走或实施残疾学生教育卷政策，鼓励普通学校积极接收残疾儿童在校就读。邻国日本，为了促进残疾儿童能够在普通学校与普通儿童在一起接受教育，国家根据《特别支援教育法》制订了《日本特别支援教育计划》，保障在普通学校就读与在特殊教育学校就读的残疾学生享有相同的免费教育，残疾学生学费、教材费、住宿费、饭费、交通费、材料费及残疾学生购买的部分个体使用器械器材、医疗费等都由各级政府按比例分担，残疾学生家长基本不用支付过多费用。此外，特别支援教育计划也对普通学校的特殊教育设备完善、特别支援教师专业发展等提供费用，也为就读于公、私立特殊教育或普通教育机构的家庭提供特别的就学奖励和补助以便鼓励更多家庭愿意将适龄残疾儿童送到学校去接受教育。

再次，加大对中西部特殊教育学校建设的财政投入。中西部地区仍然是特殊教育发展的薄弱地区，尽管近几年政府加大了对中西部地区特殊教育学校的支持力度，相当一部分特殊教育学校的办学条件有了明显改善，但农村边远地区特殊教育学校的办学条件仍然很差，甚至有些特殊教育学

① 余强．意大利完全全纳特殊教育模式述评［J］．中国特殊教育，2008（8）：15－20.

② 教育部，国家发改委，民政部，等．进一步加快特殊教育事业发展意见的通知（国办发〔2009〕41 号）［EB/OL］．［2013－01－31］．http：//www. moe. gov. cn/publicfiles/business/htmlfiles/moe/moe_ 307/200905/47356. html.

校还有危房存在，因此国家应该在继续加大对中西部地区30万以上人口地区新建至少一所特殊教育学校的同时，适时实施中西部地区特殊教育学校危房改造工程，促进中西部地区特殊教育的崛起。

最后，改善和提高特殊教育教师待遇。特殊教育教师岗位缺乏吸引力的一个重要原因就是特殊教育教师待遇与其工作付出不相匹配，任务重、责任大、社会认同感低且工资待遇偏低。国家实施工资改革以后，有些东部地区的特殊教育学校教师工资总数不升反降，从而影响了部分特殊教育教师的工作积极性。建议各级政府应该显著提高特殊教育教师工资收入，将特殊教育教师岗位津贴从15%提高到不低于30%的水平，并对连续从事特殊教育教师工作满15年以上并从特殊教育教师岗位退休的教师，将特殊教育教师岗位津贴计入退休工资总额。对于在普通学校从事残疾学生教育教学工作的普通教师，在其从事特殊教育班或随班就读教育教学工作期间，按其承担的教育教学工作任务，实施专项特殊教育教师补贴政策。对于为普通学校随班就读工作提供指导的巡回指导教师、普通学校资源教室的资源教师等实行专项补助。

（三）分地区确定残疾儿童义务教育普及目标和措施

特殊教育发展存在地区差异，许多大城市地区像北京、上海等残疾儿童义务教育普及程度相对较高，已经基本解决了适龄视力、听力、智力残疾儿童少年（以下简称三类残疾儿童少年）中残疾程度不是特别严重的三类残疾儿童少年义务教育问题，但中西部地区残疾儿童义务教育普及率仍然不高。根据对《中国残疾人事业年鉴2011》的数据统计分析表明，我国未入学的学龄残疾儿童中有八成以上是在中西部地区，未入学的原因主要是家庭贫困、交通不便或特殊教育学校比较少等。东部城市地区未入学原因则多是残疾儿童残疾程度较重或三类残疾以外的残疾儿童少年，如重度肢体残疾、重度智力残疾、重度脑瘫、重度孤独症、重度精神残疾和多重残疾等。因此，残疾儿童少年普及义务教育不同地区面临不同的教育对象，国家应该根据各地特殊教育发展状况分地区制定普及义务教育的目标和措施。

首先，城市或经济发达地区应该率先实施残疾儿童少年义务教育

“零”拒绝。对残疾儿童少年实施平等、无歧视、最大限度减少差别等教育理念越来越被更多的国家所接受。联合国《残疾人权利公约》指出，缔约国应当对已有普通教育体系进行改革，确保残疾儿童不因残疾而被排拒于免费的初等或中等教育之外。中国是《残疾人权利公约》签署国，城市或经济发达地区有责任履行我们国家对国际社会的承诺，率先在本地区实施普通教育改革，最大限度地消除普通教育中对残疾儿童少年教育的歧视，完善残疾儿童少年在普通学校就读优先发展的教育机制和体制，同时可以适时扩大特殊教育服务对象，实现对诸如重度肢体残疾、重度智力残疾、孤独症、脑瘫和多重残疾儿童等所有残疾儿童少年义务教育的“零”拒绝，并大力推进本地区残疾儿童少年学前教育、高中教育和职业教育的健康发展，完善特殊教育体系。

其次，中西部经济欠发达地区应该采取多种教育形式扩大适龄残疾儿童少年接受义务教育的机会。第一，创造条件要求新建或改建的特殊教育学校尽快招收学生。特殊教育学校在地区的特殊教育事业发展中地位非常重要，从 2008 年起中央财政投入了 47 亿元，在 30 万以上人口或残疾儿童少年较多的县（市、旗）新建和改扩建了 1182 所特殊教育学校，这些特殊教育学校应该尽快积极招收残疾学生入学，解决本地区未入学的适龄残疾儿童少年义务教育问题。第二，对于目前还未完成特殊教育学校建设的地区，可以由教育行政部门整体规划协调，在一部分条件比较好的普通学校附设特殊教育班，招收残疾程度相对较重的适龄残疾儿童少年入学。第三，支持残疾儿童就读于普通学校普通班。中西部地区特殊教育学校相对比较少，单靠仅有的特殊教育学校很难完成普及残疾儿童少年义务教育的任务，政府必须有计划、有措施、有经费支持在条件较好的普通学校接收能够适应普通学校学习的适龄残疾儿童少年就读，不断扩大残疾儿童少年在普通学校就学的机会，并积极建立和完善随班就读的支持保障体系，努力提高随班就读的教育质量。此外，针对中西部地区因家庭贫困或交通不便等原因不能入学的适龄残疾儿童少年，各级政府应该在义务教育“两免一补”的基础上，对残疾学生增加补助项目、提高补助标准，不仅免除残疾学生的学杂费、教科书费，也需要免除残疾学生的住宿费、伙食费、交通费等，以便使未入学的适龄残疾儿童少年能够接受义务教育。

（四）采取多种途径和措施提高残疾儿童少年的教育质量

2009 年国务院转发的《进一步加快特殊教育事业发展意见的通知》指出，继续提高残疾儿童少年义务教育普及水平仍然是今后一段时期特殊教育发展的主要任务，不但要发展规模，更要保障质量。“八五”“九五”期间，我国特殊教育发展主要以“普及”为主，逐渐发展到“普及与提高结合”；“十五”期间则要在全面提高残疾儿童少年义务教育普及水平的同时，不断提高特殊教育的质量，这是我们国家特殊教育发展的时代特征，即当大部分残疾儿童少年都有机会享受义务教育的时候，关注残疾学生的个体需求、提高特殊教育的质量理所当然地就变成了重要的工作任务。

建立残疾儿童少年教育指导咨询委员会。县（区）级人民政府是义务教育实施的主要管理机构，残疾儿童的义务教育也应该由县（区）级人民政府负责具体实施和管理工作。但残疾儿童少年的教育不同于普通儿童少年的教育，需要根据残疾状况和综合能力确定其教育安置形式，否则残疾儿童很难得到高质量的教育服务。特殊教育行政管理人员不是特殊教育专业人士，不可能负责对残疾儿童少年的教育安置等作出具体安排，因此应该在县（区）级成立一个由特殊教育行政管理人员、心理专家、特殊教育人士（特殊教育教师、校长、专家等）、相关医生、普通教育人士（教师、校长等）、相关家长等组成的残疾儿童少年教育指导咨询委员会，负责对当地教育安置形式有争议的适龄残疾儿童少年进行综合的教育评估，以便教育行政部门根据教育评估建议对残疾儿童少年就学形式（是在普通学校随班就读还是在特殊教育学校就读或送教上门等）作出具体安排。

提高特殊教育学校残疾儿童少年教育的针对性。近几年特殊教育学校在校学生群体差异性越来越大，一方面一部分残疾学生完成义务教育后，需要继续学习职业教育或接受高等教育，这部分学生需要学习学科课程内容，以便能够通过各种考试继续深造学习；另一方面也有一部分残疾学生残疾程度相对较重，或本身就是多重残疾，学习学科性课程内容有困难，因此这部分残疾学生群体中的差异性、多样性和复杂性给学校的教学和管理工作带来了很大的挑战，也影响了教育教学的有效性和针对性，采取有效措施提高残疾学生的教育质量刻不容缓。第一，尽快完成特殊教育学校义务教育阶段课程标准及新编教材的工作。盲校、聋校和培智学校义务教育课程设置实验方案已经研制完成，但与之配套的课程标准及据新标准编写的教材仍未颁布，已经严重影响了特殊教育学校的教育教学质量。第二，依据现有特殊教育学校残疾学生差异性大、残疾程度相对较重、教师需求量大的新特点，合理编制特殊教育学校的班级人数、生师比和生均公用经费标准等，针对特殊教育学校多重残疾学生和单一类残疾学生共存的现象，编制的班额、生师比、生均公用经费标准等要有适当灵活性和弹性空间，以便能够满足各类残疾学生的教育需要。第三，鼓励特殊教育学校开展创新改革教育模式的实验和研究。我国特殊教育学校已经有了 100 多年的历史，积累了许多宝贵的教育教学经验，也形成了许多固定的教学模式和训练方式，对残疾孩子的潜能开发和缺陷补偿、知识的掌握及各种能力的形成等都起到了非常重要的作用。但随着特殊教育的发展和特殊教育学校教育对象的变化，以往的经验和做法已经不可能满足所有残疾学生的教育需求，因此特殊教育学校需要适应发展和变化，创新办学模式，改革教学方法，使残疾学生毕业后能生存、会生活，更好地融入社会。建议设立专项特殊教育学校研究资金支持特殊教育学校开展关注残疾学生需求，突出特殊教育学校办学特色，创新特殊教育学校办学模式等研究，以便提高所有残疾学生的教育质量。第四，研究制定残疾学生质量评价标准。由于残疾学生没有升学考试压力，而特殊教育学校又缺乏对教师的教学质量进行有效评估，因此特殊教育学校也常常出现“随班混读”或“随班就座”的现象，教育教学质量有待提高。建议国家组织相关专家研究出台残疾学生质量评价的指导原则，地方行政部门根据特殊教育学校的性质和类别出台相应的实施细则，以便保障所有残疾学生都能享受到高质量的教育。第五，依据义务教育阶段盲校、聋校、培智学校《教学与医疗康复仪器设备配备标准》，配足配齐教学和康复等所需的仪器设备设施，满足不同类型残疾儿童少年生活、学习和康复训练的需要。

保障残疾儿童少年随班就读的质量。目前，残疾儿童少年随班就读还处于低水平阶段，“随班就座”“随班混读”现象比较普遍，辍学率相对比较高，亟须采取各种有效措施提高其教育质量。第一，应该在县级设立随班就读管理中心，县级教育行政部门可以委托当地特殊教育机构或单独设立随班就读管理机构，行政委托其承担全县随班就读教师培训、咨询辅导、残疾儿童确认、登记、备案、转介（随班就读普通学校与特殊学校相互转介）及质量监测管理等工作。第二，在残疾儿童少年较多（5 名以上）的普通学校设立残疾学生资源教室并设立专职资源教师，以便为本校内随班就读的残疾学生提供特殊课程内容的教学（盲文、手语、定向行走等）和普通班课堂内容的课外辅导，为普通教师提供特殊教育咨询和指导。第三，在随班就读学生比较多的区域内设立区域共享的残疾学生资源中心并设置专职的巡回教师，对辖区内随班就读的普通学校（特别是普通学校未设立资源教室）提供巡回指导。第四，完善省（市）级随班就读资源中心的设置。目前，许多省已经建立了省（市）级随班就读资源中心/指导中心，建议教育行政部门提供日常工作所需的经费并完善其职能，可以行政委托其承担特殊教育（包括随班就读）专项督导、年度检查、师资培训、盲文版大字版教材的复制等工作任务，使省（市）级随班就读资源中心真正发挥作用。第五，出台优惠随班就读政策，保障随班就读教师的待遇，使普通学校内从事残疾儿童少年教学工作的教师能够依据其工作责任享有特殊教育教师的专项补助，使普通学校优秀的普通教师愿意承担教育残疾学生的任务。

加强对特殊教育教学研究的支持力度。中国虽是世界上残疾人口最多的国家，但到目前为止还没有一个国家级的特殊教育研究机构，全国 32 个省、直辖市、自治区的教育科学研究所/研究院从事特殊教育研究工作的研究人员也很少，各省/市教育研究部门专职从事特殊教育教研工作的教研员也屈指可数，与“建设一支理论素养高、专业能力强的特殊教育科研骨干队伍，提高特殊教育科研质量和水平”① 的目标相差甚远。建议国家

① 教育部，国家发改委，民政部，等．进一步加快特殊教育事业发展意见的通知（国办发〔2009〕41 号）[EB/OL]．[2013 -01 -31]．http：//www. moe. gov. cn/publicfiles/business/htmlfiles/moe/moe_ 307/200905/47356. html.

首先要完善特殊教育研究机构的设置，各省、市（地）教育行政部门所属的教育研究部门和科学研究部门应设立特殊教育研究科/室，配备专职的特殊教育教研人员，深入开展特殊教育教学研究工作。此外，各级政府要积极扶持和培养骨干特殊教育科研队伍，设立国家/省级特殊教育研究资金用于支持愿意从事特殊教育教学研究工作的科研人员、教师等从事前瞻性、基础性等特殊教育研究课题，探讨适合残疾学生身心特点和需要的课程、教材、教育模式、教学方法等，提高特殊教育的整体教育质量。

（五）重视残疾儿童义务教育向学前、高中和职业教育的延伸

在大力发展特殊儿童义务教育的同时，特殊教育也应该开始向学前教育、高中后教育和职业教育延伸。

残疾儿童学前教育应该纳入国家义务教育范畴。残疾儿童由于其缺陷给其正常发展带来很多困难，如果在其婴幼儿发展阶段不采取任何干预和教育补救措施，则很有可能出现各种能力与智力发展迟缓，给家庭和社会造成更大的经济负担。许多国家优先于普通儿童实施残疾儿童免费的学前教育，韩国通过国家立法的形式要求各级地方政府通过开办公立特殊幼儿园、财政资助私立幼儿园接收残疾儿童等政策开展残疾儿童学前免费教育，中国香港、中国台湾等地也都通过给予幼儿机构和残疾儿童家庭一定的财政经费补助等形式要求公立普通幼儿机构必须接收残疾儿童入园，也通过花钱购买服务的形式鼓励私立特殊或普通幼儿园为残疾幼儿提供服务。2009 年国务院转发的《进一步加快特殊教育事业发展意见的通知》指出，要“因地制宜发展残疾儿童学前教育，有条件的城市和农村地区要基本满足残疾儿童接受学前教育的需求”。因此，我们建议：首先在城市或经济发达地区实施残疾儿童学前三年免费教育，政府可以先通过设立残疾儿童学前教育三年行动计划的方式推进残疾儿童学前教育的发展，然后再逐步纳入各级政府财政预算内教育经费投入，使残疾儿童学前教育逐步成为国家义务教育的一部分。其次，多种形式促进残疾儿童学前教育的发展，可以通过特殊教育学校开办学前班或兴办特殊儿童公办幼儿园的形式开展残疾儿童学前教育，也可以设立残疾儿童学前教育专项发展基金用于

购买私立幼儿园为残疾幼儿提供教育服务。再次，实施特殊教育幼儿教师享受特殊教师岗位补助津贴的政策，以便吸引优秀幼儿教师从事残疾幼儿教育的工作。

大力发展残疾人职业教育。残疾人要回归社会、真正体验到“人”的尊严和价值，其主要途径之一就是就业。但目前情况是残疾儿童在接受九年义务教育后，很多人无法接受高中、大学等更高一级的教育，只能选择进入社会。如何使这些残疾人通过教育获得一定的生存自立技能、成功就业则是非常重要的问题。首先，应该从残疾人就业保障金中划拨一定比例的资金，用于支持具备培训条件的特殊教育学校开展职业教育。其次，地方各级人民政府及其有关部门应当鼓励、支持开展各种形式的残疾人职业培训，并在职业技能鉴定、就业安置等方面，对残疾人实行特别优惠与扶持保护措施。

重视残疾学生高中教育的发展。高中教育是残疾人进一步接受高等教育、获得发展权的关键门槛，但目前我国只有 100 多所特殊教育学校开展了高中教育，与残疾人接受高中教育的现实需要相比有很大差距。建议国家将残疾人高中教育纳入基本社会公共服务范畴，保障残疾人接受高中教育的机会，以便提高残疾人群体的教育程度和社会地位。

（六）多种途径和措施扩大特殊教育教师的培养和培训

特殊教育教师是提高特殊教育质量和推动融合教育发展的关键力量，他们的工作难度大、付出多，但待遇不高、社会认同感较低，岗位缺乏吸引力，因此特殊教育学校教师不足、专业化程度不高已经严重影响了特殊教育的发展。增加特殊教育教师数量、提高专业化水平必须从改革完善特殊教育教师培养培训体制和机制入手。

支持特殊教育专业的发展。我国特殊教育师资培养的机构主要是高等特殊教育师范院校或是高等师范院校中的特殊教育专业，目前我国大陆地区约有 20 所高校开设了本科层次的特殊教育专业，约 15 所高校开设了专科层次的特殊教育专业，其中绝大部分是师范院校①。这些特殊教育学院/系/专业为盲校、聋校、培智三类特殊教育学校培养了优秀教师，但由于每年培养出的特殊教育专业大学本科以上学生只有几百人，很难保证他们都愿意去特殊教育学校从事残疾学生的教育教学工作，况且城市地区特殊教育学校大多只接收本科学历以上的毕业生，特殊教育专科毕业生很难达到特殊教育学校对教师的学历要求，因此真正能够去特殊教育学校当教师的毕业生人数有限，很难满足特殊教育学校对教师的需求。建议国家应该加大对师范院校特殊教育专业的支持，不仅从政策上而且从经费上给予保障，比如设立特殊教育专业学生全额奖学金、对开办特殊教育专业的学院/大学从国家教育财政上拨款给予补助等，鼓励高等师范院校积极增设特殊教育专业。其次，鼓励高等师范院校非特殊教育专业开设特殊教育课程。可以借鉴美国等发达国家特殊教育师资培养的经验，扶持普通学院或大学开设特殊教育专业必修课程，拿到一定的学分后（特殊教育专业考试分数和在特殊教育学校实习分数）就可以获得特殊教育教师的资格认证，毕业后就可以从事残疾儿童教育工作，或者去特殊教育学校，或者去普通学校做特殊教育教师（巡回指导教师、资源教师等）。建议结合我国国情，针对特殊教育学校需要学科教师的特点，有计划地在东、中、西部普通师范院校试点开设特殊教育专业必修课程，在非特殊教育系比如数学系、化学系、历史系、语文系等各有关院系加开或选开一学期的特殊教育专业课程，如果毕业生毕业后去特殊教育学校从事教学工作，则由国家有关部门返还大学期间所花费的学习费用。此外，国家也应有计划地在师范类及医学类院校着手培养各类康复人才，逐步满足特殊教育学校对各类康复专业教师的需要。

扶持普通师范院校开设特殊教育专业/讲授有关内容。《残疾人保障法》规定“普通师范院校开设特殊教育课程或者讲授有关内容，使普通教师掌握必要的特殊教育知识”，以便适应残疾儿童随班就读工作的需要。

① 王雁，王志强，朱楠，等. 全国特殊教育学校教职工队伍结构及需求情况调查［J］. 中国特殊教育，2012（11）：3－8.

建议国家出台具体实施细则用于鼓励、扶持或督导普通师范院校开设特殊教育课程或者讲授有关内容，以便解决随班就读教师不懂特殊教育的困境。

多种途径培训在职特殊教育教师。针对特殊教育学校教师特殊教育专业化程度低的现状，建议：委托特殊教育学院定向开展半年、一年等在职特殊教育教师的高级培训，使特殊教育学校现有学科老师掌握一定的特殊教育理论知识和技能。在国家“强师工程”中列入特殊教育教师培训项目，在“国培计划”中加大对特殊教育教师的支持力度。设立国家级/省级“随班就读教师”培训项目，解决普通学校随班就读教师缺少特殊教育培训的问题。规定普通教师继续教育学分中有一定比例的特殊教育学分，以便使所有普通学校的普通教师对残疾儿童少年心理特征和教育有基本的理解和认识，提高他们教育教学的能力。

后 记

本研究报告为中国教育研究院 2012 年度基本科研业务费专项基金“国情系列”项目（课题批准号：GY2012011）研究成果，是在中国教育科学研究院领导们的具体指导、支持和鼓励下完成的。课题主持人为彭霞光，主要承担课题报告框架设计、组织协调、内容修改和统稿工作。研究报告各章节具体分工为：前言、第六章由彭霞光执笔，第四章由彭霞光、钟经华、陈东珍等共同执笔；第一章、第五章由杨希洁执笔；第二章、第三章由赵小红执笔。

本研究报告得到了教育部、中国残疾人联合会等相关各级领导与国内特殊教育专家、学者们的大力支持。感谢教育部基础教育二司巡视员、教育部特殊教育办公室李天顺主任、中国残疾人联合会教育与就业部唐淑芬主任对本报告提出的真知灼见；感谢周德茂、韩咏梅、黄伟等处长提出的建设性建议；感谢中国教育科学研究院陈云英研究员、华国栋研究员，北京师范大学顾定倩教授、王雁教授等给我们提出的宝贵意见；感谢上海市教委陈东珍、江苏省教委徐泰来、内蒙古教委田永安、北京市特殊教育研究中心孙颖、浙江省智障教育资源中心洪佳琳、北京宣武培智中心学校潘镭、浙江省宁波市达敏学校刘佳芬、黑龙江哈尔滨市燎原学校张联弛等同志提供宝贵资料并帮助我们审读相关内容。

由于时间紧迫和研究者水平所限，本报告中的疏漏之处在所难免，请广大读者批评指正。希望未来有更多的人关心、关注和研究特殊教育，为特殊教育事业的繁荣发展贡献力量！

出版人　所广一
责任编辑　周益群
版式设计　孙欢欢
责任校对　贾静芳
责任印制　曲凤玲

图书在版编目（CIP）数据

中国特殊教育发展报告.2012/彭霞光等著.—北京：教育科学出版社，2013.5
（国情教育研究书系）
ISBN 978-7-5041-7301-0

Ⅰ.①中…　Ⅱ.①彭…　Ⅲ.①特殊教育—研究报告—中国—2012　Ⅳ.①G769.2

中国版本图书馆CIP数据核字（2013）第057423号

中国特殊教育发展报告 2012
ZHONGGUO TESHU JIAOYU FAZHAN BAOGAO 2012

出版发行	教育科学出版社		
社　址	北京·朝阳区安慧北里安园甲9号	**市场部电话**	010-64989009
邮　编	100101	**编辑部电话**	010-64989421
传　真	010-64891796	**网　址**	http://www.esph.com.cn
经　销	各地新华书店		
制　作	北京金奥都图文制作中心		
印　刷	保定市中画美凯印刷有限公司		
开　本	169毫米×239毫米　16开	**版　次**	2013年5月第1版
印　张	13.75	**印　次**	2013年5月第1次印刷
字　数	195千	**定　价**	42.00元